# 本书编委会

主　编：高明勇　　程云斌

编　委：(按姓氏拼音排名)

　　　　崔向升　　柯锦雄　　李小鸣

　　　　任冠青　　张振明

# 政能亮 V

《政能亮》编委会

人民出版社

组　　稿：张振明

责任编辑：池　溢

封面设计：马淑玲

责任校对：梁　悦

**图书在版编目（CIP）数据**

政能亮 . V /《政能亮》编委会 著 . — 北京：人民出版社，2020.3

ISBN 978 - 7 - 01 - 021900 - 4

I. ①政… 　Ⅱ. ①政… 　Ⅲ. ①政策 – 研究 – 中国 　Ⅳ. ① D601

中国版本图书馆 CIP 数据核字（2020）第 030893 号

政能亮 V

ZHENGNENGLIANG V

《政能亮》编委会

人民出版社 出版发行

（100706　北京市东城区隆福寺街 99 号）

北京尚唐印刷包装有限公司印刷　新华书店经销

2020 年 3 月第 1 版　2020 年 3 月北京第 1 次印刷

开本：710 毫米 × 1000 毫米 1/16　印张：23

字数：270 千字

ISBN 978 - 7 - 01 - 021900 - 4　定价：60.00 元

邮购地址 100706　北京市东城区隆福寺街 99 号

人民东方图书销售中心　电话（010）65250042　65289539

# 目 录

## 一、改革风向标

# 二、信息公开论

## 三、经世济国策

# 四、促进民生计

# 序一
# 大力推进政务公开　努力建设服务型政府

### 向　东

新年伊始，凤凰网在这里举办"政策与机遇：2016凤凰政能亮高峰论坛"，大家汇聚一堂，共同探讨公共政策的传播，非常有意义。在这里，我谨代表国务院办公厅政府信息与政务公开办公室，向论坛的举办表示热烈祝贺！

一年前，2016年1月11日，习近平总书记主持召开中央全面深化改革领导小组第二十次会议，审议通过《关于全面推进政务公开工作的意见》。在去年的全国两会上，李克强总理在政府工作报告中首次明确提出"深入推进政务公开""让权力在阳光下运行"，时至今日，这句话已经深入人心，很多人都耳熟能详。

本届政府高度重视政务公开工作，把这项工作作为提升政府治理能力和公信力，建设法治政府、服务型政府，保障人民群众知情权、参与权、表达权、监督权的重要内容。

政务公开知易行难。理念的转变要渗透到每个部门、每个公务人员的具体工作，需要逐步摸索完善，需要更周密的实施细则，也需要内外部共同推动。

为了更好地推进政务公开，我们和有关方面的同志共同努力，不断完善顶层设计。2016年先后出台了《关于全面推进政务公开

工作的意见》《关于在政务公开工作中进一步做好政务舆情回应的通知》等文件，明确提出"遇有重大突发事件、重要社会关切等，主要负责人要当好'第一新闻发言人'""对涉及特别重大、重大突发事件的政务舆情，最迟应在24小时内举行新闻发布会"等。

我们推进政务公开，着力抓好制度落地。2016年，我们在推动政策发布解读等方面亮点较多，对公众重大关切的回应更加及时。比如，去年12月以来，一个多月时间，已经有多位部长和地方负责人主动回应公众重大关切。其中包括发改委负责同志解读"中国经济怎么走"，环保部、北京市负责同志回应"雾霾如何治"，财政部、税务总局负责同志谈"营改增怎么算"，工商总局负责同志表态"创业怎样更方便"，卫计委负责人解读"医改怎样深入"等，这些都受到境内外舆论的高度肯定，也有利于稳定社会各界预期，提振发展信心。

公众对信息公开有巨大需求。政府决策和施政行为往往是重大的环境变量，政府制定的政策、出台的措施，必须及时、准确、全面地公开，否则，就会影响政府的公信力。好政策要深入人心。政府推出的许多重大政策涉及较多专业领域。要让公众不仅能看得到政策，还要看得懂政策，能够按照政策去办，就必须加大分析解读和预期引导的力度，创新探索更多符合传播规律的合作模式。

尤其在全媒体时代，要实现政务公开效果的最优化，政府部门不仅要制定好政策，还要善于传播好政策；不仅要用好传统媒体，更要学会用好新型媒体。当下面临的普遍问题是信息浩如烟海，但权威观点不足，在海量信息面前不知道该听谁的、该信谁的，要吸引受众的注意、获取受众的信任，就必须擅长议题设置和观点传播。这就需要政府部门、中央主流媒体、权威专家机构、新媒体平台等多方面的通力合作。这种合作，不能局限于"我说你播"的传统模式，而是要做好媒体融合，让媒体根据自身平台特色、受众特点，探索各种创新性的传播。

凤凰网作为知名新闻门户网站，推出的"政能亮"就是一个高水准的栏目。创办近一年来，凤凰网"政能亮"与有关政府部门官员、权威专家学者、典型企业代表等，围绕中央政府重大政策和社会舆论热点进行深入探讨和积极评论，形成了良好互动协作，发出正面解读声音，给公众提供了一个理顺政策脉络、解读政策内涵、助推政策落地的政论平台，为政府相关政策通达民众提供了有力支持。自2016年1月成立以来，截至12月31日，共刊发157期政论。这些政论视角独特，可读性强，卓有成效，已经逐步塑造成一个独立的媒体IP品牌，在政府与社会之间形成良性互动，进行了成功的探索。

政务公开对转变政府职能，建设服务型政府具有重要推动作用。公开是惯例，不公开是例外，这是我们当前做好政务公开工作的一个努力方向。在这个过程中，媒体同样责无旁贷。

*（作者系国务院办公厅政府信息与政务公开办公室主任，本文系作者在"政策与机遇：2016凤凰政能亮高峰论坛"的主旨演讲）*

# 序二
# 为什么要推出"政能亮"

邹　明

政通人和，是自古以来民众对国家的企盼。近些年来，政令政策不出高层决策机关，也一度是社会最为担忧的问题之一。

正因为此，以守望社会为业的现代媒体，必然会高度关注中央政府的政令，关注政令如何落地。更好地解读政令，做政府的诤友，共同推动实现"好政策，亮中国"，是凤凰评论推出"政能亮"的初心。

大国治理千头万绪，每周三召开的国务院常务会议，是观察中国政治经济走向的一个重要窗口。国务院关注哪些议题，会议发布哪些新规，释放哪些信号，都会潜移默化地影响各级政府和社会、市场的运行。

但这些年我们也真切感受到，和会议的重要程度相比，舆论的关注还不够充分，一方面可能是追逐新鲜热闹的媒体特性，对于常规化的议程缺乏持续动力；另一方面可能是会议议题设置所决定的专业门槛，影响了大众层面的传播和接受。

这一重要政策活动，具有独特的传播价值，而现实的传播又存在有待改进的空间，这既是媒体的机会，也是媒体的责任。凤凰评论在凤凰媒体精神的引领下，长期秉持"积极、善意、建设性"理念，在业界已成为时事评论领域的重要品牌。我们有长期关注严肃时政议题的经验，有专业的编辑团队，有庞大的专家、评论员队伍。这一切决定了我们有视野、有格局、有能力，能够精准把握重大领域的报道需求，能够最大化地实现积极的传播效果。

关注国务院常务会议，是凤凰评论推出"政能亮"栏目的出发点，但并非栏目的全部。"好政策，亮中国"能更准确地传达凤凰评论的追求，我们一方面关注国务院常务会议为代表的政令发布平台，力求更全面、深入地解读会议精神，同时努力将"行政话语"转换成"大众语言"，在内涵和营养不流失的情况下实现传播效果最大化；另一方面，我们也力求充分发挥信息沟通、媒体监督职能，帮助决策部门充分把握社情民意，避免出台"坏政策"。

围绕着"好政策，亮中国"的理念和追求，"政能亮"栏目日常主要聚焦在三个领域发力：其一，权威解读国务院常务会议。周三倾听国务院的声音，是政商等领域很多人士的习惯，因为其中的各项决策、信号，确实可能产生广泛的影响。我们栏目的权威，不仅源自凤凰评论自身拥有深厚的采编资源、专家队伍，还要感谢国务院有关部门和其专家团队的支持。因为有了最近距离的沟通了解，我们能最大程度地理解政令发布者的原意，了解政令出台的过程，进而能更好地掌握核心信息，进行更高效的传播。

其二，进行客观中立的政策评论。如果说解读是为了更准确把握政策发布者的原意，是一种"发布者"视角，那评论就是一种"第三方"视角，是把政策放在现实框架中去分析，权衡其对于相关利益方的影响，探讨可能存在的利弊。因为"好政策"不能只看初衷，还要看其能否经受得住现实的检验。我们的评论，就是在为社会"代言"，履行"检验"的责任。

其三，持续跟踪政令在现实的落地。"政令不出中南海"，一度是公众最为担忧的问题之一。现实也确实有很多不容乐观的地方，一些领域的问题长期存在，而对此中央早有很明确的规定。令行不止，政出无效，这其中的问题在哪里？需要针对具体的个案深入剖析，探寻病情，拿出救治方案。"政能亮"栏目过去一年关注了不少热点事件，目的正是要通过个案来检验"好政策"，呼吁"好政策"。

经过一年左右的尝试，"政能亮"栏目取得了非常好的传播效果，多篇文章引起各界高度关注，甚至实现了和政令发布的良性互动。比如，2016年2月28日，"政能亮"刊发文章《又到两会，部长们应多出来走两步》，表达了公众在两会期间希望和部长们实现更多、更直接的互动。随后在春节后首次国务院常务会议上，李克强总理明确要求，国务院各部部长、直属机构主要负责人都要主动召开或者出席新闻发布会，积极回应舆论关切。在2016年的两会中，"部长通道"随之成为最大的亮点之一。

再如，2016年7月，河北邢台遭遇罕见洪灾，自媒体上流传很多村庄受灾、村民被淹死的消息，但当地官方的权威信息迟迟不见发布。"政能亮"栏目先后刊发《邢台官员下跪前到底发生了什么》《必须告别"砸了数十亿，治水都白忙"》，从信息发布和洪灾治理层面，追问当地所暴露的问题。"好政策"不能只是停留于纸面的条文，而要在日常、在突发事件中得以呈现。

"政通人和"不是等来的，需要更多机构、更多个体的参与和努力。"政能亮"是凤凰评论乃至凤凰网的一种积极尝试。现在"好政策，亮中国"的理念，不只体现在我们的专栏中，还贯穿我们与国务院有关部门定期合办的"政能亮"沙龙、"政能亮"主题峰会中。

我们正在通过线上、线下多种渠道，来打通政府和民间、官方话语体系和大众话语体系，为"政通人和"的目标而努力。

路漫漫其修远兮。但愿成长中的"政能亮"栏目，能成为中国特色民主政治发展中的见证者、推动者；但愿"好政策"不只是一种美好的追求，而是像阳光一样，时时亮起，温暖照耀着悠久的国度、善良的人民。

*（作者系凤凰网总编辑　2016 年 12 月）*

# 序三
## 政能亮：顺势而为，打造中国政论 IP

高明勇

从 2016 年 1 月 25 日刊发第一篇政论《总理何以一再喊话"城镇化"?》，短短一年时间，凤凰网"政能亮"实现从"0"到"1"的突破，而整个栏目的价值不仅仅在于刚好推出的 200 篇原创评论文章。

一年时光，凤凰网"政能亮"迅速成长为一个"政论 IP"，形态也逐渐丰富多元，从专栏到沙龙，从报告到访谈，从出版物到峰会，通过与知名意见领袖、重量专家学者等良好协作，为公众提供了一个理顺政务脉络、理解公共政策、促进政策落地的重要政论窗口。

2017 年 1 月 14 日，凤凰网"政能亮"在北京举办了"成年礼"——"政策与机遇：2016 凤凰政能亮高峰论坛"。

十数年的媒体评论经历，我最大的感慨是：新闻难做，评论尤难。而论人与论政，更是难中之难。新闻之难，难在事实。评论之难，难在判断。论人之难，在如何远离偏见；论政之难，在论与政的互动，如何有效而良性互动。而"政能亮"，正是一个基于论政与问政的政论平台。

一年时间，"政能亮"迎风而长，稳健而迅速。不少人问我，"政能亮"是怎么做的？有什么背景？有什么秘诀？以后打算怎么做？

我想，所有努力用一个词来概括，就是"改变"。改变单一的政务传递模式，转向"专业解析"的解读路径；改变模糊的政治传播途径，转向"议程设置"的政务定位；改变神秘的政府运行色彩，转向"人性负责"的政治形象。

一、时代趋势：变革的动能

从这两年的舆论场上看，热点现象之一就是形成了一个"政论谱系"，即涌现出不少以时政内容为主打的栏目或品牌，比如《人民日报》海外版的"学习小组""侠客岛"，《新京报》的"政事儿"，《北京青年报》的"政知道""政知圈""政知局"，包括凤凰网已经推出的"政能亮"。

为什么会出现这种现象？

我认为，在"政能亮"的时局观里，至少有四个因素：

1."国家治理能力"成关键词

中共十八届三中全会提出，将推进国家治理体系和治理能力现代化，作为全面深化改革的总目标。全面推进政务公开，则是提升国家治理能力的一个切入点。

尤其是2016年，中办、国办联合印发《关于全面推进政务公开工作的意见》，认为当下的问题是"仍存在公开理念不到位、制度规范不完善、工作力度不够强、公开实效不理想"，并提出"实行政务公开负面清单制度，公开内容覆盖权力运行全流程、政务服务全过程，公开制度化、标准化、信息化水平显著提升，公众参与度高"的工作目标。

客观上，这为媒体积极推进时政报道，特别是从政务公开、信息公开的角度进行解读与监督，提供了一定的行政支持和观察路径。

## 2. 传媒业进入"温媒介时代"

著名传媒学者麦克卢汉在《理解媒介——论人的延伸》一书中，提出了"冷媒介"和"热媒介"的概念。简单说，热媒介，参与度低，信息量大，信息明确度高，流通频率高强度大，具有强烈的排斥性和强大的推动性。冷媒介则相反。按照今天的媒介格局来看，大致可以将所谓新媒体划为热媒介，传统媒体划为冷媒介。但在融媒体大行其道的当下，传统媒体更多地采取新媒体的传播手段，而新媒体则越来越多地将原创内容的生产力作为主要方向，对很多媒体平台很难用一个"冷"或"热"来形容，这也意味着一个介入二者之间的"温媒介时代"正在到来。

"温媒介时代"的一个显著特征，就是 IP 化，即每个传播体自身几乎可以涵盖各个传播路径，包括"冷媒介"和"热媒介"在内，万物皆媒。

## 3. 公众"观念水位"迅速上升

纵观近年来公共领域的变化之一，是公众"观念水位"的迅速上升，公共利益成为刚性需求。

《2016 年中国互联网舆情分析报告》（人民网舆情监测室发布）中的数据显示，过去一年来，公共管理事件成为所有舆情热点事件中数量最多的一类，共 228 件，在热点事件中占比 38%。

比如 2016 年度影响较大的"雷洋案"即是典型，案件本身暂且不过多评价，从舆论场上的反馈看，引发的社会普遍焦虑和对法治的高度关注，也是一个公众从"利益相关者"到"强烈代入感"的过渡。

学者刘瑜曾指出："我心目中理想的社会变革应当是一个'水涨船高'的过程：政治制度的变革源于公众政治观念的变化，而政

治观念的变化又植根于人们生活观念的变化。"（《观念的水位》）

公众"观念水位"的这种上升，必然对政务公开和媒体功能提出新的期待。

4. 智库自媒体催生"群智众脑"

自2014年提出"重视专业化智库建设"的规划后，智库如过江之鲫，而自媒体的发展也到了一个新的风口，这些必然催生"群智众脑"模式的应运而生。

"群智众脑"的模式之一，是"中央厨房"制。以《人民日报》为例，将"中央厨房"项目（人民日报全媒体平台）列为人民日报社三大融合发展重点项目之一。

不管是智库形态，还是自媒体的模式，归根到底，是要通过流程再造，更新"群智众脑"模式，以便生产出更优质的内容。

二、价值构建：思想的力量

一名之立，旬月踟蹰。栏目创办之初，起名是个大学问，移动互联时代更是如此，确定"政能亮"这个名字，经过了一个较为漫长的过程，几经讨论，红包悬赏，内部论证，甚至请教了社会语言学专家从中英文的角度给予指点。

当然，起名，不仅关系到舆论场上的传播，更是栏目定位所在。

凤凰网作为华人世界主要门户网站，一直秉承"中华情怀，全球视野，包容开放，进步力量"的媒体精神，凤凰网评论作为国内知名的时事评论品牌，在媒体业内素来具有极高的专业口碑，着力塑造"积极、善意、建设性"的形象。

1. "政能亮"的认识论

政策解读家——当公共政策的决策进入专业化时代，当公众认

知的观念水位迅速上升，对政策的解读与"翻译"就显得尤其重要，既要能通俗易懂，又要能准确全面，这也是当下语境下，媒体评论的必要功能之一。

价值挖掘者——在一个相对稳定的社会环境里，政策本身成为最大的变量，牵一发而动全身，影响到各个阶层，方方面面，而政策自身的价值则有待专业人员进行挖掘，尤其是政策与民生领域的深层互动。

服务提供商——对公共政策的价值挖掘与通俗解读，归根到底是提供一种服务，这种服务与"互联网+"相结合，更多地呈现为一种产品，作为品牌出现，导入IP的架构，而不仅仅是一串政策解读文字的堆砌。

2."政能亮"的方法论

公共视角，解读国务会议——无论是国务院每周三的常务会，还是出台的重大政策，都有必要放在一个公共视角的坐标系里去打量，政策出台的落脚点在哪？现实操作中的难点在哪？民众生活的痛点在哪？

专业操作，透析时局变幻——政策虽牵涉普通民众，但真正读懂就非易事，并且很多人也未必有闲暇时间真正去解读关注，而专业的评论生产机制，则可以弥补这一缺失，尤其是整合长期关注某些领域的学者资源。

朴实话语，重构政治形象——今天的舆论场，无形中出现政界话语、学界话语、媒体话语、民间话语等不同的话语体系，给社会层面的沟通交流带来一定的困惑与障碍，我们采用凤凰网特有的语态文风和话语体系进行表达，释放政治有温度的一面，而非生硬形象。

3.“政能亮”的立论点

好政策，亮中国——栏目的 slogan，我确定为“好政策，亮中国”：期待看到好的公共政策，专业诠释政务政策，同时也警惕那些违背法治精神的政策，更警惕那些违背现代执政理念的行政现象。

三、现实操作：新闻的逻辑

在实际操作中，凤凰网“政能亮”遵循新闻的逻辑，在选题、角度等方面多加思量。

1.议题设置

经过一年多时间的尝试，“政能亮”栏目取得了非常好的传播效果，多篇文章引起高度关注，甚至实现了和政令发布的良性互动。重要因素之一，就是在议题设置上的事先准备。

专业解读国务会议。主要从每周三的国务院常务会的重要决策入手，结合现实社会的“痛点”，传递政治决策的温度。如《总理“敲打”主管部门的言外之意》《总理给教授们撑腰，此处应有更多掌声》《打通“信息孤岛”，民众才能不折腾》等。

客观评估政策利弊。比如围绕营改增改革、民间投资督查、金融改革等政策问题，重点在于将专业政策解构为与民生息息相关的部分。如《别让僵尸红头文件束缚住活人手脚》《城市路面动辄“开膛破肚”，原因何在》《淘汰落后产能，总理选用市场的手》《面对阿大葱油饼们，多点温情何妨》等。

跟踪政令现实落地。比如围绕山东疫苗案、深圳禁摩限电等社会热点问题，先后推出《疫苗恐慌蔓延，应该问责监管部门》《如此“禁摩限电”，法理人情颜面何在》《核项目不该“闹大”了才告诉民众》《杨天直案，信访不能成“稻草人”》等。

2．智库支撑

凤凰网"政能亮"专业操作，秘诀之一在于有庞大的专家资源库，并依托凤凰国际智库等内部资源，先后与北京大学国家发展研究院、中国人民大学国家战略与发展研究院、中国（海南）改革发展研究院、安邦咨询等智库建立起密切联系及合作关系。

比如，2017年年初，与中国人民大学国家战略与发展研究院合作，先后推出雾霾治理系列专栏，如《治理雾霾必须打破政企合谋链条》《雾霾治理对2017年宏观经济的影响》《构建智慧型治理的雾霾防治新格局》《如何解决雾霾这道"斯芬克斯难题"》等。

3．十大案例

在凤凰网"政能亮"目前已刊发的200篇政论中，大致可以挑选出十大案例，从文本角度来印证栏目的定位。

（1）协助信息公开，如《两会问总理，更要问地方长官》《"部长通道"该是什么风景》等。

（2）传递核心理念，如《用文明和道德的力量赢得世界尊重》《所有释放并激活"人"的治理才是善治》等。

（3）助力简政放权，如《简政放权最重要落实到行政效率上》《塑造权力好"身材"，廉政才有保障》等。

（4）紧盯政务公开，如《政务舆情回应不只是一门技术活》《国务院都回应关切，地方也别闲着》等。

（5）提振经济信心，如《行业准入不破，民间投资难有信心》《支持民间投资，从金融改革开始》等。

（6）关注民生安全，如《唯有严肃问责，才能缓解疫苗焦虑》《代课教师边缘求生，历史欠账该还了》等。

（7）监督行政作为，如《海口暴力拆迁中的暴力与谎言》《邢台官员下跪前到底发生了什么》等。

（8）聚焦重大事件，如《雷洋之死："卖淫嫖娼收容"当废止》《核项目不该"闹大"了才告诉民众》等。

（9）关心城市治理，如《大雨内涝冲出的是城市基建短板》《城市路面动辄"开膛破肚"，原因何在》等。

（10）围观科学决策，如《"中南海智囊"，汇众智以谋良策》《触碰社会"痛点"的常务会更接地气》等。

### 四、战略布局：IP 的价值

#### 1. 一个思路：IP 化生存

IP，是 Intellectual Property 的缩写，虽然不少人简单翻译为"知识产权"，但在这里，IP 特指具有恒定价值观与持续生命力的跨媒介内容品牌，在移动互联时代，超级 IP 则杂糅了爆款产品、互联网思维、社交红利等在内的多种元素。

我曾在凤凰网评论内部会议上说，做评论，短期看，拼的是产品，主要是拼速度、拼策划；中期看，拼的是战略，主要是拼资源、拼布局；而长期看，拼的是核心价值观。价值观，是 IP 最核心的要素。

#### 2. 两种定位：政论 IP，IP 架构师

所谓定位，一个是凤凰网"政能亮"的定位，从 IP 层面去定义、去规划，另一个是作为凤凰网"政能亮"负责人的定位，绝不单纯是传统意义的主编，更多的是一个 IP 架构师的角色，全方位地打造这个品牌。二者互为保障，没有 IP 架构师的定位，很容易穿新鞋走老路。

#### 3. 七大布局：专栏—沙龙—报告—出版—内参—峰会—访谈

一年时间，凤凰网"政能亮"先后经过了 1.0 版本、2.0 版本，

从传播路径导向转为传播效果导向，目前已经包含了专栏、沙龙、报告、出版、内参、峰会、高端访谈在内的多种传播形态，在人民出版社出版了《政能亮 1：政令走出中南海之后》。

复旦大学新闻学院副院长张涛甫教授评价说："'政能亮'栏目突破了政治表达的边界和表达方式，但又不是颠覆性的，而是建设性的，对高层声音的解读及对公共政策的诠释权威、专业，分寸拿捏也很精准，体现了中国政治的亮度和暖意，也彰显了互联网语境下政治传播的专业水准。"

舆论研究学者、厦门大学新闻传播学院邹振东教授认为："'政能亮'在政治传播上最大的突破，是使政府自己成为意见领袖。它有时候是注意力意见领袖，总理一旦还原成为'人'的形象，反而成为更被关注的魅力型领袖；它有时候是影响力意见领袖，政府的声音改变着舆论场原来的观点，使政府的决策成为越来越多人的共识；它有时候是号召力意见领袖，政府的决策不仅仅是决策，而且是号令，不仅要把观点传递出来，而且要用舆论推动人们行动。当政府本身成为意见领袖后，它就在舆论场里，有了更广泛的空间、更主动的作为、更直接的管道与更亲和的形象。"

*（作者系凤凰网评论总监、凤凰网政能亮总编辑　2017 年 7 月）*

# 一、改革风向标

# 改革开放就该"不停顿""不止步"

斯 远

2018 年 10 月 24 日，中共中央总书记、国家主席、中央军委主席习近平在广东考察时强调，党的十八大后他考察调研的第一站就是深圳，改革开放 40 周年之际再来这里，就是要向世界宣示中国改革不停顿、开放不止步，中国一定会有让世界刮目相看的新的更大奇迹。我们要不忘改革开放初心，认真总结改革开放 40 年成功经验，提升改革开放质量和水平；要坚持以人民为中心，把为人民谋幸福作为检验改革成效的标准，让改革开放成果更好惠及广大人民群众。

这番表态，给很多心存犹疑的人吃下了一颗"定心丸"。此前外界关于中国改革开放的诸多传言，也随之烟消云散。

2018 年是改革开放 40 周年，深圳又是首批经济特区，是中国改革开放以来发展最成功的案例之一。斯时斯地，这一宣示无疑有着强烈的标志性意义。

近年来，围绕改革开放，舆论出现了许多复杂的声音，关乎政企关系、国有民营、公私区界，等等，在现实中的影响不容小觑。

一方面，一些地方、一些领域出现了不同程度的政策波动，这些波动或多或少地影响到了中国民众对于改革开放的信心，诸如"国进民退"的猜测，政府对民营企业的抑制，等等。尽管这中间

不乏"杯弓蛇影"式的想象，但却也给民众带来了实实在在的困扰。

另一方面，个别剑拔弩张的声音，似是而非，一旦与个体的历史记忆及现实焦虑相结合，也每每容易混淆视听，影响公众的认知与判断。这些声音，不排除个别人的"别有用心"，但关键症结仍在于"惰性思维"。与现世的安稳、可预期相比，改革总是会指向不确定性，指向未知，指向认识与实践的蓝海。人的很多恐惧，恰恰来自对变化的不适应。

此外，任何改革都是会触动利益的，这也注定，任何改革均不会一帆风顺。惯常情况是，一旦改革遇阻，就必然会有人质疑改革本身。事实上，40 年改革开放的历程，正是在不间断的质疑中筚路蓝缕、勇往直前的。

而当这些来自个体的"阻隔因素"，添加了鲜明的时代背景后，则会变得更为艰难、更具挑战性。

"进入新时代，国际国内形势发生广泛而深刻的变化，改革发展面临着新形势新任务新挑战"，这深刻地阐明，中国的改革开放不会是独善其身的自我完善，而是应该在新时代、新形势下的同频共振。

"越是环境复杂，我们越是要以更坚定的信心、更有力的措施把改革开放不断推向深入"。这正是改革不停顿、开放不止步的要义所在。

也即，我们要排除各种干扰、阻挠与杂音，勠力前行，逢山开路，遇水架桥，将改革进行到底。改革开放是当代中国发展进步的必由之路，是实现中国梦的必由之路。改革开放中出现的问题，只能通过全面深化改革、全面扩大开放以寻求破解，在这个问题上，我们别无选择。

同时，也必须做好自己的事情。比如，我们要解决经济脱实向虚的问题，实体经济是一国经济的立身之本、财富之源。又如，我们要解决城乡经济发展不平衡的问题，改革开放 40 年来，尽管在解决城乡二元结构方面取得了积极的成效，但与民众的要求、时代的发展相比，仍有待进一步加大力度。眼下全面启动的乡村振兴规划，将城市与乡村作为平等的主体统一规划，实现城乡要素资源的自由流动，或许会从根本上打破城乡的壁垒。

还有，很多时候改革开放的最大桎梏，往往来自改革的驱动者。这就要求，各级党委政府要进一步简政放权，实行自改革，从根本上破解影响经济活力、民众内生动力的机制体制因素，释放市场主体的自主权，实现财富涌流、自由涌流。

当年，广东从旧体制中"杀出了一条血路"，进而带动了整个中国走上了改革开放的伟大航程；而今，中国的改革开放早已不再是 40 年前的"散点突破"，而是已经成为一个普遍的社会共识，理应有更大的作为、更美好的前景。

正如习近平指出的，中国一定会有让世界刮目相看的新的更大奇迹。相信这奇迹并不遥远，就在我们身边。

（2018 年 10 月 27 日）

# 真理标准讨论：触达心心念念的焦虑与诉求

胡印斌

"有的同志担心，坚持实践是检验真理的唯一标准，会削弱理论的意义。这种担心是多余的。凡是科学的理论，都不会害怕实践的检验。相反，只有坚持实践是检验真理的唯一标准，才能够使伪科学、伪理论现出原形，从而捍卫真正的科学与理论。"

时光回到 1978 年 5 月 10 日，当时的中央党校内部刊物《理论动态》发表了经胡耀邦审阅定稿的《实践是检验真理的唯一标准》一文。

1978 年 5 月 11 日，这篇文章以特约评论员名义在《光明日报》发表。当天新华社转发。5 月 12 日，《人民日报》和《解放军报》作了转载，全国绝大多数省、自治区、直辖市的报纸也陆续转载。由此，引发了一场全国范围关于真理标准问题的大讨论。

现在的青年人已很难想象，这样一篇句句都是常识的理论文章，何以会掀起一个时代的惊涛骇浪，将那个时代一流的政治家、理论家悉数卷入其中，并由此开启了影响久远、波澜壮阔的新时期思想解放运动。

真理之所以是真理，本身就是实践而非先验的。这个在今日看起来不言自明的问题，在彼时那个已经习惯了造神、沉溺于个人崇拜泥沼的年代，却不啻是石破天惊的呐喊。

而呐喊之所以还能被人听到，并蔚成风气，宛如春潮般冲决了以往看似坚固的"无条件服从""坚决维护""始终不渝地遵循"，开启了独立思考、审视与质疑，也表明思想的种子从来没有彻底死去，地火就在地下运行，一旦机缘巧合，必然星火燎原。

而这里的"机缘巧合"，所指无非是时代与民智、历史与现实等的冲撞与互动。斯时斯世，延续了10年之久的"文化大革命"结束后，人心思变，百业待举，整个国家已经进入变革的前夜。而来自思想理论界的讨论，无论是真理、实践、实事求是；还是人性、人道主义、异化等，都比一般民众的知觉要早一些，敏锐地戳中社会关切的焦点。

40年前的"真理标准大讨论"，以及由此引发的思想解放运动，尽管多年来一直不乏哲学、社会学层面的解读，然而，实事求是地看，这里边最大的关切，仍在对人的发现与释放。无论时代的浪潮如何轰轰烈烈，作为人的发展、完善乃至解放，都是最大的时代性命题。

从过往时代的"螺丝钉""砖头"，到成为一个个可以独立思考、具有批判思维和创造能力的人，这中间的变化可谓翻天覆地。这一作用于人的精神层面的重塑努力，丝毫不逊色于后来创造的经济奇迹。或者可以说，中国人之所以能够在历经劫难中浴火重生，并迅速迸发出惊人的创造力，根本原因仍在于我们已经先期解开了思想上的疙瘩与禁锢，心灵自由带来的则是全方位的成就。

这样的思想解放实践充分证明，一旦常识回归了，时代的风气正常了，民族的高热症褪去了，则以往的种种限制与羁绊，往往会在不经意间土崩瓦解。

由此也看到，其后的中国经济社会发展，逐渐进入了一个良性

发展期。尽管中间也面临诸多波折，但那也只是因为改革开放、思想解放的不彻底。有专家就此评论，20 世纪 70 年代末 80 年代初，中国在国际舞台上的发言权、融资能力、吸引外资的能力、吸引旅游的能力、拓展外贸的能力、影响到不同国籍人际交往的能力普遍上升，外交局面困局几乎一扫而光。这些都与真理标准大讨论和平反冤假错案有着直接的关系。

这场大讨论，也是十一届三中全会实现新中国成立以来党的历史上具有深远意义的伟大转折的思想先导。

40 年过去了，今天的中国早已不再是当时的情境。40 年前的解放思想是在我国政治处于混乱状态、经济面临崩溃边缘时提出的，所要解决的是生存和出路的问题。而现在，经过 40 年高歌猛进的发展，中国已成为世界第二大经济体，这个时候重提改革开放、解放思想，无疑将会面临着来自诸多方面的困扰与挑战。

当下，我国社会主要矛盾已经转化为人民日益增长的美好生活需要和不平衡不充分的发展之间的矛盾。而要解决好发展不平衡不充分问题，就必须大力提升发展质量和效益，更好满足人民在经济、政治、文化、社会、生态等方面日益增长的需要，更好推动人的全面发展、社会的全面进步。

这也意味着，改革固有的利益格局，解放固化的思维模式，将发展的出发点与归宿重新聚集到人的层面，已经成为当下亟待解决的重大问题。这就要求解放思想、实事求是，积极探索、大胆试验，创造性地开展工作。

说到底，"真理标准大讨论"所关注的，本质上并不是什么高深的哲学理论，而是体现了一种真诚的、实事求是的人间情怀、济世情怀。这也是我们所有讨论与争议的基点。

王国维说，"凡一代有一代之文学"。同理，一代也有一代的欣喜与成就、问题与困惑，而真切认清我们所处的时代、我们心心念念的焦虑与诉求，并致力于从理论与实践的层面予以破解，就是对改革开放 40 周年最好的纪念。

(2018 年 5 月 10 日)

# 让更高水平开放倒逼更深层次改革

刘 英

2018 年 9 月 28 日上午，李克强总理在浙江台州主持召开座谈会。他说，我们 40 年的改革开放，就是一个市场化改革不断深化的过程。党的十八届三中全会明确提出，让市场在配置资源中发挥决定性作用和更好发挥政府作用。今后要进一步深化改革、扩大开放，加快打造市场化、法治化、国际化营商环境。

2018 年 9 月 26 日的国务院常务会议，也提到对外开放。会议提出促进更高水平对外开放的重大举措，包括减税降费，内外资一视同仁、知识产权保护等具体举措，明确提出推动外商投资重大项目落地、降低部分商品进口关税和加快推进通关便利化等。开放，已经成为中国的高频词。在贸易保护主义频仍的今天，中国用实际行动向世界昭示着开放举动。

在达沃斯会议上，李克强总理表示，回看中国 40 年来的改革开放，我们自己与自己比，力度之大、程度之深超出当年预期，也超过国际朋友的预期。而在改革开放 40 年的关键时点上，中国正以更大力度推进改革开放，中国乃至世界从改革开放中受益无穷，因此改革开放的大门不仅不会关上，只会越开越大。

开放带来进步，封闭必然落后。中国早就尝够了闭关锁国的苦，40 年来改革开放早已成为中国的基因和特征。改革开放为中国和世界带来了经济增长、人民福祉的提升，正在不断满足着人民对美好生活的向往。但是在贸易保护主义抬头、逆全球化思潮涌动的今天，也有人正在关注中国在改革开放40年这个关键点的政策走向——是继续深化扩大开放，还是关起门来搞建设。

中国正在扩大开放，正在践行改革开放承诺。改革开放已经发展成为中国的基本国策。

当今时代，反对贸易保护主义、经济全球化是大势所趋，中国坚定不移地扩大开放，无论内资、外资一律平等对待，这不仅是世贸规则，更是中国深化改革开放基本方针。在第四次工业革命的经济全球化浪潮中，唯有开放才能融入全球价值链、产业链、供应链当中，才能在全球化中发展。

扩大对外开放也是倒逼国内深度改革。在40年改革开放的进程中，"开放倒逼改革"的经验不断给人惊喜，"开放"是引擎，强力驱动着"改革"向纵深发展。在改革深水区中砥砺前行，我们需要深化改革开放。

面对错综复杂的形势，国务院常务会议提出要保持经济平稳健康发展，要在持续扩内需的同时，坚定不移扩大开放，实施更加积极主动的开放战略，营造更加公平便利、可预期、更有吸引力的外商投资环境。

本次会议提出三条主张，一是要深化"放管服"改革，在负面清单之外，外资与内资一视同仁，实行各类所有制企业一致的市场准入标准和以在线备案为主的投资管理制度。将符合条件的外资项目纳入重大建设项目范围，或依申请按程序加快调整列入相关产业规划，给予用地、用海审批等支持，并加快环评审批进度，降低物流成本，推动项目尽快落地。二是要扩大鼓励外商投资范围，将外

商再投资暂不征收预提所得税政策适用范围从鼓励类外资项目扩大至所有非禁止项目和领域。三是要大力保护知识产权，进一步规范政府监管执法行为。

会议决定，为适应产业升级、降低企业成本和群众多层次消费等需求，从 2018 年 11 月 1 日起，降低 1585 个税目工业品等商品进口关税税率。至此，2018 年以来已出台降关税措施预计将减轻企业和消费者税负近 600 亿元，我国关税总水平将由 2017 年的 9.8% 降至 7.5%。

会议还决定加快通关便利化进程。2018 年 11 月 1 日前将进出口环节需验核的监管证件从 86 种减至 48 种。清理不合规收费，10 月底前由各地向社会公布当地口岸收费目录清单，清单之外不得收费。推动降低合规费用，年内集装箱进出口环节合规成本比 2017 年降低 100 美元以上，沿海大港要有更大幅度降低。

回顾 2017 年达沃斯论坛，中方表达坚定不移推进经济全球化、维护自由贸易、促进创新驱动等主张。2018 年年初的达沃斯论坛上，中国再次强调坚定推进经济全球化，维护自由贸易。

作为全球货物贸易第一大国，中国实现了一般制造业的全面对外开放，尽管服务贸易是逆差，但中国依然坚定不移地推进包括金融在内的服务业市场开放。中国正有序推动全牌照、全股比经营，截至目前中国对外资银行的股比限制已经全面放开。加快服务业开放不仅满足中国自身发展需要，更为推动世界经济增长作出贡献，彰显了中国开放的决心和勇气。

正是由于坚持改革开放不动摇，才推动了中国经济飞速增长。40 年来，中国 GDP 年均增长 9.5%，对外贸易年均增长 14.5%，人均 GDP 从 1978 年的 385 元跃升至 2017 年的 59660 元，由低收入国家跻身中等偏上收入国家行列。当今中国已经发展成为世界第二大经济体、第一大工业国、第一大货物贸易国、第一大外汇储备国，连续多年对世界经济增长贡献超过 30%，成为世界经济增长的稳定器和发动机。而这其中的秘籍正是扩大开放。

从加入世贸组织到"一带一路"，中国积极推动贸易和投资自由化、便利化，与世界各国一同走开放融通、互利共赢之路，维护多边贸易体制，构建开放型世界经济。推动经济全球化朝着更加开放、包容、普惠、平衡、共赢的方向发展。

实践证明，40 年中国经济发展是在开放条件下取得的，未来中国经济也只有在更加开放的条件下才能实现高质量发展，因此改革开放是中国基于发展需要所作出的必然战略抉择，同时也是在以实际行动，推动经济全球化造福世界各国人民。中国开放的水平只能越来越高，改革的层次也会越来越深。

（2018 年 9 月 29 日）

# 让利于民是个税改革的评价指针

于 平

"个税起征点调至 5000 元""首次增加专项附加扣除""扩大较低档税率级距";时隔 7 年，再次迎来个税改革，2018 年 6 月 19 日，个人所得税法修正案草案提请十三届全国人大常委会第三次会议审议。

此次个税改革，舆论的关注点多在起征点的调整上。确实，起征点从 3500 元调高至 5000 元，是此次税改的一大变化，然而，此次税改的内涵远不止于此，包括税率调整，对劳务报酬、稿费等四项劳动所得实行综合征税，以家庭为单位增加专项附加扣除，等等。这些改革举措的推出，将给未来的个税征收、民众的财务收支和社会财富分配带来深远影响。

普通工薪阶层，无疑是这次个税改革最大的受益者。起征点调到了 5000 元，但由于同时实行以家庭为单位增加专项附加扣除，子女教育支出、继续教育支出、大病医疗支出、住房贷款利息和住房租金都可"抵税"，所以，对于许多人而言，实际的起征点远不止 5000 元。以家庭为单位实行专项附加扣除，不仅有利于减轻家庭负担，也有利于鼓励婚姻和生育，维护家庭价值。

而对劳务报酬、稿费等四项劳动所得实行综合征税，是把双刃剑。

对于劳务报酬、稿费等劳动所得不是太高，在个人所得中占比不大的人群，综合征税是绝对的利好，如果劳务报酬或稿费加上工资不超过 5000 元，那么将免交个税，超过 5000 元的，小于 1500 元的只按 3% 的税率征税，超过 1500 元小于 4500 元的，只按 10% 征税。这样的税负，比之前的超过 800 元，统一按 20% 征税，降了不少。

但对于劳务报酬、稿费等劳动所得较高，在个人所得中占比较大的人群而言，比如知名影视明星、知名作家，过去是按劳务报酬，即 20% 的税率征税，哪怕百万千万都如此，但以后不同了，只要是超过 8 万元的部分，现在合并后税率将是 45%。对于那些片酬奇高，动辄几百万上千万元的明星们，这应该不是好消息。

按照此前公布的个税法修正案草案征求意见稿，此次税改还有一个重要变化，即提出，建立包括自然人在内、覆盖全面的纳税人识别号；银行和其他金融机构需将账户、投资收益、利息、单笔资金往来达到 5 万元以上等信息，提交给税务部门等。这意味着，公民今后将和企业一样，拥有固定的纳税人识别号，通过这样的识别号，可以全面地统计个人的收入来源。这样的制度设计，对于通过"阴阳合同"等方式恶意逃税的行为，将形成遏制。

总体而言，此次个税改革体现了让利低收入、保护中产、遏制高收入的思路。通过税收，实现收入分配调节功能，使得不同群体的税负承担更加公平合理，促进了社会公平正义。

当然，这一改革也并不完美，一些地方也有微调的必要。例如，对于对劳务报酬、稿费等四项劳动所得实行综合征税，让利还是有些少。以稿酬为例，近些年无论是一些纸媒还是网络媒体，稿酬标准都大幅度提高，这些稿酬加上个人其他收入计算，一旦超过

9000 元的应纳税额，就要交 25%的个税，超过 35000 元，就要交 30%的个税，以此类推，最高税率达到 45%，劳务报酬也是同样如此。这意味着一些劳务报酬、稿费收入较高的群体，税负反而因改革而加重。这既不利于促进文艺创作的活力，也伤害了劳动者的积极性。

无论如何，此次个税改革，值得期待。希望立法机关积极倾听民意，凝聚最大社会共识，对个税法修正案草案进一步完善。通过税改让利于民、藏富于民，提升低收入群体幸福感，改善中等收入阶层处境，给民众实实在在的获得感。

（2018 年 6 月 21 日）

# 完善疫苗管理体制，让民众不再焦虑

邹振东

"有关地方和部门要高度重视，立即调查事实真相，一查到底，严肃问责，依法从严处理。要及时公布调查进展，切实回应群众关切。确保药品安全是各级党委和政府义不容辞之责，要始终把人民群众的身体健康放在首位。"

"国务院立刻派出调查组，对所有疫苗生产、销售等全流程全链条进行彻查，尽快查清事实真相，不论涉及哪些企业、哪些人都坚决严惩不贷、绝不姑息。尽早还人民群众一个安全、放心、可信任的生活环境。"

中央领导的指示和批示，信息明确，传播清楚。"一查到底"，这是态度；"放在首位"，这是温度。

2018 年 7 月 23 日 15 时，长春市长春新区公安分局对长生公司生产冻干人用狂犬病疫苗涉嫌违法犯罪案件迅速立案调查，将主要涉案人员公司董事长高某芳和 4 名公司高管带至公安机关依法审查。

本次问题疫苗引发的舆情，可以定性为舆论恐慌事件。舆论恐慌最大的特点，不是事件立即造成了灾难的直接现实，而是事件带来了灾难的未来恐惧。灾难引发围观，恐惧引发蔓延，其舆论的传播模式不是围观，而是蔓延。

人命关天，疫苗的不安全，威胁的是生命，对生存的恐惧是天大的恐惧。疫苗的功能是防止未来的灾难，而不安全的疫苗摧毁了对未来的防护，不确定的恐惧是最可怕的恐惧，这次疫苗事件充满这种不确定性。

恐慌的症结在于人们突然觉得无依无靠了。换成大白话就是：我可以相信谁？

对于政府来说，要清醒地认识到：人们不会把安全的底线寄望于企业，正是监管体系的失灵，才让公众痛感失去了最后的安全盔甲。缺乏安全感是普遍弥漫的情绪：我的孩子，我的未来，可以依靠谁？

恐慌需要英雄，需要强有力的臂膀，需要确定性，需要英雄的责任与爱。

政府的形象是玻璃做的，它是透明体，也是易碎品。政府的责任与措施越透明，其形象越不容易碎。

对真相的彻查，对责任的严究，对监管的重建，对政策的检讨；这些都是必须要做的。政府要确保人命关天的产品万无一失，让害人害己、无视别人生命的谋利者没有任何侥幸。

但仅仅做到这一点，仍然不够。上述的做法，政府行为与行为对象的连接线，仍然发生在政府的上下级之间、政府各部门之间、政府与企业之间以及政府与被处罚者之间，却没有发生在政府与受害人之间、政府与民众之间。

恐慌会放大公众的不安感。人们不仅需要安全，也需要安全感。毕竟，危难关头，人们希望看到政府就站在他们身边，他们需要强有力的臂膀。

政府的行为，不能只是会议，只是文件，只是上传下达，而且还应该是行动。亚里士多德告诉我们：悲剧"描写的是严肃的事件，是对有一定长度的动作的摹仿"。戏剧（悲剧）如果只能有一个要素，那就是动作（行动）。

一个好的政府故事，一定是有行动的故事，而且这个故事，一定要与弱势群体相连接。让恐慌不再，让信任可期。

（2018 年 7 月 24 日）

# 痛割权力之肉，营商环境才能好起来

聂辉华　张雨潇

栽上梧桐树，引来金凤凰。

发展环境营造好了，经济社会持续健康发展就会自然推进。

"当初有人担心，'放管服'改革见效慢，甚至是隔靴搔痒，以此来应对经济下行压力能否及时、管用？实际上这是从政府与市场关系的关键环节入手，是触利益、动格局的改革，就工作而言，看似是'小切口'，实则'大成效'。"

2018年6月28日，李克强总理在全国深化"放管服"改革转变政府职能电视电话会议上表示，"放管服"改革取得了超出预期的成效。"几年来，我国营商便利度在全球排名大幅跃升，利用外资规模稳居世界前列，培育了国际竞争新优势。"

营商环境主要指一个国家或地区中与开办企业和运营企业有关的管制政策，包括法律法规和行政措施。好的营商环境就是政府能够减少企业的开办成本，降低企业的运营成本，最终实现有效监管。从这个角度讲，好的营商环境就是要降低企业面临的制度性交易成本。

总理在讲话中指出："加快构建具有中国特色的营商环境评价体系，包括引入第三方评估，今年年底前开展这项试点。"

在国际上，经合组织（OECD）、经济学人信息部（EIU）、瑞士国际管理发展学院（IMD）等都发布国别营商环境排行榜。但最负盛名的当属世界银行的《营商环境报告》（*Doing Business*）。从2003年始，世行每年发布报告，对各国中小企业在开办企业和运营企业方面的监管环境进行比较。报告所覆盖的范围从首份报告的133个经济体、5项一级指标扩展到2018年报告中的190个经济体、11项一级指标。

2018年报告的11项一级指标包括企业的建立（开办企业、办理施工许可、获得电力）、经营（产权登记、获得信贷、保护少数投资者、纳税、跨境贸易、执行合同、劳动力市场监管）和关闭（办理破产），涵盖企业生命历程的重要节点。每个一级指标中，包括处理该项活动所需的手续、时间、成本及其他具体评估该项活动难易程度的多项二级指标。相应二级指标的平均数构成一级指标的得分。再将11个一级指标进行平均，就得到报告中的核心指标——营商便利度（Ease of Doing Business）。

营商便利度的排名构成了年度的营商环境排行榜，这也是历年《营商环境报告》中最受关注的部分。

世行报告并非完美无缺：它未衡量所有影响一个经济体商业环境或国家竞争力的政策和制度，例如宏观经济稳定、金融系统发展、市场规模、贿赂或腐败的影响以及基础设施。报告在调查时使用标准化的案例对受访者进行调查，且只关注最大的商业城市（包括大国的第二大商业城市）和正式部门。这种调查方法的好处是可保证数据在国家之间的可比性、降低数据搜集的成本，但难以保证数据覆盖的范围及数据的代表性。2018年2月，中国人民大学国家发展与战略研究院发布《中国城市政商关系排行榜（2017）》，从"亲""清"两个方面，考虑了中国285个城市的基础设施、金融发

展、财政透明度、清廉程度等重要指标，很大程度上弥补了世行报告在中国的不足。

为进一步了解中国营商环境的更多内容，我们绘制了中国营商环境的一级指标排名，度量了开办企业、获得电力、执行合同、办理破产等多个方面的便利程度。研究显示，2014 年之后，中国在多个一级指标的表现上展示进步趋势，排名明显上升。

近年的《营商环境报告》多次提到中国为改善营商环境所做出的努力和成就。例如，中国的简政放权改革使得开办企业变得更加容易；中国简化了税务流程，使得企业纳税变得更加容易。

然而，中国在产权登记、保护少数投资者、跨境贸易等方面的便利程度排名有所下降，说明在这些领域的改革进程落后于其他国家。

李克强总理指出：一些政府部门仍然管了很多不该管的事，企业投资经营和群众创业创新仍然深受显性或隐性准入壁垒之苦、行政许可和变相审批之累。监管不到位和监管乱作为并存，假冒伪劣、坑蒙拐骗、侵犯知识产权等问题还比较多，公平竞争、优胜劣汰的市场环境尚未完全形成。公共服务存在不少薄弱环节，一些部门和单位办事手续繁琐、随意性大，群众和企业不满意。

因此，政府应进一步深化"放管服"改革，绝不能浅尝辄止甚至是半途而废。

在"放管服"改革中，有一些改革的短板在世行的《营商环境报告》中凸显，主要是产权登记、保护少数投资者以及跨境贸易等方面的举措仍比较滞后，应作为下一步改善营商环境的重点环节进行突破。

还应加强事后监管，切忌顾此失彼。正如李克强总理一再强调："如果说放权是割肉，检验的是政府自我革命的勇气，那么监管要创新，考验的是各级政府的智慧和能力。在放权的同时，事中事后监管这一手必须硬起来。"

当前的改革重点是减少事前审批，但减少审批不等于放松监管。该政府监管的事情，必须由政府来承担，不能放任不管。举例来说，办企业更容易了，但造假应该更难了，否则非系统性的改革可能于事无补。

改善营商环境不能只做"减法"，更要做好"加法"。"加法"主要是加强监管和提供服务，核心和难点是保护企业的各项合法权益，例如公平交易、合理定价、平等竞争和市场进入的权利。

各级政府须尊重经济规律，按市场规律办事；须知市场自身也有调节功能，不能总认为自己比市场高明，不能动辄越俎代庖、用行政权力干预市场，否则只会南辕北辙。

各地营商环境是否有所优化、群众办事是否更加便利、发展环境是否改善，最终要由企业和群众来点评，企业和群众满意才是"硬道理"。

（2018 年 7 月 18 日）

# 有罚也有奖，释放最大化政策效应

胡印斌

国务院办公厅近日印发通报，对 2017 年落实有关重大政策措施真抓实干、取得明显成效的 25 个省（区、市）、82 个市（地、州、盟）、116 个县（市、区）予以督查激励，包括推进供给侧结构性改革、适度扩大总需求、深化创新驱动、优化营商环境、保障和改善民生等。

这也是自 2017 年首次建立督查激励长效机制以来，国务院办公厅组织开展的第二次督查激励工作。从督查激励的地区范围看，2017 年获得表彰激励的有 26 个省（区、市）、90 个市（地、州、盟）、127 个县（市、区），2018 年与 2017 年基本持平，略有收拢，这也表明，各地在落实中央重大政策方面仍有一定空间，积极性仍有待进一步提高。

从奖励措施看，则"含金量"持续走高，让人艳羡。与 2017 年的"24 项奖励支持措施"相比，2018 年不仅保持了原来的"24 项"，且进一步加大了力度。

比如，对易地扶贫搬迁工作积极主动、成效明显的省份，在以工代赈资金安排上予以倾斜；对地方水利建设投资落实较好、中央水利建设投资计划完成率较高的省份，每个省增加安排 1000 万元中央预算内投资，相应减少地方建设投资规模；对大力培育发展战略性新兴产业、推动特色优势产业转型升级成效明显的市，在全面创新改革试验、发展数字经济及对接战略性新兴产业政银企合作等相关工作中予以优先支持。

重奖不是目的，但奖励的方向、力度，则意味着政策的着力点与风向标。民之所望，固然是施政所向，而在整个施政作为的过程中，作为一个有机的整体，地方政府同样需要激励与表彰。工作得到肯定与认可是一个方面，关键还有与肯定一起落地的各项奖补政策，比如资金，比如用地指标，比如产业政策扶持，等等，这些来自中央的支持无疑是及时雨。

以河北为例，2018年该省在化解钢铁、煤炭过剩产能方面，均被列入"总体较好的省（区、市）"第一名。作为钢铁和煤炭大省，河北在强力推进化解产能的同时，也面临着部分重点县市经济发展受影响、再就业人口骤增等严峻问题，而无论是产业的转型升级，还是劳动力重新就业，均需要一个过渡期，这样，必要的政策与资金支持就显得格外重要。

同样，在老工业基地调整改造方面，像山西长治、内蒙古赤峰、辽宁大连、吉林长春、黑龙江大庆、江苏徐州等10个城市，也因背负着沉重的包袱，而步履艰难。它们每一寸积极的努力都应该被看到、被鼓励，它们在老工业基地振兴等方面的实践，也必将成为国内其他有着同样禀赋条件城市的样本和探路者，加大中央专项资金支持，势所必然。

也即，国务院的奖励既是对地方过去一年落实中央政策成绩的"酬功"，也是对地方经济社会发展必要的"加油"。既着眼于过往，更面向未来，体现的是"全国一盘棋"的整体联动思维。

此次表彰的几个方面，无论是供给侧结构性改革，还是创新驱动，以及优化营商环境、保障和改善民生等，均是一些关系到国家的长治久安，关系到现阶段经济社会发展的关键性指标，每一项都有着一定的连续性、长期性，不可一蹴而就；而且，这些内容彼此之间也并非孤立、割裂，而是相互关联，有着密切的互动关系。细察即可发现，那些经济社会发展比较均衡的省份，被奖励的指标就比较均衡、分散，从而呈现出一种更优质、更平衡的发展态势。而这不仅是奖励的起点，也是奖励的目的。

在以往多年的发展中，由于存在底子薄、基础不扎实、思想解放不够等多方面问题，地方可能更习惯结合各自优势的办法寻求突破，"杀出一条血路来"。那样的发展路径当然有其历史合理性，但在中国经济总量已居世界第二，且资源环境约束日益收紧的情势下，以往的粗放式发展模式必然会被高质量发展所取代。这也是一种发展的必然。

这个时候，强调令行禁止，强调对中央决策的执行力，坚持贯彻新发展理念，推动重大政策、重大改革、重大措施尽早落地，就显得格外重要。事实上，这也是中国经济由"大"到"强"、由"快"到"稳"、由"好"到"优"的必由之路。

经济社会的发展容不得半点延误与迟缓。在2018年全国两会上，李克强总理在政府工作报告中讲到，"开展国务院大督查和专项督查，对积极作为、成效突出的给予表彰和政策激励，对不作为的严肃问责"。

这次表扬激励，就是在释放奖惩分明、奖勤罚懒的强烈信号。一方面，奖勤本来就意味罚懒，是一种更高层级的工作推动方式；另一方面，督查本身也有着强烈的惩戒意义，此前国务院已多次点名批评问责一些地方。有罚，亦有奖，则必将释放出最大的政策效应，推动地方拿出打硬仗的勇气，真抓实干，使改革更加精准对接发展所需、群众所盼。

（2018 年 5 月 4 日）

# 缚住行政乱作为之手，根绝"宰你没商量"

聂日明

"黑龙江省哈尔滨市通河县公安局依托公安部旅店业信息系统，由系统服务商黑龙江省达因信息技术有限公司按照床位数量，向旅店业企业按每年 600 元至 800 元的标准收取住宿身份认证服务费。"

国家发展改革委、财政部、民政部 2018 年 4 月 19 日曝光六起涉企违规收费案件，包括利用电子政务平台从事商业经营活动，行业协会和中介组织利用行政资源强制收取费用、自立项目并自定标准收取管理费等。相关部委表示，将加大对乱收费的查处和整治力度，以切实减轻企业和群众的不合理负担。

最近几年，中国经济增长增速放缓，企业经营压力增大，利润率降低或者亏损。这时，适当的宏观经济政策需要降低企业的经营负担。首当其冲的是减免税收，国务院主持了几轮的税收减免，如小微企业的营业税（及营改增之后的增值税）减半征收、降低增值税税率等。

但地方政府并不是很愿意控制财政收入的规模，税收征缴要符合法律、法规和中央政策，增速不得不降低，部分地方政府就将主意打到行政事业收费等非税收入的头上。

梳理最近十年的全国公共财政收入中非税收入的构成，可以看到，中央的非税收入每月保持稳定，但地方政府的非税收入存在周期波动现象，每年 6 月、12 月的非税收入明显高于平时时间。以 2015 年为例，当年的税收与财政收入的增速都未完成预算，但非税收入增速高达 29%，远远超过 GDP 与税收的增速。

2016 年年底，国务院及中央部委将降低企业负担的重心放在降费上，包括降低社保费率、清理整顿行政事业收费等，规范政府的收费行为。

降费的难度相比减税要麻烦一些，主要原因有三：一是政府性收费的立法层次比较低，随意性比较大，收费是否合理，相关部门很容易自说自话；二是地方政府是政府性费用的征缴主力，涉及的主体多，监管的困难大；三是违规收费容易隐蔽在正式制度之外，通过商业公司、中介机构、行业协会等市场主体利用行政部门的权威或平台进行收费，监管时很难区分是否是企业的自愿行为。

曝光的六起地方涉企违规收费案件具有标杆意义，显示中央政府对降低涉企收费的重视，相关案例也有警示作用，让地方政府照此自查自纠。

但这还远远不够，部委精力有限，不可能同时盯住所有的地方政府，涉企乱收费往往伴随着部门利益，靠地方政府自律也不现实。因此，遏制涉企收费的扩张、制止收费乱象需要制度性的解决方案。

回到曝光的六起案例，可以看到这些违规的涉企收费，往往和政府过度或者不当的干预市场行为有关，例如要求酒店上报旅客信息，又担心旅店是否如实上报，自然会增加身份认证的环节；要求生产经营单位安全生产，又担心他们不了解安全生产的规范，那就只能提供培训。这些行为要产生成本，政府不愿意负担，自然要由企业承担。

这些问题的本质是界定政府和市场的边界，片面增加政府的职责，又不对企业收费，只会通过征税来替代，解决不了降低税费的初衷。所以降费的首要条件就是梳理政府职能，市场可以自律完成的内容，政府不应该干预管理，自然也不会产生需要分摊的费用，从根子上解决乱收费的动机。

还要看到，在这六起案例中，乱收费的主体虽然都不是地方政府，但都是商业公司、行业协会和中介机构借用政府的权威实现对一般企业的强制收费。说到底，这些收费都是行政部门乱作为、行政权力之手不受约束的结果，这种事情光靠举报和上级政府的纠正是做不过来的。要制止住乱收费，首先需要束缚住行政部门乱作为的手。

近年来，中国的法治进程取得了很大进步，"依法治国"写进宪法。法治的核心在于约束政府的权力，《立法法》《行政许可法》《行政诉讼法》等法律也构建了约束政府权力的基础框架。

梳理行政乱收费的背后，大多可以看到行政部门违法的影子。唯有让政府依法行政、行为可诉、违法必究，才有可能制止住行政乱收费，才能让市场主体和人民群众对降费有切实感受。

（2018 年 4 月 23 日）

# 管住官员"舌尖"，进一步扎牢制度的笼子

杨于泽

在中央三令五申制止公款吃喝的背景下，这方面问题有所收敛，但官员与老板大吃大喝现象却有日趋泛滥、蔓延之势。不遏止此风，就难以堵住"灰色腐败"之口。

2018年4月23日，中央纪委国家监委网站发布3月份全国查处违反中央"八项规定"精神问题月报数据，首次将"违规接受管理服务对象宴请"列为统计问题类型。这意味着，"违规接受管理服务对象宴请"正式成为纪检监察部门执纪问责的一个重要问题指向。

查处领导干部"舌尖上的腐败"，一直是中央八项规定、纠"四风"的重要内容之一，非自今日始。全国查处违反中央"八项规定"的月报数据，过去涉及问题类型12类，包括违规公款吃喝、公款国内旅游、公款出国境旅游、违规配备使用公务用车、楼堂馆所违规问题、违规发放津补贴或福利、违规收送礼品礼金、大办婚丧喜庆、提供或接受超标准接待、接受或用公款参与高消费娱乐健身活动、违规出入私人会所、领导干部住房违规，其中至少有3个类型指向吃喝接待。

现在新增一个"违规接受管理服务对象宴请"问题类型，是将纠"四风"、反"舌尖上的腐败"推向深入，在正风肃纪上进一步

扎紧"制度的笼子"。

纪检监察部门查处违反中央八项规定涉及违规吃喝的，一是公款吃喝（包括超标准接待），二是违规出入私人会所。而违规接受管理服务对象宴请，主要指违规接受私营企业主、下级等管理服务对象安排的可能影响公正执行公务的宴请或旅游等。出入私人会所主要是私人老板们埋单，从某种意义上说，其只是"违规接受管理服务对象宴请"的一种特殊形式。

设若违规宴请不在私人会所呢？"接受管理对象宴请"是对非公款违规吃喝的一般化描述。查处"违规接受管理服务对象宴请"，是一项更加一般化的纪律规范，把私人会所之外的非公款吃喝全部纳入了执纪监督范畴，从而堵住了整治"四风"制度上的一个漏洞。

肚子饿了就要吃饭，饭总是要吃的，这类说法发乎人性、顺乎人情，成为某些领导干部违规吃喝的天然借口。党的十八大以来，中央发布"八项规定"、整治"四风"问题，违规公款吃喝的现象得到有效遏制，但"不吃公款吃老板"的歪风仍禁而不止。从2018年3月份统计情况看，全国共查处违规接受管理服务对象宴请问题225人，包括地厅级4人，县处级20人，乡科级及以下201人。

与某些贪腐巨蠹相比，"舌尖上的腐败"似乎只算蝇贪微腐，由此很多人极易丧失警惕。权力腐败始于交易。世界上没有免费的午餐，管理对象宴请管理者，根本原因是看中了管理者手中的权力，根本目的是想"搞掂"掌握权力的人。"拍马"是为了"骑马"，送去一条牛腿是为了牵回一头牛。老板围猎干部或者干部被围猎，常常是从吃吃喝喝开始的。推杯换盏、拉拉扯扯之间，原则如土委地，制度形同虚设。

"不贪污不受贿，吃吃喝喝有啥罪？"事实上，违规接受管理服务对象宴请所造成的后果非常严重，有时候还是触目惊心的。中央纪委通报过两个典型案例：一是天津市医药集团原党委书记张建津接受港商奢华宴请，让私企老板为其举办花费高达上万欧元的生日会；二是青岛日报报业传媒集团原总经理王海涛编造虚假邀请函，由企业支付出国旅行费用、观看世界杯球赛费用 60 余万元人民币。由违规接受管理服务对象宴请，到双方利益勾兑，只是一步之遥。

这种现象侵蚀的是党群干群关系，动摇的是党的执政根基。即使是一些主动掏钱请客的管理服务对象对此也相当不满，进而会认为正风肃纪、从严治党是假的，反过来这种"世界观"也影响到他们与官员相处之道及其行为方式。

党的十九大报告强调，要构建亲清新型政商关系。"亲"落脚在管理者为管理对象提供的服务上，"清"则是"君子之交淡如水"。亲清新型政商关系就是建立管理者与管理对象之间的基本信任，有效降低交易成本。防止"舌尖上的腐败"，是建立这种基本信任的内在要求。基本信任之不立，政商之间就难免拉拉扯扯产生利益勾兑。

纪律的生命力在于实施，制度的笼子扎牢之后要坚决用起来。"舌尖上的腐败"目前已经转入地下，想查办并非易事，必须多想办法，以避免纸上谈兵。基本一条，就是走群众路线，畅通监督举报渠道，让广大群众方便参与、有效监督。杜绝官员违规接受宴请不是一日之功，还要做好打硬仗、打持久战的准备。

（2018 年 4 月 25 日）

# 办公室里的"小说、盆栽"影响作风？

小　麦

中央"八项规定"出台以来，特别是随着整治"四风"问题力度的加大，各级纪检部门加强监督和惩处，起到了警示震慑效果。但也有的地方用力过猛，走向了极端，比如日前湖南省津市市纪委突击检查了市教育局的办公用房，检查发现的诸多"作风问题"，令人惊诧莫名，这一做法也遭到网友普遍质疑。

通报内容有："检查刘学斌副局长办公室，发现其抽屉内有两包烟、文件柜内有小说等与工作无关的书籍；检查关平督学的办公室，其文件柜内有红枣等养生食品；检查蒋勇林局长的办公室，有一些散文、小说、时事等与工作无关的书籍；检查刘明华副局长的办公室，有小说以及吃酒的回礼盒……"

两天后，湖南省津市市委回应称，此次检查过程中存在标准把握不准、检查方法不当、工作程序欠妥的问题。目前已责成津市市纪委举一反三，认真吸取教训，进一步规范监督检查行为，确保中央、省委、市委的决策部署不走调不偏向，以永远在路上的坚韧切实抓好作风建设，推进全面从严治党向纵深发展。

津市市委的表态回应了社会关切，也一定程度上缓解了公众由此产生的连带性焦虑。而当地的公职人员，似乎也不必急着把办公室存放的小说清理干净了。一场不期然而来的舆情风波，或将就此归于沉寂。不过，由这一事件引发的思考仍有待加深，有必要深入探究，在依法治国、依法执政的大背景下，为什么还会出现这样严重背离法治与常识的莽撞行为？

办公室当然是公务之所，理论上讲，一切与工作无关的事情均不应该在办公室进行。这既是职业伦理的要求，也确实是一种工作作风的体现。但这不意味着公职人员就不可以在办公室休息的时候翻几页书，不能备点零食做果腹之用。公职人员的日常工作总会与下属或者民众有交集与衔接，不可能完全将生活中的一些内容屏蔽掉，和别人喝茶聊事务也无伤大雅。

一般而言，除了学习业务书籍、思想政治类书籍之外，读一些小说，对人生也是一种有益的滋养。很难理解，文学的阅读到了津市市纪委这里，怎么就变成了"作风问题"？在信息时代，在世界读书日过去没两天的时候，仍有地方出现如此恶劣的拒斥小说、时事书籍的做法，不仅有违人们正常的生活工作需要，而且是一种赤裸裸的反智行为，理应引起这个社会的高度警惕。

此外，这一事件中的"突击检查"也存在严重的程序与方式方法问题。诸如强行看手机、强行检查办公室抽屉、强行打开公文包等行为，并非不可以采用，但一定要遵循相关监督执纪的制度规定，不能随意施加于普通的公职人员身上。初衷是好的，并不表明可以随意、随时、随地对公民进行检查，也得讲究个程序性合法。

在现代社会的语境中，程序正义有着与实体正义同等重要的地位和价值，任何不讲程序，不讲方式方法的做法，都是蛮干，非但不会实现理想中的公平公正，甚至会侵害公民的个人权利。这也是津市市委责成津市市纪委举一反三、规范执纪的深层考虑所在。

诚然，在当下不少公职人员中，作风问题仍十分严重。同样是

"突击检查"，如果有关部门事先摸清线索，有的放矢；或者专门针对某一项工作的落实情况，不打招呼，直接检查；或者根据群众举报，有针对性地就某个问题进行现场调研；等等，这些"突击检查"不仅具有程序上的正义，也会赢得民众的由衷支持。可见，问题并不在于"突击检查"本身，而恰恰在于执行者缺乏执纪边界，随意随性，其解决也必然会出现越权过界的种种乱象。

早在 2014 年，习近平在指导兰考县委常委班子专题民主生活会时就强调，不能表面上热热闹闹，实际上用形式主义反对形式主义，影响活动健康发展。要采取有效措施，举一反三，防止和避免活动走形变味、做成夹生饭。

津市这一出"突击检查"闹剧，是一起典型的形式主义作为。而这样的行为也绝非孤例，有着广泛而深厚的现实土壤、路径依赖。只要不是真正转变作风，脚踏实地抓工作，一心一意促发展，而总是摆出一副"政治正确"的样子，唯我独尊，予取予求，不讲规矩纪律，类似的扭曲、走偏做法将会继续重演。

作风问题要抓，但不能搞走过场的应付式检查，同样也不能搞枉顾程序、违背常识的"突击式检查"。用形式主义反对形式主义，只会把好经念歪了。

（2018 年 4 月 27 日）

# 恪守法治程序，方能破除"株连三代"思维

任 然

"若 10 日内不回的，将其本人及父母、兄弟姐妹、子女全部拉入诚信系统，限制出行，株连三代人"……"若 20 日内仍不回国的，将在其家门口、村口悬挂'飞天大盗之家'的牌子"……

这样的措辞是不是很像古装剧里县衙破案的桥段？难不成是有好事者在杜撰？尽管它与现代社会违和感满满，但的确是真的，该段内容出自近日河南省罗山县"打击盗窃民航旅客财物犯罪专项治理行动办公室"所发布的一则公告。

公告甫一公开，便遭到了舆论的强烈批评。目前，罗山县已就此事公开致歉，称因相关工作人员法律意识淡薄，导致告知书出现了十分不妥的言语，对此深表歉意。

在强调全面依法治国的今天，一个县级部门还公然在告示中宣扬"株连三代"，如此思维的倒退让人匪夷所思。就在 2018 年 5 月 31 日，国务院办公厅还印发了《关于加强行政规范性文件制定和监督管理工作的通知》，其中指出，乱发文、出台"奇葩"文件的现象还不同程度地存在，侵犯了公民、法人和其他组织的合法权益，损害了政府公信力。

不过，此事中的株连思维，或只是表象。不惮于拿"株连三代"的手法逼迫外逃人员归国，说到底，还是因为行政、执法机构对于

执法程序、方式的"解释权"，依然未能关进制度的笼子。

当地对这起"飞天大盗"案如此重视，一个直接的原因是该案系由公安部交办。公安部向涉事地方交办案件，乃是正常的工作分配，当地重视，也是分内之责。但试图以涉嫌违法的"非常手段"来完成上级部门下达的执法要求，就颇具黑色幽默的意味了。由此也可以看出在一些基层地方，所存在的一种真实的执法逻辑：为了完成上级交代的任务，是可以不择手段的。对上级任务的完成度，要压倒对法治程序的遵循。这与一些司法机关为了完成破案任务，便不惜采取刑讯逼供手段，其实具有内在的逻辑一致性。

所以，尽管该做法受到了普遍谴责，当地在感受到舆论压力后，也选择了撤销和道歉，但若此举真能帮助追逃成功，或者说，这种做法被证明确实"管用"时，当地官方乃至舆论对之，会不会又是另外一番态度？这并非恶意揣度，而是有现实案例支撑：

2018 年 5 月，在广东揭阳市惠来县鳌江镇，10 户家庭的房屋外墙上，竟然被政府工作人员用红色的油漆喷上了"涉毒家庭"四个大字。事件曝光后，引发了广泛的争议。最初当地政府表示意识到了"喷漆"行为的不妥之处，并且已经开始落实去除工作。但随后又有媒体报道，"涉毒家庭"字样不再去除，该镇党委书记回复称，10 户家庭有成员涉毒案在逃，目前先观察警示效果，如效果明显仍继续推行。

"如效果明显仍继续推行"，这与罗山县最初回应称，"株连不是目的，只是一个办法"，可谓异曲同工。它们的背后，站立的是坚固的实用主义，对应的是法律被工具化对待的现实：只要有助于完成某种治理意图，所谓的法治精神、程序原则，便可以被轻松践踏抛诸脑后；法治程序，不再是刚性要求，而可以随时因案件的

"重要性"，特别是上级的"重视程度"而随意取舍。这种实用主义反馈到特定案件时，可能是"株连三代"式的过度执法、违法执法，体现在一般案件中，则可能是消极执法甚至是不作为。

而批评类似现象，不得不面对的一个困境是，写入白纸黑字的株连做法在当下固然或已少见，并且曝光后似乎也易于被舆论纠偏，可在执法领域之外，最典型的如拆迁、息访事项中，或明或暗的株连思维、株连手法，依然司空见惯。这一现实提醒我们，虽然株连思维早就不得人心，但若不能树立底线思维，法律的程序正义不能被真正恪守，就很可能被一些地方当作"总有一种法子来治你"。

回到这起事件，当地的道歉声明，也在侧面暗示出，别看"株连三代"遭遇汹汹舆论，在一些官方认知中，未必就错得那么离谱。因为原公告的署名明明是"罗山县打击盗窃民航旅客财物犯罪专项治理行动办公室"，但在道歉声明中，事件的责任却落在了"有关乡镇"的"方法简单不当，法律意识淡薄"之上，如此轻佻的"偷梁换柱"，如何让人相信认错的诚意？

这样的应对逻辑，也为类似做法的难以禁绝埋下了伏笔——既然道歉、批评教育可以解决，连罚酒三杯都不用，又为何不试一试？因而，应该按照《关于加强行政规范性文件制定和监督管理工作的通知》中强调的，发现存在侵犯公民、法人和其他组织合法权益，严重损害政府形象和公信力的，依法依纪追究有关人员责任。发现一起，就及时纠正并严格责任追究，唯有此，这些荒唐至极的奇葩公告才有可能绝迹。

（2018 年 6 月 10 日）

# "放管服"改革，让群众"办事不求人"

缪一知

审批、落户、办照，处处跑腿；入学、看病、养老，事事犯难。

长久以来，"办事求人"就像泥淖，求人的、被人求的、被人求也求人的，大家都深陷其中。各家各户、各色人等，都有一部"求人史"。动辄"跪求"，民众苦不堪言。

2018年6月28日，李克强总理在全国深化"放管服"改革转变政府职能电视电话会议上强调，尽量让企业和群众"办事不求人"。同日，国务院办公厅公开发布《关于做好证明事项清理工作的通知》。

放管服，即简政放权、放管结合、优化服务的简称。其目的一方面是为了应对经济增长新常态，减少交易成本、减少政府对资源直接配置的无效与浪费，促进创业创新、稳增长保就业，提高经济和社会运行效率；另一方面也是切实减少群众和企业办事麻烦的民心工程。

长期以来，我国经济和社会中面临着办事审批手续复杂、环节冗繁、各类证件证书证明要求不一的痼疾，为一件事情跑断腿、排长队还徒劳无功的经历，很多人都有所体会。总理批评过的"证明你妈是你妈"等奇葩证明的类似尴尬画面，也绝不只是少数人的奇遇。

近年来，不少地方也在推进变革。例如，安徽省推出"一张网一扇门，群众办事不求人"举措，让民众进一家门可办多家事。"以前办证要在上海、安徽之间来回跑，这次通过网上审批，坐在办公室里就办好了批文。"有民众这样点赞安徽政府的改革举措。

的确，在过去五六年间，相关的审批和证明已被大幅度减少，但仍有进一步清理的空间。与此同时，即便是涉及一些必要的政务手续，也有望在"互联网+"技术兴起的情况下得到更加简捷的流程革新。

有鉴于此，总理首先要求政府各部门继续认真梳理企业和群众办事最烦最难的领域和环节，看看哪些事项需要反复跑，哪些窗口排队长，有针对性地采取措施。要持续开展减证便民行动，加大清理减并力度。

这里值得注意的是，便民服务没有止境，我们应当把"最烦最难"看作一个动态的尺度。曾经"最烦最难"的领域被攻克了，相关部门仍然有必要去为以前的"次最难最烦"、现在的"最烦最难"而努力。

这是一个需要发挥各级部门主观能动性的时刻，如中央政府所期待的，各地要从自身实际出发，锐意探索创新，创造更多管用可行的"一招鲜"。要主动对标先进，相互学习借鉴其他地方、其他部门在简政便民方面探索了什么新思维，以形成竞相推进改革的生动局面。改革是走前人没有走过的路，难免会有失误错误，中央政府要完善容错纠错机制，明确免责界限，为改革者撑腰，为担当者担当。

大力发展"互联网+政务服务"，推进线上线下融合，五年内

全面实现全城通办、就近能办、异地可办，打造"不打烊"的"数字政府"。这可谓是"放管服"升级的另一个体系性关键。

的确，一个一个地梳理政务办事环节、减少审批要求，自然是正能量，但这种"一城一池"的进退未必不会出现反复。而把办事流程整个地放到万维网上可以增加透明度，打破地域阻隔，消除时间限制，减少具体窗口接待人员的业务素质和办事态度的变量，同时实现信息的互联互通，可谓全盘革命性地重塑了政务的风貌、刷新了政务的效率。

由于无用环节的减少、进程进度的一目了然，政府办事的容量能够倍增，经办人员的负荷却不会加剧。这将使得总理在 6 月 28 日提出的企业开办、工程建设项目和进出口通关等一系列审批时限至少减半的目标之实现，也变得更为可行。

在贸易战等复杂的国际局面之前，通过科技化的"放管服"建设国际一流、公平竞争的营商环境，激发市场活力、增强内生动力、释放内需潜力，亦尤为重要。

总之，"放管服"改革的成效如何，不能光听宣传和数字罗列，最终要看各地营商环境改善了多少、办事方便了多少。发展环境是否优化，最终要由企业和群众的获得感与满意度说了算。尽量让企业和群众"办事不求人"，是衡量服务型政府建设成效的一个"试金石"，而"互联网＋"则是让民众成为改革的监督者、推动者和受益者的重要机制。

（2018 年 6 月 30 日）

# 踏准舞步，中德高科技合作前景广阔

白　明

"暮色苍茫看劲松，乱云飞渡仍从容。"

在当前国际形势不确定不稳定因素突出的背景下，中德两国间的合作尤其是高科技领域的合作，正成为乱局中的稳定因素和正能量。

当地时间2018年7月9日中午，国务院总理李克强在柏林总理府与德国总理默克尔共同主持第五轮中德政府磋商。双方表示，加强在数字化、自动驾驶、人工智能、新能源汽车等新兴产业领域合作。双方同意，加强产学研、科技创新合作，充分挖掘数字化发展对促进农业合作的潜力。

磋商后，两国总理共同见证了双方农业、教育、青年、卫生、化工、通信、汽车、自动驾驶等领域20多项双边合作文件的签署。

"教会徒弟，饿死师傅。"中国这句俗语，放在当今中德技术合作范畴里，已不适用了。中方明确表示，愿同德方继续分享中国新一轮开放的巨大市场红利，对在华的中外企业一视同仁，加大对知识产权保护力度。

面对新一轮产业革命，双方积极推进在智能制造、数字化、人工智能、新能源汽车等新的领域开展更多合作，共同做大蛋糕、做大市场，造福两国人民。

"中国制造向中高端迈进还有相当长的路要走，两国产业和技术上的互补性将长期存在。"7月7日，李克强在《法汇报》发表的署名文章《做引领开放与创新合作的好伙伴》中如是说。

在2017年，每9分钟就能在中国卖出一辆德国品牌车。德国总理默克尔乐见中德合作的进展，"在电动汽车电池领域我们不具备这样的生产能力，中国企业愿意带来我们所没有的新技术，我很高兴看到中国帮我们填补这个空缺"。

欧盟是中国最大的贸易伙伴，而德国又是欧盟中经济实力与科技发展水平最强的国家，中德两国之间的经贸关系没有理由不加快发展。如今，每天往返于中国和欧盟之间的15亿美元商品中，近三分之一属于中德。

然而，中德两国要想加快经贸关系的发展，就需要相互对准步点。

在当今世界，德国是制造业最发达的国家，但德国的国内市场毕竟空间有限，制造业的发展必须要立足于拓展国际市场。

相比之下，中国则是当今世界上的制造业大国，甚至被称为"世界工厂"，但中国并不是制造业强国，而要想成为制造业强国，不仅要依靠加大自主研发力度，更需要通过与德国这样的制造业强国合作，找准差距，取长补短。

不难看出，中国和德国在高端制造业发展方面发展潜力巨大。

现阶段，中国制造业的发展基本遵循的是创新驱动的大方向，德国工业4.0在很大程度上被看作是中国制造业向高端化迈进的及格"分数线"。

也要看到，德国制造业的发展历来离不开国际市场，而未来对德国的制造业来说，最有拓展价值的国际市场空间就是在中国。随着中国正在积极推进供给侧结构性改革向纵深发展，"补短板"在三去一降一补中的重要性进一步前移。在此基础上，加快从制造业大国向制造业强国迈进的步伐不仅需要强化自主研发，同时也需要在更广泛领域利用好国际上的优质资源。

现在看来，中德两国在高端制造业上寻求合作可以说是门当户对。除了在家电、工程机械、通信设备等方面合作硕果累累，在高铁设备、新能源、汽车无人驾驶系统等方面的合作前景也十分广阔。

中国对德国高端制造业的看中也不仅局限于技术层面，德国在高端制造业上的管理理念也值得我们学习，特别是德国的"工匠精神"对中国制造业转型升级来说是一部好教材。

当然，中德两国在高端制造业上的发展也不总是一帆风顺。

前些年，欧盟要对从中国进口的光伏产品进行"双反"，很大程度上也是德国一家太阳能企业向欧盟提出的诉讼。不过，好在当时德国领导人十分明智，并没有支持对中国制造的光伏进行"双反"，而是立足于与中国进行磋商，最终中欧之间就限价格、限数量达成共识，化解了一场有可能爆发的贸易战。

另外，前段时间德国经济部长加布里尔访华时，一些德国在华企业向这位经济部长诉苦，抱怨中国的投资环境不如意。实际上，一些在华投资的德国企业已经习惯了过去的超国民待遇，对于内外资一视同仁反倒不适应了。

当时一些德国企业认为不适合在中国投资，而现在两年时间过去了，虽然不排除某些德国企业出于商业目的进行正常的投资地变更，但在这些当初抱怨中国的知名德国企业中，还没看到一家德国企业离开中国。这里并不是说我们的贸易、投资环境无懈可击，但

从促进中德经贸合作的角度出发，合作一定要相向而行。

从未来看，中德两国的经贸合作前景广阔。

例如，对于中国提出的"一带一路"倡议，德国的反应与某些发达国家不同，总的来看并不消极，而是主动寻求与中国进行合作的机会，而加入亚投行也恰恰表明德国希望在"一带一路"建设中能够有更大作为。

又如，随着中欧班列开行车次越来越多，开行频率越来越高，中德两国贸易发展的物流基础进一步夯实。中德两国在经济全球化中地位都是举足轻重，而这两个国家经贸合作的发展，在很大程度上离不开如何用好高端制造业这个大舞台。

（2018 年 7 月 10 日）

# 无问西东　中欧做大共赢蛋糕

赵纪周

中国的吃货们和驴友们有福了。

中方近日明确表示：欢迎中东欧国家有竞争力的肉制品、乳制品、葡萄酒、玫瑰精油、琥珀、水晶等特色产品更多进入中国市场，也期待"中国制造"走进中东欧千家万户，让 17 国民众切实受惠。

2018 年 7 月 5 日至 10 日，李克强总理先后赴保加利亚和德国进行正式访问，出席在索非亚举行的第七次中国—中东欧国家领导人会晤。访问成果中，包括中国海关与捷克、拉脱维亚对口部门建立进出口食品安全合作机制的谅解备忘录，也包括进口保加利亚去壳葵花籽、波兰马匹、拉脱维亚观赏鸟的检验检疫议定书。

保加利亚总理鲍里索夫请李总理"回国后多宣传保加利亚"，李克强总理告诉他，中国将鼓励更多的游客来保加利亚旅游。

如今，越来越多的中东欧国家对中国实施免签或简化签证手续。2017 年 1 月 15 日，塞尔维亚与中国公民免签。2018 年 4 月 1 日至 10 月 31 日，阿尔巴尼亚对中国公民实行旺季免签。2019 年 5 月 29 日，波黑与中国对持普通护照公民实行互免签证。波兰、捷克、匈牙利、塞尔维亚、斯洛伐克，位列 2017 年中国游客人次增长最快的五大目的地。

此次访问，绽放出"合作共赢"之花。中保双方共同发表《联合公报》，全面规划了两国合作的未来发展；而作为此次会晤重大成果的《中国—中东欧国家合作索非亚纲要》则将进一步推动"16+1合作"的深化。

中保共同发表的《联合公报》还一致同意以2019年中保建交70周年为契机，将两国全面友好合作伙伴关系提升到新的更高水平。

中国—中东欧国家合作，也被称为"16+1合作"，是中国与保加利亚等16个中东欧国家于2012年共同建立的跨区域新型合作平台。

6年来，中国—中东欧国家各领域合作蓬勃发展，取得众多成果，例如制定了《中国—中东欧国家合作中期规划》，搭建了20多个机制化交流平台，规划了"匈塞铁路""中欧陆海快线""三海港区合作"等重大项目，推出了200多项合作举措。2017年中欧班列开行数量的高速增长成为"一带一路"建设的重大标志性成果。目前，数十条中欧班列运行线连接着中国和欧洲十多个国家的数十个城市。

2017年，中国与中东欧国家贸易额达700亿美元，同比增长16%；双向投资额近120亿美元，在6年内翻了两番。

"16+1合作"作为中国与中东欧16国共同创建的务实合作平台，已成为中欧推动建设"相互尊重、公平正义、合作共赢"的新型国际关系的一大创举。中国—中东欧国家合作是中欧关系的重要组成部分和有益补充，与中欧关系并行不悖。

今后，"16+1合作"将继续在欧盟有关法律法规框架下、按照公开透明原则开展合作，中国愿同欧盟加强沟通，也欢迎有关各方一道探索开展第三方市场合作。特别是在当前保护主义、单边主义、逆全球化思潮抬头的背景下，"16＋1合作"和中欧关系走实走深，行稳致远，以实际行动维护多边主义和经济全球化，促进贸易和投资自由化便利化，更好惠及中国和中东欧国家民众，为地区乃至世界的稳定与发展注入新动力。

中国和欧洲分处"丝绸之路"东西两端，是天然的合作伙伴。

世界银行发布的全球营商环境报告显示，近5年中国营商便利度在全球排名跃升了18位，其中开办企业便利度大幅上升65位。中国欧盟商会调查发现，2/3以上欧盟在华投资企业实现盈利，超过1/2的会员企业看好在华发展前景。

当地时间7月9日下午，广东省人民政府与德国巴斯夫集团签署了在湛江建设精细化工一体化基地的合作备忘录。随后，中国宁德时代董事长与德国图林根州经济部长签署了在德国东部投资建设新能源汽车动力电池智能工厂的项目。

从当天上午举行的第五轮中德政府磋商到当天下午举行的第九届中德经济技术合作论坛闭幕式，两国总理多次提及这两份商业协议的重要意义。

"今天我们两国政府磋商达成的共识成果以及签署的20多个协议，就是要向世界发出一个明确信号：全球化潮流不可阻挡。"李克强总理说："在场的各位很多人都拿着手机，我们在这里说的话迅速就可以传遍全球。而且你们还可以通过手机移动支付扫一扫，在万里之外的异国他乡立刻就可以完成交易。有什么东西能阻挡全球化的潮流呢？我真的想不出来！但还真有人就想这么做，那我们就试一试。无论别人怎么做，中国坚定维护多边主义和自由贸易的信念和决心不会变。"

正所谓好事成双，喜事连连。经中欧双方商定，李克强总理将于 7 月 16 日在北京同欧洲理事会主席图斯克和欧盟委员会主席容克共同主持第二十次中国欧盟领导人会晤。双方领导人将对中欧关系未来发展作出进一步指导和规划，并就共同关心的问题和重大国际议程交换意见。

地球村看起来很小，但世界市场其实很大。中欧双方均希望本次会晤取得丰富成果，推动中欧关系稳定深入发展，造福中欧亿万民众。

（2018 年 7 月 11 日）

# 重建疫苗信任，补制度缺陷是根本

黄羊滩

中共中央政治局常务委员会 2018 年 8 月 16 日召开会议，听取关于吉林长春长生公司问题疫苗案件调查及有关问责情况的汇报。会议强调，这起问题疫苗案件既暴露出监管不到位等诸多漏洞，也反映出疫苗生产流通使用等方面存在的制度缺陷。

会议同意，对吉林省副省长金育辉予以免职，责令吉林省政协副主席李晋修辞职，要求长春市市长刘长龙、市场监管总局党组书记、副局长毕井泉引咎辞职等，对 35 名非中管干部进行问责，决定中央纪委国家监委对吴浈（食品药品监管总局原副局长、卫生计生委原副主任，分管药化注册管理、药化监管和审核查验等工作）进行立案审查调查……

同日召开的国务院常务会议也指出，这一案件暴露出相关地方在落实药品安全地方政府负总责、国家和地方监管部门在依法履行监管职责方面严重缺位，特别是存在重大风险隐患信息不报告、应急处置不力等问题，属严重失职失察和不作为。

至此，这起引发舆论狂潮的疫苗大案，问责结果基本落地。若干大员的黯然去职，乃至被立案审查，再一次表明中央治理疫苗雾霾的坚强决心。其中，重典治乱，去疴除弊，守住公共安全底线等表述，沉重而笃定，令人动容。

疫苗无小事，不仅关乎当下的安全，更关乎未来的健康，乃是性命攸关的大事，容不得半点弄虚作假。在疫苗安全的问题上，没有任何讨价还价的余地，也不存在任何转圜与宽容。伴随着疫苗造假流失的，除了企业的信誉，更有政府的权威和公信力。

此番长春长生公司问题疫苗案情节严重，性质恶劣，影响广泛，已经突破了公众认知的底线。对此，唯有施以最严厉的惩戒，方才有可能杜绝侥幸心理，给社会公众一个安全预期。

虎兕出于柙，典守者不得辞其责。责在公共安全的官员为渎职、失职乃至玩忽职守、设租寻租而付出代价，是报应，也是现代政府权责对等的具体体现。即便他们中间的不少人确有历史贡献，也不能成为免于追责的理由。

而在问责之外，更关键的问题还在于，我们将如何补制度缺陷，完善相关法律法规，健全最严格的药品监管体系？

事实上，重典治乱并非没有先例。2016年，山东济南非法经营疫苗系列案被查后，300多名干部被问责，创造了一个问责人数的记录。然而，严厉的问责并没有唤醒作奸犯科者，直至长春长生疫苗案发。

这中间，不排除此前对于问题疫苗案问责力度不够的因素，但制度落实不力的现实后果更为严重，且一波烈于一波，看似严密的疫苗监管制度，每每沦为华丽的摆设，并没能落实为安全的保障网。

比如，国家药品标准和药品生产质量管理规范非常明确，生产检验记录等设计也有章可依，至于冷链运输等全链条、全流程的制度规范也十分完备，然而，正是这些完备的制度，每每曝出丑闻，每每被无情地击穿。

还有，疫苗采购中的利益输送也是老问题了，尽管有关方面三令五申，一再强调严格监管，但并无太大起色。个别地方的卫生防疫系统，甚至全部沦陷，被企业俘获，被利益绑架。

可见，问题的症结，首先在于监管责任没有得到很好落实。制度再完美，也需要人去落实。监管本身就处于利益纠缠的前沿，无论是不负责任的失职失察，还是心存恶念的利益输送，均可能彻底葬送监管。因此，除了理顺流程、严密制度外，还需管好管疫苗的人。

其次，必须扩大公开，强化社会监督、媒体监督，以监督倒逼制度的落实。尽管在疫苗信息的披露上需要格外谨慎，但这并不意味着可以拒绝监督。如果依然听任疫苗在一个高度封闭的体系中运行，公众当然不可能知道更多。

早在2015年，中央政府就要求，对国家免疫规划疫苗等，"全面推进信息公开，确保药品采购各环节在阳光下运行。建立有奖举报制度，自觉接受人大、政协和社会各界监督。坚持全国统一市场，维护公平竞争环境，反对各种形式的地方保护"。

遗憾的是，现实中，我们见得更多的是各种信息堰塞、封堵乃至不公开。地方政府、监管部门明明可以及时披露案情，明明可以早一点采取措施，却在遮遮掩掩、讳莫如深中错失良机，从而导致公众普遍的不信任。

有鉴于此，中央此番特别强调，明晰和落实监管责任，加强生产过程现场检查，督促企业履行主体责任义务，建立质量安全追溯体系，落实产品风险报告制度。同时，对风险高、专业性强的疫苗药品，要明确监管事权，在地方属地管理的基础上，要派出机构进行检查。

此外，一段时间以来对长春长生公司问题疫苗案的及时公开披露，也在满足了公众知情权的同时，有助于重建疫苗信任。

如此，一手堵监管漏洞，一手补制度缺陷，长此以往，自然会守住公共安全底线，也能最大可能地维护最广大人民身体健康、生命安全。

（2018 年 8 月 17 日）

# 个税改革，让民众轻装前行

周俊生

2018 年 9 月 6 日召开的国务院常务会议明确提出，要在确保 10 月 1 日起如期将个税基本减除费用由 3500 元提高到 5000 元并适用新税率表的同时，抓紧按照让广大群众得到更多实惠的要求，使群众应纳税收入在减除基本费用标准的基础上，再享有教育、医疗、养老等多方面附加扣除，确保扣除后的应纳税收入起点明显高于 5000 元。

目前，进入专项附加扣除的内容有 6 项，即子女教育、继续教育、大病医疗、普通住房贷款利息、住房租金、赡养老人支出，这些内容都是目前民众生活中的重要支出，对民众构成了很大的生活压力，因此专项扣除也是多年来人们对于个税改革的期盼所在。

不过就目前来说，个税改革方案列出的这 6 项内容都还是粗线条的。如何确立扣除标准，需要有明确的可操作、可执行的细化标准，而这就需要将问题考虑得全面一些，提出有针对性的措施。下面，笔者对其中几项内容提出一些疑问，供大家思考。

子女教育。目前，我国已经实行九年制义务教育，也就是说学生在小学和初中阶段基本上已经不会产生费用。但现在的教育出现了市场化的倾向，收费的私立学校很受家长欢迎，那么子女进入私立学校后产生的巨额学费是否可以成为个税专项扣除的内容呢？目

前的幼儿园也有公立私立之分，如果不对这两种情况有所区别，则很可能加剧两者的不平衡。另外，子女进入大学的学费是否需要纳入专项扣除，显然也是一个必须面对的问题。

继续教育。在今天经济转型的进程中，每一个人都需要进行持续的知识和劳动技能更新，继续教育的重要性不言而喻。但是对于成年人来说，何为接受继续教育很难设立统一的标准。当然，目前有很多在职攻读更高学位的情况，比如在职读博、读 MBA 等，但如果继续教育的专项扣除最终集中于由这部分人享受，显然与将继续教育纳入专项扣除的初衷是有区别的。

大病医疗。按理来说，我国已经建立起了医疗保障制度，医疗费用可以从医保体系中列支，但目前很多需要高昂医疗费的大病未列入医保目录，导致一些患了大病的家庭在经济问题的压力下放弃求医。因此，将这一内容列入专项扣除是合适的。需要明确的是，大病专项扣除是限于纳税者本人还是可以覆盖到家庭成员，还要避免已经列入医保目录的大病再进入专项扣除的范围。

赡养老人支出。在赡养老人问题上，家家情况不同，也让标准制定起来更为复杂。事实上，很多老人退休后都有养老金，一些从政府公务员岗位和事业单位退休的老人养老金超过万元，根本不需要子女赡养，甚至反而有子女对他们"啃老"。当然，城市里也有少量因为未在就职时参加社保的老人无养老金可领，但即使是这部分人，政府也有最低生活保障补助的制度安排。

日常生活中，即使只是一些常见的现象，具体到每一个家庭，也会产生许多复杂的情况。必须指出，个税的一个重要作用是"劫富济贫"，但专项附加扣除的范围和标准设计如果出现了偏差，就很容易出现"劫贫济富"的问题。

事实上，一个劳动者月入万元，在今天已经可以算是高收入者，但如果他能够享受到所有 6 项专项扣除，那即使他可以在扣除以后不再交一分钱个税，能够用以资助他在这 6 方面支出的钱仍然是杯水车薪。倒是那些月入几万或者年入百万的高收入者，从专项附加扣除可以得到的优惠是巨大的。

而当我们在热火朝天地讨论各项标准时，也不能忘记：社会上还存在大量月收入在 5000 元以下的低收入者，而他们同样存在 6 项专项附加扣除的家庭支出，甚至比个税缴纳者更需要这些方面的帮助。因此，如何将各种情况充分纳入考虑，让每一个真正具有这 6 项内容的家庭都能得到来自国家的雨露阳光，不必因为是否缴纳个税而出现"亲疏之分"，关系到此次个税改革成功与否。

同时，必须说明的是，目前列入专项附加扣除的内容，放在税改之中仍旧是辅助性的，最基本的仍需由国家提供兜底保障。

(2018 年 9 月 7 日)

# 24 小时"不打烊"的互联网法院能做什么

舒 锐

2018 年 9 月 9 日上午，备受关注的北京互联网法院正式挂牌，坐落于北京丰台科技园区内的北京互联网法院将实现"网上案件网上审"，进入北京互联网法院电子诉讼平台，即可足不出户网上打官司。

互联网的虚拟性、跨地域、在线化和去中心性等特征，对现有的法律理论和司法制度产生了巨大的挑战，当事人运用传统司法规则、诉讼方式解决纠纷成本高、流程长，法院需要为公众提供更为高效便捷的在线解决通道。

如何回应社会司法需求，如何在互联网社会中维系规则、彰显规则乃至能动性地引领、重塑规则，成为人民法院必须面临的命题。

2017 年 6 月 26 日，中央全面深化改革领导小组第三十六次会议，审议通过了《关于设立杭州互联网法院的方案》。据了解，英国曾动议成立"线上法院"，酝酿了两年，至今没有实现。杭州互联网法院不仅在全国是第一家，在世界范围看也是首创。

杭州互联网法院自成立以来，在化解涉网纠纷、推动诉讼机制创新等方面都取得了显著成效。而 2018 年中央深改委第三次会议审议通过的《关于增设北京互联网法院、广州互联网法院的方案》，标志着互联网法院建设将进入一个新阶段，也将在杭州互联网法院实践一年多的基础上不断完善和创新。

不言而喻，北京互联网法院将成为互联网时代司法为民的践行者。正如，该法院院长张雯所介绍，在该法院，"电子诉讼平台不仅能自动生成简易案件的法律文书，异地远程开庭审案，而且24小时'不打烊'，当事人可随时登陆平台递交材料、查询案件诉讼进展甚至联系法官。一起案件的起诉、调解、立案、送达、庭审等诉讼环节都能通过北京互联网法院电子诉讼平台全程网上办理"。期待互联网法院能够将司法规律与互联网规律有机结合起来，通过探索设计适应互联网模式的司法规则、诉讼流程、多元化解机制，切实实现互联网纠纷的高效、便捷化解。

北京互联网法院也将成为智慧法院的先行者。据报道，走进北京互联网法院内，充满科技感的法庭呈现在人们眼前，法院一层感知在线诉讼区域内的科技之窗集中展示了这些高端智能科技，文书自动生成系统、语音互动音响、人工智能翻译机、VR眼镜……近年来，我国法院系统积极利用网络信息技术提升办案质效，先后开发应用了"智审""法信""庭审语音自动识别"等智能辅助办案系统。互联网法院不仅要利用好现有互联网技术辅助办案，更需要开放式地主动接触、吸纳新鲜事物，先尝先试，为智慧法院建设提供经验与方向。

当然，作为由中央深改组专项会议审议设立的法院，互联网法院所承担的责任显然不止于提升司法效率、推进司法信息化。一方面，北京互联网法院有望能够成为涉互联网案件诉讼规则和裁判新规则的探索者。互联网案件的集中审理，必将带来案件审理的流程化、模块化、专业化、裁判尺度的标准化。我们有理由相信互联网

法院在对现有诉讼制度进行全流程再造的过程中，能够形成标准化、结构化的新型互联网审判方式，为全国法院互联网案件审判提供可复制、可推广的经验。

另一方面，北京互联网法院有望能够成为互联网规则的培育者。通过在专项领域的司法裁判，维系并宣示互联网领域业以形成的现有规则，更能通过在模糊地带中的司法判断，用法治的思维去思考互联网中的新生事物，明确互联网空间中的行为底线、边界，引领交易模式、交易习惯法治化，从而实现对网络空间的法治化治理，并推动互联网法律法规的完善。

毋庸置疑，中国业已成为互联网大国，而要从互联网大国走向互联网强国，离不开人才、理念、管理、科技、规则等诸多因素。在依法治国的时代背景下，规则无疑在诸多因素中发挥着提纲挈领的黏合作用。

可以说，网络空间法治化、规则化，成为走向互联网强国的必经之路。本次互联网法院再启航，期待能够有大智慧、大格局，宣示、制定、引领规则，让国家网络治理法治化迈进一大步。

（2018 年 9 月 10 日）

# 杜绝环保"一刀切"，法治不能缺位

胡印斌

环保治理越是深入，则理性的声音就会越响亮。这在之前习惯于随声附和的语境下，是无法想象的。

一段时间以来，从地方到中央，均旗帜鲜明地提出，环境治理禁止简单粗暴"一刀切"。声音之浏亮，让人快慰。

据媒体报道，近日，京畿大省河北发布《河北省严格禁止生态环境保护领域"一刀切"的指导意见》，要求各地各部门按照污染排放绩效和环境管理实际需要，科学制定实施差异化管控措施和监管措施，坚决反对"一刀切"。

过于激进的"一刀切"思路，一旦与传统的行政强制力结合在一起，结果往往不可收拾。当环境治理之剑，每每砍向民众具体、庸常的生活时，实际上已经背离了治理初衷，滑向了形式主义的泥淖了。比如，每逢重霾天气，在公共交通、城市规划等未有根本性好转的情况下，一些地方政府动辄启动单双号限行，此举只能让城市变得更乱。

同样，企业停产、限产也是如此。据媒体报道，很多明明已经上马了环保设施、各项指标也达标的企业，却每每因为迎接各种检查、督察而被责令停产。完全没有任何申诉渠道，直接拉闸断电。

也因此，此番河北省出台指导意见，强调"依法监管"，不仅

是现实治理的必然选项，也是一种清醒、理性的认知。

环境治理频现"一刀切"，其实并不奇怪。在仍以行政为主导的治理模式下，治理的压力与问题，均来自行政。

其一，持续多年的污染现状，以及各地"有水快流"的粗放式发展思路，很难在短时间内彻底改观。这中间，既需要一定的缓冲、过渡时间，也需要认知、手段以及配套制度体系的跟进，这些都注定了治污不可能一蹴而就。而无论是外部要求，还是社会舆论，却习惯于要求迅速见效。

然而，大家都有意无意地忽略了，好天气不会自动到来，也不可能一下子从重霾转化而来。可以说，来自社会层面的强大催迫力量，也算是"一刀切"的社会基础，责任并不仅仅在政府一方。

其二，从当下行政体系运行规律看，也是如此。也即，若不能保持强大的高压态势，则很难保证政府各个层级能够主动加压，如期完成。行政惯性固然是一个方面，而经济指标等各种利益的考量等，同样不容忽视。一般而言，检查、督察、评估等手段无疑是上级为了督责而启动的，但在运行过程中，这些手段往往成了目的，各级也将应对检查、督察、评估等作为治理的首要任务，于是，应急式的"一刀切"也就不可避免。

种种"一刀切"行为，不仅影响了环境治理的大局，违背了生态环境保护的初心，也损害了政府的形象和民众的权益，甚至人为制造矛盾，转嫁危机，不可不慎。

事实上，反对"一刀切"的环境治理，早有共识。2018年8月31日，在生态环境部例行新闻发布会上，相关负责人明确表示，"我们一直反对不分青红皂白、不分违法合法的'一刀切'行为。对个别地方出现的问题，我们坚决进行纠正。"

2017 年 10 月，前环境保护部、现生态环境部部长李干杰表示，对"一刀切"坚决反对，2017 年 12 月 28 日，国家环境保护督察办公室副主任刘长根也称，环保"一刀切"是对中央环保督察的"高级黑"。2018 年 5 月，生态环境部还研究制定了《禁止环保"一刀切"工作意见》，提出要禁止平时无作为，临时"一刀切"的弄虚作假行为。

若想真正禁止简单粗暴的"一刀切"，仍需从法治层面着手，强化依法监管、依法督责。尽管这可能出现低效拖沓的治理效率，但从长远看，仍是最优选择。

一方面，继续强化对各级政府和企业的法律约束。环境执法不仅要硬起来，更要精准施测，倒逼企业加大环保投入，倒逼政府强化常态化治理，从而在经济社会运行中形成依法治理的习惯。这非但不是"一刀切"，恰恰是一种源头治理。

另一方面，必须继续扩大公众参与，不要以任何名义阻挠公民与环境公益组织对政府和企业的监督。唯有监督到位，才能有效制约行政任性、执法犯法等行为。当下社会，环境保护的社会组织和志愿者越来越多，社会公众尤其是青年人接受环境保护的理念、参与环境保护的意识，今非昔比，这是好现象，应该大力扶持。

时日当秋，采暖季很快就会到来，但愿各地能够预做绸缪，认真践行禁止"一刀切"的承诺，不让孩子们再挨冻，不让老人们缩手缩脚，给公众一个清洁的环境，给企业一个发展的预期，给社会一个稳稳的幸福。

（2018 年 9 月 16 日）

# 稳定社保政策，为企业提供解忧"定心丸"

于　平

"必须按照国务院明确的'总体上不增加企业负担'的已定部署，确保社保现有征收政策稳定，在社保征收机构改革到位前绝不允许擅自调整。对历史形成的社保费征缴参差不齐等问题，严禁自行集中清缴。"李克强总理在 2018 年 9 月 18 日的国务院常务会议上特别强调。

与此同时，总理要求有关部门要抓紧研究社保征收机构改革到位后社保费率降低等问题，与征收体制改革同步实施，确保总体上不增加企业负担，稳定市场预期。

2018 年 9 月 19 日，人力资源社会保障部、财政部、国家税务总局、国家医疗保障局相关负责人在答记者问时表示，已负责征收社会保险费的各级税务机关，在社保征收机构改革到位前，要一律保持现有征收政策不变，不得自行组织开展以前年度的欠费清查，确保征管有序，工作平稳。

这段时间以来，追征社保费用加重企业负担，使得许多企业感到不安，也引发舆论的关注。"总体上不增加企业负担"的表态，积极回应了舆论关切，给公众吃了一颗"定心丸"。

社保基数核定和征收工作将改由税务机关接管，这一改革的初衷其实是好的，有助于提高社会保险资金征管效率，是财税体制改革的重要一环。但是，规范社保征收，必须考虑企业，尤其是中小企业的承受能力。众所周知，由于社保费率过高，现实中，许多企业都低报低缴，减少社保费的缴纳。根据 2018 年《中国企业社保白皮书》，社保缴费基数完全合规的企业仅占 27%，31.7%的企业按照最低标准缴费。一旦税务部门全额征缴企业的社保费，那企业的社保负担将会大幅度上升。

许多企业，尤其是实体的中小企业，本身利润率就不高，净利能有 5%—10%，已经非常不错。社保费"实缴"将会吃掉企业本来就不多的利润，抽掉企业投资和经营现金流，这不仅会使得企业经营难以持续增长，经济活动大幅萎缩，还会把那些劳动力较为密集，盈利能力较差的企业推到生死存亡的边缘。

对于员工而言，虽然从长远看，社保"多缴多得"对员工有利，但高额的社保费用，势必吃掉了员工目前工资很大一部分，使得员工收入增长大打折扣，这对于提振消费，扩大内需将造成负面影响。更让人担忧的是，社保费用若使企业不堪重负，企业将不得不向员工转嫁压力，实行精简裁员，这将对就业市场的稳定造成难以估量的冲击。

税收和社保，是企业的两大刚性负担，社保政策的变革，必须保持政策的稳定性，避免大起大落，如此才能给市场一个稳定预期，避免给企业造成冲击。而"社保费率降低与征收体制改革同步实施"，意味着在社保征收走向规范的同时，也充分保障企业和个人的利益，这种政策的平滑过渡，不仅挽回了市场信心，也有利于进一步激发市场活力。

对于企业而言，社保费率降低能够降到什么程度，无疑是眼下最为关心的。其实，自 2015 年开始，国务院常务会议就已关注到

企业社保负担过重的问题，要求降低企业社保缴费费率。此后，许多地方都宣布阶段性下调养老、医疗、失业、工伤、生育保险的费率。不过，总体而言，只有一到两个百分点的降幅，并未使企业感觉负担明显减轻。

"社保费率降低"，要吸取以前的经验教训。在保证社保体系正常运转的前提下，社保费率不妨一降到位，使社保费率全面与国际接轨，与企业的盈利能力相匹配。在此基础上，通过社保征收机构改革，严格社保费征收，杜绝企业低报、瞒报逃缴社保费的行为，自然会获得社会的广泛支持。

降低社保负担和减税一样，是关乎企业发展和民众就业，关乎中国经济竞争力的大事，要在社保、税收等政策上共同发力，最大限度减轻企业和民众的税费负担，激活社会投资和消费需求。唯如此，中国经济才能持续释放经济增长活力，走向更美好的未来。

（2018 年 9 月 19 日）

# 善行之船起航，中塔合作让民众获实惠

崔向升

> 宇宙总是这样循环旋转；
> 时光像山泉小溪流水潺潺。
> 多少繁茂的花园变成荒凉的旷野；
> 而那不毛的沙漠却变得郁郁葱葱。

这是被塔吉克斯坦民众尊为"先师"的阿布阿卜杜拉·鲁达基的哲言。出生于公元9世纪的鲁达基，其观念高度契合《易经》"生生之谓易"的思想。

而中塔先贤们永不熄灭的智慧之光，是两国民众世代友好的航标灯。

"中国愿意支持有实力、讲信誉的企业，按照商业化原则到塔吉克斯坦参与相关投资建设。如果能吸引更多中国民营企业积极参与，相信这会更有利于两国相关合作的可持续发展。"2018年10月13日，李克强总理在杜尚别民族宫会见拉赫蒙总统时这样表示。他提出，"这需要塔方在通关便利化、税收等方面营造更加良好便利的营商环境。"

拉赫蒙回应："我们愿为中方企业在税收等方面给予充分优惠，为中资企业在各领域投资创造更加优良的营商环境。"

当地时间 10 月 13 日，在与塔总理拉苏尔佐达举行会谈时，李克强表示，希望塔方继续改善营商环境，保护中资企业在塔的合法权益。

营商环境，是两国领导人会谈的高频词。近年来，塔营商环境在逐步改善，提升空间依旧很大。

在世界银行《2013 年营商环境报告》中"获得信贷容易度"排名中，塔吉克斯坦在 185 个国家中排名第 180 位。排名靠后的原因是：银行系统薄弱；银行贷款利息率高达 24%—36%；民众对银行的信任度低，不愿把钱存入银行。在《2015 年营商环境报告》中，塔位列第 132 位，与 2015 年的第 166 位相比，排名大幅上升，原因是采取了改善税收及国际贸易领域调控的措施，以及采用电子报关等贸易便利化措施。

《营商环境—2018：为确保就业而推进的改革》，亦肯定塔在社会经济领域所做出的改革。世行专家认为，塔需要更深入的结构改革，创造良好的投资环境，减少政府在经济中的作用，更大发挥私营部门作用。

毗邻而居的中塔两国，交往跨越帕米尔（塔吉克语"世界屋脊"之意）高原。《山海经》有言，"西北海之外，大荒之隅，有山而不合，名曰不周"。《淮南子》描述："昔共工与颛顼争为帝，怒而触不周之山，天柱折，地维绝。"不周山，汉代称"葱岭"（因多野葱或山崖葱翠而得名），今称"帕米尔"。玄奘《大唐西域记》称之为"波谜罗川"："据两雪山间，故寒风凄劲，春夏飞雪，昼夜飘风。"

恶劣的地理环境阻挡不了先驱者的脚步，这块不毛之地成为中西文明的大通道。西汉时张骞出使西域，开辟了丝绸之路，也开启了中塔两国民众交往的历史。2000 多年来，丝路上驼铃清脆、马蹄声声，使团商队络绎不绝。

斗转星移，当今世界正经历百年未有之大变局，不稳定不确定因素日渐增多。地处各种文明碰撞交融的中亚地区，塔吉克斯坦直面不少问题与挑战：粮食安全、能源缺口、交通不便、工业落后、增长乏力等。

积贫积弱的"高山之国"，能否走上繁华之路？

正所谓"亲望亲好，邻望邻好"。中方愿将"一带一路"倡议同塔方加强发展战略对接：扩大经贸投资合作，扩大贸易规模；加强互联互通，重点落实好《中塔合作规划纲要》，深化交通、能源、口岸基础设施合作；扩大农业合作，重点推动农产品加工合作，欢迎塔方优质农产品进入中国市场；深化人文合作，扩大双方在旅游、教育、青年、地方等领域交流与合作……

塔方愿积极参与"一带一路"建设，深化双方在贸易、能源、交通、农业、投融资领域务实合作。

此次访问期间，两国领导人见证了中塔政治、经贸、海关、地方合作等领域多项双边合作文件的签署。

"真正惠及民生、获得老百姓欢迎的是最好的项目。"如今，越来越多的中国企业和民众来到塔吉克斯坦，帮助塔民众开路搭桥，修建工厂，实现粮食增产。中方援建的亚湾—瓦赫达特铁路隧道和桥梁，为塔经济社会发展和民生改善提供了助力；杜尚别2号火电站等项目，解决了该国一直面临的冬季拉闸限电问题。近年来塔建成的几乎所有大型工业项目，均由中资企业投资或与塔方合资建设。

中国质优价廉的商品，丰富了塔民众的生活，塔樱桃等果蔬产品，也进入中国千家万户。不少国人到塔吉克斯坦，恨不得"日啖

'樱桃'三百颗"。

据媒体报道,河南省农科院培育的棉花新品种"银山2号",已被引入塔吉克斯坦。塔总统还将其命名为"友谊1号"。目前"银山2号"在塔产量达每公顷6吨,是当地品种的两三倍,中国棉种的种植面积达5.7万公顷,占塔全国棉花种植的30%。

"单丝不成线,独木不成林"。中国已成为塔最大的投资来源国,在塔累计投资超过20亿美元,并成为塔主要贸易伙伴之一。

人文交流日趋活跃,地方交往持续深化,中塔已建立7对友好城市。杜尚别市与中国乌鲁木齐市、厦门市、海南省等地交往密切,合作成果颇丰。中塔友好的民意基础,得到进一步夯实。

"美人儿,由于你的目光,我的心中失去了平静,

我梦见你钻石般的脸膛和丝一般披散的卷发。

我被你似箭的睫毛射伤,被你如刀的眉毛刺穿。"

塔吉克诗人沙姆西丁·沙欣的这首爱情诗,圈了不少中国粉丝。当塔吉克斯坦学生遇上中国文化,又是如何被圈粉的呢?

在塔吉克斯坦,学汉语、习练中国武术日渐时髦。几年前,走在杜尚别的大街小巷,外国人会听到学生们用"hello"或"privet"(俄语,你好)跟他们打招呼。现在,他们还会听到中文"你好"。在塔吉克斯坦著名学府——俄罗斯—塔吉克斯拉夫大学,登记中文课程的学生,已从1997年的20名增至2017年的近200名。随着塔中产阶级的收入增长,民众赴北京学习也变得更容易了。目前在华有3000名塔留学生,中国已成为继俄罗斯后塔吉克斯坦人留学的第二大目的地国。

"请你用智慧的眼睛来看世界，跟以往不一样的眼光，

世界是一片海洋。想横渡吗？那就造一艘善行之船起航。"

塔吉克斯坦先哲的小诗，蕴含着人类恒久的精神价值：嘉言与懿行，善意与互助。

帕米尔高原上的皑皑雪山和展翅翱翔的雄鹰，见证了中塔源远流长的友谊。而让两国民众都能从两国合作中得到实实在在的实惠，则需两国政府不懈努力。

（2018 年 10 月 15 日）

# 中荷友谊之船，满载商机与默契

崔向升

"圣人不能为时，而能以事适时，事适于时者，其功大顺势而为。"《吕氏春秋》里的这番话，讲的是谋时而动、顺势而为。荷兰谚语"顺风航行更容易"，也是这个道理。

"势"是方向，也是能量。

论坛的外方主持人还未反应过来，李克强总理已从座位起身，一步"跨"上主席台，开始即席演讲。这一场景出现在当地时间2018年10月16日，李克强与荷兰首相吕特在海牙共同出席中荷经贸论坛上。

"我刚才和吕特首相一样，也没有走你们主办者设定的'小台阶'，我们俩都是一步跨上了一个'大台阶'。这显示了中荷两国目前的新关系，尤其是两国务实合作真正迈上了一个新的'大台阶'。"全场400余名中荷企业家代表报以掌声和笑声。

就在出席此次论坛前，两人见证了两国企业多项合作协议签署，总金额近100亿美元——

荷兰电池制造企业沃克斯公司决定向中国投资18.5亿美元，在长江三角洲地区设立新能源锂电池超级工程项目并设立中国研发基地；荷兰皇家航空与中国厦门航空签署备忘录，决定升级机务维护合作，项目金额28亿元人民币；荷兰国际集团与北京银行签署了在中国设立合资直销银行的合作协议，总金额 30 亿人民币。其中荷方以 51% 的股比实现控股……

荷文档案和中文史料显示，位于欧洲西北部的荷兰，早在 400 多年前就通过海上丝绸之路与中国贸易往来。荷兰也是清朝初年与中国交往最频密的欧洲国家。17 世纪，荷兰商船游弋在世界各大洲，通过推行自由贸易，荷兰一跃成为贸易强国。作为全球第一家股份制公司、股票交易所和现代银行的诞生地，荷兰造就了欧洲"第一个现代经济体"。

以"贸易立国"的荷兰，自由贸易的基因已深入经济社会的方方面面，为荷兰带来数百年繁荣的绵长国祚。

"荷兰人是欧洲的中国人"，说这话的荷兰人，不在少数。他们认为，荷兰人和中国人一样善于经商，善于做生意，都具有勤劳简朴、宽容大度的共性。荷兰人愿意和中国加强在经贸领域的合作。

2018 年 4 月，荷兰首相吕特对中国进行正式访问。同行人员有：农业、自然及食品质量大臣，对外贸易及发展合作大臣，医疗和体育大臣，以及基础设施与环境部国务秘书。首相访华期间，180 家荷兰企业来华考察。如今，中国是荷兰在欧盟外的第二大贸易伙伴，荷兰是中国在欧盟内的第三大贸易伙伴。

荷兰国土面积 4 万多平方公里，只有 1.5 个吉林市那么大，是重庆市的二分之一。但依靠科技创新，荷兰却是欧洲著名农业大国——先进的暖房种植技术，让西红柿每平方米产量高达 30 多公斤；借助智能设备，一名奶农能为上百头奶牛挤奶。

用"小国大业"来形容荷兰，也许再适合不过了。拥有创新基因的荷兰，在电子、水利、造船、化工、医疗等领域也具有全球领先水平。

　　"我在这里向你们明确表示，只要是在中国注册投资的企业，无论中资外资，我们都一视同仁。中国将继续并且会长期成为外商投资的热土。"在访问荷兰期间，中国总理向荷兰企业发出了邀约。

　　在他看来，自由贸易是中荷两国发展繁荣的共同条件，中国将坚定不移扩大对外开放，因为这是实现现代化的必然前提和基础。

　　尽管当前全球化大潮之下有逆流，也有暗流，还有紊流，但互惠互利仍是大势所趋。如今贵为荷兰国宝的代尔夫特蓝陶，就源自荷兰巧匠300多年前对中国青瓷的模仿。"蓝陶"源自中国青花瓷，但制作工艺完全不同且融合荷兰诸多特色。蓝陶吸引了中国制瓷人的兴趣，他们反过头来研究荷兰工艺，然后做出更好的瓷器，接着荷兰又向中国学习，如此循环往复，切磋琢磨，现已说不清楚是谁在学习谁了。

　　"爱好永恒无限的东西，可以培养我们的心灵，使得它经常欢欣愉快，不会受到苦恼的侵袭。"荷兰近代哲学家斯宾诺莎主张，人的本质在于自我保存与自我尊荣的欲望。而让各界人士有尊严，既是中国改革开放的必然诉求，也是社会文明和谐的应有之义。

　　同声相应、同气相求的两国民众，会迸发出无穷的智慧，不断培育新的合作增长点，不断做大互利合作的蛋糕。中荷友好合作之船也将"顺风快行"，风劲帆满，行稳致远。在这个过程中，两国民众也会收获商机和友谊。

（2018 年 10 月 19 日）

# 让中外高贤显身手，保护知识产权是抓手

崔向升

"这可能是目前世界上最先进的芯片之一了。"

听到比利时微电子研究中心（IMEC）负责人的介绍，李克强总理接过递到他手中的一片黑胶唱片大小的芯片，摘下眼镜，端详良久。当地时间 2018 年 10 月 18 日上午，李克强在访问比利时并在此出席亚欧首脑会议间隙来到鲁汶市，在比利时副首相兼经济大臣皮特斯陪同下参观了这家研究中心。

成立于 1984 年的 IMEC，与美国的英特尔、IBM 并称为全球微电子领域"3I"。

值得关注的是，该机构在人才遴选方面所具备的国际化视野——4000 名研究人员，分别来自全球近 80 个国家。

回溯历史可以感受到，20 世纪以来，随着经济全球化的加速推进，跨国人口流动日益频密，其范围逐渐覆盖五大洲。

在这场波澜壮阔的全球性人口流动中，各国特别是发达国家之间为争夺高学历技术人才的竞争，日趋白热化。美国学者戴维·巴勒特（David L. Bartlett）甚至惊呼，这是"争夺人才的全球性战争"。

这场"战争"，虽然没有硝烟，但却惊心动魄。

放眼整个世界近现代史，专业技术人才的跨国迁徙，数见不鲜。一个典型的例子是：早在 20 世纪三四十年代，美国从逃离欧

洲尤其是纳粹德国的难民中遴选 3000 余名科学家，这些人在二战期间为美国研制原子弹作出了突出贡献。

中国学者梁茂信认为：专业技术人才的跨国性迁移的根本性因素，还在以市场经济为核心的经济全球化进程，以及由此引发的发达国家经济的革命性变革。与美国相比，欧洲发达国家在吸引科技人才的政策实施方面起步较晚，但到 20 世纪末期，欧盟地区成为另一个高科技人才聚集的高地。

荷兰规定，来自欧盟成员国的高技术劳工，可在 10 年内享受每年减免所得税 30% 的优惠。1998 年，法国实施"科学签证"计划，符合规定的外国科学家和工程师可自由就业。比利时和瑞典等国，也不遑多让，其官方语言虽非英语，但也开设英语课程，希冀招收更多的讲英语语言的外国留学生。1999 年欧盟成员国在意大利的博洛尼亚省签订《博洛尼亚宣言》，其目的就是增强欧洲高等教育体系的国际竞争力。

发达国家竞相争夺的专业技术人才，到底有多重要？

可以说，他们是新观念、新思想和新技术的创造者，也是其所在国家未来社会、经济和政治发展中的精英。经合组织的一份报告一针见血地指出："高技术的人力资源，对知识的发展和传播至关重要，构成了技术进步与经济增长、社会发展与环境改善的桥梁。"

"盖有非常之功，必待非常之人。"当年拿破仑就格外重视专家学者。拿破仑远征埃及时，带了一个由 175 名专家学者，其中包括 21 名数学家、3 名天文学家、17 名民用工程师、13 名博物学家和矿业工程师、13 名地理学家、3 名火药师等。行军中，为确保专家学者的安全，拿破仑下令，"让驴子和学者走在队伍中间"。拿破仑叱咤欧洲政坛时，他周边就汇聚着绝顶聪明的头脑。他定时邀请科学家与他会面，倾听最新的研究成果。

"致天下之治者在人才。"虽然中国人才资源数量位居世界第一，但高层次人才尤其是一流领军人才仍较匮乏。要实施人才强国，推进科技创新，需要大量来自全球的优秀的科学家、工程师等。

毕竟，引进一批人才，可以盘活一个企业，乃至撬动一个产业，甚至助力中国打赢人才争夺战。

改革开放以来，各级政府很善于招商引资。如今，各级政府更要优先学会招才引智：首席科学家、世界级科技大师、风险投资企业家……不一而足。

保护知识产权，营造有利于创新合作的环境，则是吸引国际化人才的重要抓手。

国际媒体注意到，本次出访期间，中国总理在多个场合频频提及知识产权，并重申中国政府将会以更大力度保护知识产权，打造国际一流的营商环境。

这两年来，中央政府频频对侵犯知识产权者发重声，施重策。

2018年政府工作报告指出，强化知识产权保护，实行侵权惩罚性赔偿制度。这是政府工作报告层面首次提出这样的制度，也是符合司法精神的。

在2018年天津夏季达沃斯论坛上，中国总理表示，坚决依法保护知识产权。这不仅是履行国际规则，也是中国创新发展的内在需要。

中国领导人强调：外国专家如果遇到侵犯知识产权等问题，可直接向有关部门或各级政府提出来，中国将高度重视、严加惩处。

国家外国专家局此前的一份调查显示，15.5%的外国专家认为中国知识产权保护工作比国外好，27.7%认为和国外的情况差不

多，认可中国知识产权保护工作的外国专家达 43.2%。认为中国知识产权保护方面的工作比其所属的国家做得更差的外国专家达到 36.3%。

要招才引智，让来自中外的千里马竞相奔腾，除了要有"千金买骨"的决心，还要营造公开、透明、可预期的制度环境，按市场规律和国际通行规则办事。唯有如此，各路高贤方能大展其长。

（2018 年 10 月 21 日）

# 增进互信，中日关系再现温煦

崔向升

长安街街头近日悬挂的日本国旗和中国国旗，昭示着日本政要来了，中日双边关系也迎来了新契机。

2018 年 10 月 26 日，钓鱼台国宾馆。

国家主席习近平会见安倍。习近平强调，双方要开展更加深入的战略沟通，发挥好两国多层次、多渠道的对话机制作用，准确把握对方的发展和战略意图，切实贯彻践行"互为合作伙伴，互不构成威胁"的政治共识，加强正面互动，增进政治互信。要重信守诺，按照中日四个政治文件和双方已达成的共识行事，建设性地处理矛盾分歧，维护好中日关系健康发展的政治基础。

安倍晋三表示，希望通过此访，双方能够开启化竞争为协调的日中关系新时代。

两国领导人敞开胸襟的对话，将中日关系推上新阶段。

2018 年 10 月 26 日，人民大会堂。

国务院总理李克强同日本首相安倍晋三举行会谈；两人共同会见记者；共同出席第一届中日第三方市场合作论坛。

李克强表示，此次论坛期间，两国地方政府、金融机构、企业之间签署了 50 余项合作协议，金额超过 180 亿美元。这充分说明，两国开展第三方市场合作潜力巨大、前景广阔，必将成为中日务实

合作的新支柱。

有媒体注意到，安倍在与中国总理共同会见记者期间，秀了一下恶补的中文："谢谢李总理，谢谢大家。"

日本共同社报道称，安倍26日在北京举行的日中企业相关人士参加的论坛上致辞，提及汉字、佛教、社会制度、城市建设是从中国流传到日本，称"中国很长时间都曾是日本的榜样"。他介绍，在日本的高中，学生将中国古籍作为"国语"的一部分来学习。他表示，"'汉文'（中国古籍）的深奥丰富了日语，我自己也从'汉文'中学到了很多东西"。

在漫长的历史长河中，对于中国文化，日本一直奉行"拿来主义"，中国也毫不悭吝。

公元735年4月26日，日本遣唐使吉备真备向日本朝廷进献从中国带回的"大礼包"。《续日本纪》中这样记载："献唐礼一百卅卷、太衍历经一卷、太衍历立成十二卷、测影铁尺一枚、铜律管一部、铁如、方响、写律管声十二条、《乐书要录》十卷、弦缠漆角弓一张、马上饮水漆角弓一张、露面漆四节角弓一张、射甲箭廿只、平射箭十只。"

吉备真备搜集日本急需的书籍、文物、武器等，并打包回国，实属罕见。而他对日本最大的贡献，是参照汉字偏旁，创制了片假名，并与另一位留学生大和长冈共同修订了二十四条律令。

连接两国民众心灵的文化交流，是构建中日世代友好的王道。

"为法事也，何惜身命？诸人不去，我即去耳！"一千多年前，大唐与扶桑远隔沧海，造船与航海技术低下，鉴真在双目失明的情况下，历尽艰辛东渡日本。

鉴真和尚的精神，备受称道。日本前首相鸠山由纪夫说，由于鉴真东渡，日本和中国的文化联系至今坚固，这是非常了不起的事情。赵朴初赞曰："当年身入惊涛去""兄与弟，倍相爱"。

日本前首相福田康夫曾回忆：

邓小平访日期间，视察了新日本制铁的君津制铁所和松下电器产业（现在的松下）的电视机工厂。他对松下创始人松下幸之助表示："希望你们提供合作。我们想做同样的事情。"松下爽快地答应道："邻居变强大是好事。"

福田康夫感慨道：请求合作的邓小平胸怀宽广，答应合作的日本经营者们也很大方。

感恩，是中日文化的共同因子。

十年前的"5·12"大地震发生后，日本以"抢跑"速度实施救援，当日本救援队队员向中国遇难同胞默哀的照片出现在互联网上时，中国互联网上迸发"感谢日本"热潮。中日两国网友一起"看着长大"的日本运动员福原爱，当年用一口"东北味儿"的普通话，批评日本派去的救援人数太少，"地震的新闻看得我吃不下饭了，心疼得真不行了。日本去了 60 个人（救援），这哪够啊，我也去啊，起码61 个人"。

3.65 万亿日元（约 2551 亿人民币），这是自 1979 年以来日本对华援助总额。而 ODA 援建或部分支持项目的名单，很长——京秦铁路电气化改造、北京首都机场、上海宝钢、武汉长江第二大桥、安徽黄山仙源镇河道整治工程、黑龙江省防止焚烧秸秆改善空气项目……中国外交部发言人作出表态："日本对华官方资金合作在中国改革开放和经济建设中发挥了积极作用，日本也从中获得了实实在在的利益。"

"天地之大德曰生""好生之德，洽于民心"。这种"生生之道"，

一直在滋养中日两国国人，也是两国领导人携手为民众谋福祉的源泉。

现在，中国已成日本最大的贸易伙伴，日本则是中国第二大贸易对象国和最大的外资来源国，两国间贸易额达 3000 多亿美元，2017 年人员往来超过 1000 万人次。在经济全球化的语境下，日货中有国货，国货中也有日货。

虽然中国的 GDP 已超过日本，但人均财富只及日本的几分之一。而日本的高端制造和"职人（工匠）精神"在世界首屈一指。两国推进科技创新、节能环保、养老医疗、财政金融等领域合作，继续开展外交、宏观经济、财政、商务、文化、防务等各部门间对话与交流，正当其时。

"一期一会，难得一面，世当珍惜。"中日两国既然是搬不了家的邻居，就应该以兄弟情谊相处，毕竟远亲不如近邻。新的形势呼唤新的思维，更需新的行动。珍惜机遇，走好中日关系新航程，这是为政者的责任，也是民众的期待。

诚如日本作家池田大作所言："日本青年和中国青年应当能够携起手来，含着微笑，为建设光明世界而努力，而所有亚洲人民便能够以这样的日本和中国为基础守望相助。"

（2018 年 10 月 27 日）

# "利民为本"，进博会助推中国吐故纳新

崔向升

"我衷心希望，参会参展的各国朋友都能广结良缘、满载而归！"

2018 年 11 月 5 日，习近平主席出席中国国际进口博览会开幕式并发表主旨演讲。演讲聚焦进博会"新时代，共享未来"的主题，阐明推动开放合作的中国方案，宣布中国进一步扩大开放的举措。

会场外，会展中心二楼新闻中心。架着"长枪短炮"的中外记者，紧盯着电视大屏幕上的直播，或按动快门，或连线直播，快速将新闻传向世界各地……

"只要我们保持战略定力，全面深化改革开放，深化供给侧结构性改革，下大气力解决存在的突出矛盾和问题，中国经济就一定能加快转入高质量发展轨道，中国人民就一定能战胜前进道路上的一切困难挑战，中国就一定能迎来更加光明的发展前景。"

进博会，也是一场"君子之约"。2017 年初夏的北京，在"一带一路"国际合作高峰论坛上，习近平宣布，中国将从 2018 年起举办中国国际进口博览会。2018 年仲春的博鳌，主动扩大进口，是习近平宣布的中国扩大开放四项重大举措之一。

改革开放，是中国发展的根本动力。从邓小平"不改革死路一条"的疾呼，到习近平"中国推动更高水平开放的脚步不会停滞！"的誓言，中国自打踏上改革开放之路，就从未停下前行的步履。

38 个足球场的展会面积，172 个国家、地区和国际组织参会，3600 多家企业参展，超过 40 万名境内外采购商到会洽谈采购。高质量、高品质、高水平的进博会，顺应了中国消费者对美好生活的向往，也彰显了潜能巨大的中国机遇。

"来而不可失者，时也。蹈而不可失者，机也。"

有着 5000 多年文明史的中华民族，为人类文明发展作出了卓越贡献。但 1840 年鸦片战争以降，中国经历了千年未有之大变局。面对空前的民族危机，中国的仁人志士前仆后继，探索救国救民道路。历史已经证明，顽固抑或激进，都是时代病症。

5000 年长卷，验证着中国人应付内外挑战的坚忍与创新。

渴望变革的中国人，观念和理路都在谋变。毕竟，新陈代谢是宇宙间普遍的、不可抗拒的规律。而改革，就是制度的自我完善和发展。

1978 年 5 月，中央派出的考察西欧的队伍抵达法国，这是久困求变的中国人向外部世界投来好奇而焦灼的张望。考察团经行之处，被中西方的落差所震动。

考察结束回国后，一份重磅考察报告提交给中央：为了更大规模地引进国外技术设备，要有灵活的支付方式；在外贸体制上，应给地方、各部以一定的权力；必须进行科技为主导的工业革命；加强技术交流，尽可能多派留学生到国外学习。

这份报告，推动了对外开放这一战略的谋划和制定。1984 年的十二届三中全会，对外开放被确定为长期的基本国策。

今天，中国在家门口主动敞开大门，欢迎世界各国来中国"淘金"，也彰显了中国自信。

举办进博会、主动扩大进口，既有利于引进先进技术、标准和管理经验，也势必会倒逼我国企业降低成本、改进工艺、创新技术。

改革开放，不光涉及经济贸易、政策措施，还有思想观念、精神气脉和文脉。

媒体注意到，即便是浦东这样相对发达的地方，其人均公共文化场馆面积尚不足巴黎、伦敦的 1/8。

"利民之事，丝发必兴；厉民之事，毫末必去。"2018 年以来，一些改革正在破题，事关服务民众和企业的改革也在释放红利。例如，不久前上线的"粤省事"小程序，已推出驾驶证、居住证、完税证明等 12 种高频证照应用，提供 266 项审批事项和便民政务服务。

2018 年 7—9 月，国务院开展了第五次大督查，派出 39 个督查组，覆盖全国各地区和国务院主要部门。本次督查创新方式、成效明显，明察暗访结合，对发现的政策落实不到位不协调、制度不健全、不作为乱作为等问题加强曝光，严厉问责。11 月 2 日的国务院常务会议要求，对督查中发现的不作为乱作为等问题加强曝光，严厉问责。

业已步入深水区的改革，对标的是整个世界。往前迈的每一步，都是挑战。

"见善则迁，有过则改"。中国在走向国强民富的新陈代谢过程中，当防那种自觉不自觉地将"本来"与"外来"对立起来的倾向。历史已经证明，倘若拒斥"外来"文化，注定自我拘滞，无法"共享未来"。

唯有切实做到"不忘本来、吸收外来、面向未来"，中国开放的大门才会越来越大，民众的腰包才会越来越鼓。

（2018 年 11 月 6 日）

# 二、信息公开论

# 政府公报不能沦为"无公可报"

胡印斌

国务院办公厅日前印发的《关于做好政府公报工作的通知》（以下简称《通知》）指出，政府公报是刊登行政法规和规章标准文本的法定载体，是政府机关发布政令的权威渠道，在推进政务公开、加强政务服务、促进依法行政、密切党和政府同人民群众联系等方面发挥着重要作用。

《通知》要求，要建立以中央、省、市三级为主的政府公报体系，建立健全规范性文件公开审查机制和督促约束机制，办好政府公报电子版，着力将政府公报打造成权威、规范、便民的政务公开平台。

国办专门就办好各级政府公报发文，并不多见。这一方面表明，作为政府机关发布政令的权威渠道，政府公报是民众了解各级政府工作、让政令走出中南海的主要平台，这也是当下政务公开的一个重要发力点。

另一方面，国办的督促与指导也说明时下的政府公报并不尽如人意。正如国办通知指出的那样，"有的地方和部门公报工作还存在法定载体作用发挥不充分、工作机制不健全、部分规章文件发布不及时、查询使用不便捷等问题，难以适应新时代要求，不能很好满足公众对政府信息公开日益增长的需要"。既然有的政府公报运

行状况不好，不能适应公众需求，那就应该下力气做好。

简单梳理一下，目前政府公报存在的问题主要集中在以下几个方面，一是内容少，很多地方并没有把当地的重要政策、事项纳入公报披露范畴，"公报公报，无公可报"；二是速度慢，公报本该是即时的政策发布、政令公开，如果一拖再拖，那就不是公报而是历史档案了；三是不方便，民众缺乏正常、便捷的渠道获得公报，在一些地方查个文件还得找人托关系，未免有悖公报本意。

其实，形成规范的公报发布工作机制，本来就是政府政务公开的题中应有之义。政令也好，权力也罢，公报应该成为一个常态化的发布渠道。这样的公开发布，也是政府工作接受监督的先决条件。有内容充实的公开发布，公众才有可能监督。

例如，南京市政府不仅建立了完备的公报工作机制，还定期在《南京日报》发布"《南京市人民政府公报》导读"，在 2018 年第 3 期的导读中，披露了涉及长江岸线保护、外来务工人员居住管理、城市管理工作等一批政策文件，且文末还有二维码，民众可以按图索骥，扫描获取详尽的信息。

此外，政令及时发布，也有赖于严格的发布制度和鲜明的服务意识。政府也好，部门也罢，出台的政策文件本来就是要直面社会公众的。如果还像以往那样，要么秘而不宣，藏在单位的文件柜里，要么不能及时发布，每每把新政策搞成过期的承诺，这样的权力行使就会成为一种不确定性的行为，甚至意在刁难民众。这也说明，若想及时发布公告，必须构建一个正常的发布机制，确保能够及时披露。

还有，政策文件能不能抵达基层民众，关键还要看依托的渠道。传统的文件很多都被视为秘密，近年来，随着政务公开的强力推进，公众可以在档案馆、公共图书馆、政务（行政）服务大厅等场所查阅，一些基层单位也会有文件向社会开放。但是，在信息时代，完全可以通过网络传递信息，这也是此次国办明确要求办好政府公报电子版、移动版的深意。只是，现实中，很多政府网站都是僵尸网站，更不要说公开政策文件了。

凡此种种不良情况亟待改变，不然，打造权威、规范、便民的政务公开平台便是空话。

事实上，很多时候，民众对政府工作的不满，并不全是对政策的不满，而是因为不了解政策、无从了解政策而产生的误解。很多问题，只要讲清楚了，也能执行到位，则民怨往往会迅速化解。

况且，政策文件向民众公开，政令走出政府，也有助于充分发挥社会监督作用，从而帮助并倒逼政府做好各项工作，依法行使权力，避免各种花式的"中梗阻"、慢作为、不作为、乱作为，真正体现权力运行的公开、公正与公平。

本来，政府公报更强调的是来自政府部门的表达，即：做了什么、准备做什么、准备怎么做，等等。它应该是一种单向的、我说你听的政令发布。但是，从一个更开阔的视野看，很多来自政府公报的信息往往也是对民意诉求的回应。民有所望，则政有所向。尽管这种回应主要体现在民意经由政府采纳并决策之后的发布，但其中毕竟有着政府与民意的良性互动，有着集纳的意义。

可见，政府越开放、政务越公开、政令越畅通，则不仅能够把政策传达到位，也能给民意一个表达诉求的渠道，由此形成的，则是一个良性的循环。

（2018 年 4 月 19 日）

# 以政务公开打造"善治"的对话平台

周庆安

"增强舆情风险防控意识，密切监测收集苗头性舆情，特别是涉及经济社会重大政策、影响党和政府公信力、冲击道德底线等方面的政务舆情，做到及时预警、科学研判、妥善处置、有效回应。"

国务院办公厅日前印发的《2018年政务公开工作要点》，适逢近期多条新闻中，社会公众对于各个部门信息公开的要求迫切。这条要点短时间就成为了社会各界关注的热点，尤其是在着力加强公开解读回应工作、着力推进政务公开制度化规范化这些方面，都给了社会更大的信心。

信息公开的制度化建设走到今天，经历了复杂的认识和实施过程。仅党的十八大以来，我们就看到，政务信息公开的政策和规章不断出台。这些政策和规章，围绕国家治理体系的现代化，在信息公开上提出了更新更具体的要求。尤其是2016年以来，强化政府新闻发布体系建设，突发事件和重大关切必须要及时回应，24小时内召开新闻发布会等措施，都是满足现代社会中公众知情权、构建良性的政府与公众关系的积极举措。

在这些工作的基础上，提出2018年的政务公开工作要点，最为根本的看点，是在于对以往信息公开化制度的落地给予了更加明确的督促。

制度化，首先是体现政策规范性的必要手段。在政务信息公开工作中，的确存在着部门之间、各省市之间理解认识不同，重视程度不同，甚至是执行力度不同的情况。不少重大热点新闻和突发事件发生之后，媒体和公众对于政务信息公开有很大的期待。比如2015年6月1日，"东方之星"沉船事件发生后，交通部、湖北省等多个部门省市多次联合举行新闻发布活动，及时对公众关切的问题进行回应。

但在随后两个月发生的"8·12"天津港特大爆炸事件等少数案例中，政务信息公开的方式和内容，却还难以满足媒体和公众的需求。在信息公开这个本该是政媒关系加分项的领域，反而出现了新的舆情和争论。甚至在这一两年时间中，不少大城市的城市治理工作，也暴露出治理与公开不同步、信息公开不能满足治理需求等薄弱环节。

进入21世纪之后，随着新兴媒体的快速发展，公众的表达愿望空前高涨，社会治理体系正在面对一个全新的局面。多种利益主体的兴起，公众对自身权利的重视与以往相比有很大提升。应当理解，公众之所以在很多议题上愿意发声、愿意批评，大多数人根本的目标，还是希望和这个社会的治理体系共同进步，从善治中寻找存在感和获得感。这时候，社会治理的重心，从传统的管，转向现代的治。

既然追求的是"善治"，那么参与治理的主体，就不仅是政府部门，更是作为沟通渠道的媒体，作为治理主体的公众。政务信息公开，其实根本上就是打造一个善治的对话平台。在这个平台上，媒体和公众不仅要看到政策出台后的情况，还应当像工作重点中所说的那样，决策、执行、管理、服务、结果都要公开。

当然，从另一个侧面来看，进一步的政务信息公开，也在强化政府自身的依法执政意识和执政能力。阳光下没有秘密，这既给了公众更多的权利，也是对政府行政工作的松绑。如果可以公开的都公开，那么公众与政府的进一步对话就有了更多共识的基础。这样的政务信息公开，直接瞄准的是社会预期，间接提升的是政府的行政效率，客观推动的是社会共识的构建，能够打造一个改革开放中更加自信的中国。

还应当注意到，这次的工作要点中，强化了政务信息公开的落实督办和评估情况，明确提出了重大政务舆情回应不得力不妥当要问责。这是一个值得肯定的制度进步。2017 年，国务院新闻办专门对国务院主要部委和各省区市的新闻发布工作进行了评估考核，用比较全面的指标评估了政府部门是否能够适应社会发展和公众诉求。

评估和问责机制的建立，对于政务信息公开来说就像一条指向明确的跑道，不起跑，跑出格，跑慢了，看台上的观众们都可以看得更清楚。这样无论是观众还是裁判，都有更加明确的证据，对于信息公开制度的执行情况给予客观准确的评判。舆论关切就像是信息公开制度的一面镜子。法无禁止皆公开，坦率真实的公开，更能够提升政府部门的公信力。期待在一年时间中，信息公开制度有好的执行效果。

2018 年政府工作报告也强调了全面推进政务公开。坚持科学、民主、依法决策，凡涉及公众利益的重大事项，都要深入听取各方意见包括批评意见。

2018 年是改革开放 40 周年。改革在过去的 40 年时间中，风雨兼程，逐步完成了对于人的理念的改革，对于市场环境的建设，正在进入对于自身的深层次改革。这 40 年的改革，不仅把社会各阶层，同样也把政府推到了自我革新自我完善的征途中。在改革开放 40 周年的历史当口，一份更加明晰准确的工作要点，既能够强调治理体系现代化、强化良性政府公众关系，还有着特殊的改革含金量。

（2018 年 4 月 27 日）

# 用程序性规范来终结"红头文件"乱象

王　琳

2018 年 5 月 1 日起,《国务院关于修改〈行政法规制定程序条例〉的决定》正式施行。这是《行政法规制定程序条例》自 2001 年 11 月制定以来的首次修改。同步修改且同时正式施行的,还有《规章制定程序条例》。

与宪法和法律相比,行政法规和规章虽然位阶稍低,但数量更多,与部门利益和公民、法人或其他组织的权利义务关联更紧密,更直接。行政法规、规章还在宪法、法律与基层政府的"红头文件"之间,起着不可替代的承上启下的独特作用。

宪法和法律中的很多原则性规定,需要行政法规、规章来细化和实施。宪法、法律未曾关注到的空白,也需要行政法规、规章来补全。同时,行政法规、规章又需要和作为上位法的宪法、法律保持高度一致,并约束在它之下的"红头文件"不致汪洋恣意。

"红头文件"较之法律、法规、规章在数量上更为繁多、在质量上更不可控,却又距离公民的生活更近,对公民合法权益的保护或侵犯影响更大。比如近几年发生的,有下发红头文件批评食堂"菜里没肉"的;有将完成罚没总额与年终奖挂钩的;有对县公安局机关单位和派出所下达了抓捕人数指标的;有要求将犯罪嫌疑人取保候审的……

一些行政机关，尤其是一些基层行政机关，已习惯于使用"红头文件"来为其征收财物、摊派费用、设置禁令等提供"合法性依据"。也有一些行政机关为了争夺收费权、审批权、许可权等，无视国家法律所限定的权力范围和分工，随意通过"红头文件"扩张本地区、本部门的权限，这势必造成"红头文件"与法律的不统一及其相互之间的冲突，进而导致行政管理的失控。

不合法的"红头文件"一直任性存在，根源就在权力任性，是人治思维在作怪。不合法的"红头文件"屡禁不止，不但直接侵害了不特定多数人的合法权益，还离间了官民关系，损害了法律权威和政府公信，其危害远甚于对某一具体个案的不妥当处置。

不管是行政法规、规章，还是"红头文件"，都是社会公共产品。就公共性来说，科学、民主和程序正当都是必然要求。如我们所知，宪法和法律是靠人大立法的多数合意来保证其民主性的。而行政法规、规章的制定方都是行政机关，且通常这些规范性文件的起草就由相关职能部门牵头或主导，这也成为坊间流传"行政立法部门化，部门利益法制化"的制度根源。若不加以限制，并不断完善相关程序，那么行政法规与规章的不当示范，很可能将鼓励任性的"红头文件"更加肆无忌惮。

要破解"红头文件"的任性，必须先破除行政法规与规章制定中的利益固化藩篱。这些年来，立法机关和行政法制部门在科学立法、民主立法、依法立法等方面的好经验、好做法，也迫切需要固定下来，以应对行政法规和规章制定中存在的突出问题。

在修改后的两份"条例"中，从立法项目的征集和论证阶段，

就引入了民众参与来避免部门利益对行政立法的侵蚀。如规定：国务院法制机构应当向社会公开征集行政法规制定项目建议，国务院部门，省、自治区、直辖市和设区的市、自治州的人民政府可以向社会公开征集规章制定项目建议，并应当对立项申请和公开征集的项目建议进行评估论证。这些年在立法中行之有效的公开征求意见也是修改的重要内容。如规定起草时应当将行政法规或者规章的草案及其说明等向社会公布征求意见；审查时可以将送审稿或者修改稿及其说明等向社会公布征求意见；向社会公布征求意见的期限一般不少于 30 日。其他如委托第三方起草制度、重大利益调整论证咨询制度、立法后评估制度等，也都来自近年来的立法实践。

也有一些是对立法法规定的重申。作为与两份"条例"关系最紧密的上位法，《中华人民共和国立法法》已在 2015 年 3 月进行修改，一些获得社会普遍赞许的修改亮点，同样需要在行政法规和规章的制定程序中落地。如立法法规定，没有法律或者国务院的行政法规、决定、命令的依据，规章不得设定减损公民、法人和其他组织权利或者增加其义务，不得增加本部门的权力或者减少本部门的法定职责。这被认为是约束"红头文件"不再任性的重要一环。

修改后的两份"条例"重申了这一原则，如《规章制定程序条例》第三条经修改后，相关表述已调整为"没有法律或者国务院的行政法规、决定、命令的依据，部门规章不得设定减损公民、法人和其他组织权利或者增加其义务的规范，不得增加本部门的权力或者减少本部门的法定职责。没有法律、行政法规、地方性法规的依据，地方政府规章不得设定减损公民、法人和其他组织权利或者增加其义务的规范"。

孟德斯鸠说过，一切有权力的人都容易滥用权力，有权力的人使用权力一直到遇到有界限的地方才会休止。由于两份"条例"针对的是行政法规和规章的制定，在其各自的定位之下，不可能对"红头文件"的制定程序进行具体的制度设计，一部直接规范地方政府规范性文件制定的程序规范仍显必要。

（2018 年 4 月 27 日）

# 别让灾难中的人们身处"信息孤岛"

王敬波

2018 年是"5·12"汶川特大地震发生十周年，我们沉痛哀悼，并缅怀在地震中遇难的同胞。在自然灾害面前，人类是弱小的，但我们并非完全无力。通过建立突发事件应急处理机制，尤其是突发事件应急信息公开机制，可以有效减少突发事件带来的损害，防止因信息不对称而进一步引发社会恐慌等次生危机的发生。

在汶川地震中，政府采取了良好的应急信息公开措施。从时间上来看，政府的应急信息发布及时，将灾情在第一时间内对外公布，掌握了信息发布的主动权，有效遏制了谣言的产生和传播。从公开的内容来看，政府力求做到全面、透明——每日对地震中的伤亡、失踪人数进行更新报道，并每日举行新闻发布会，接受中外记者提问，进行现场直播。再次，从公开的途径来看，政府与媒体进行了良好合作，采用电视台、广播、报纸、网站等多种渠道对灾情和救灾情况进行及时报道。

汶川地震后，我国进一步加强了突发事件应急管理体制建设。其中，2015 年，国务院针对突发事件预警信息发布专门颁布了《国家突发事件预警信息发布系统运行管理办法（试行）》，构建"国家、省、市、县四级相互衔接的突发事件预警信息发布平台"，对相关信息的制作、发布、传播及保障进行统一规定。

与此同时，我们也应当看到，我国在突发事件应急信息的公开上还存在一些问题，应急信息公开制度有待进一步完善。

首先，危机信息监测能力不足，预警信息发布不充分、不及时。这一方面是由于技术手段的限制，另一方面，对于突发事件的危机意识淡薄，也在很大程度上起到了推波助澜的作用。政府相关部门要做好预警信息的收集发布工作，对于常见性突发事件，要建立常态化监测系统，及时发现事件发生的前兆，或者在事件发生的初始状态时，能够及时发现，并在快速、准确地进行分析判断后，及时向社会公众发布预警信息。

其次，没有充分重视和发挥社会公众对突发事件的信息反馈作用。长期以来，政府与社会公众处于管制与被管制的二元对立状态，这种状态要实现社会的良好、有效治理的前提是政府有充足的能力实现其全能型定位。然而，随着社会的发展，公共服务需求的扩大，社会风险的增加等因素，使得现代社会的治理不再是仅满足于政府的单一治理，而是多元共治的结果。

在应对突发事件时，不能仅仅是政府向社会公众发布应急信息，而应当建立信息的双向流通机制，使得社会民众可以向政府进行信息反馈，并且，所反馈的信息能够得到政府的充分考量和利用。如在地震中，很多地区会因为地震破坏通信，而成为"信息孤岛"，如果没有社会信息的反馈机制和渠道，政府将可能无法获知相关情况而延误救援。而且，建立信息反馈机制，也可以及时了解社会舆论的新态势，对于一些错误的信息可以及时进行纠正，第一时间内遏制谣言的产生和传播。

再次，政府内部缺乏信息统一发布机制。一方面，不同政府部

门出于自身利益的考量，会对所收集到的信息进行选择性公开，部门之间存在严重的信息壁垒现象，导致公众获取的信息碎片化，应急信息在突发事件应对中的价值大大减损。另一方面，不同部门对于同一危机的认定标准不统一，会造成对同一现象发布不同的危机信息。

在突发性事件中，不同部门的差异性认定和应急信息发布，更会造成不良的后果，带来人为的次生损害。所以，应当在政府内部建立统一的信息发布机构。所有政府部门将相关信息汇报给该机构，由该机构统一进行信息的分析、查证和公开，既消除了部门间信息壁垒的问题，又能够向社会系统地提供应急信息，使信息的价值得以最大化。

最后，还应当转变政府内部管理理念，将责任追究机制转变为成效激励机制。在突发事件中，常常会发生谎报、瞒报、漏报，甚至不报的现象，不光延误了应急处理的最佳时机，甚至还会引发更为严重的社会恐慌、骚乱现象。这很大一部分原因在于现行制度框架下，只存在对相关政府官员和政府部门的责任惩戒制度，而没有成效激励机制，使得突发事件发生后，相关人员和部门为了逃避责任而隐瞒情况，封锁信息。

因此，对及时报告灾难情况、采取有力应急措施、致使危害降低的人员和部门，应当给予充分的激励，这样才能使得政府部门面对突发事件，有动力进行应急信息的公开发布，形成良性循环。

对于突发事件，真正可怕的不是事件本身，而是对突发事件的未知所产生的恐慌。突发事件应急信息公开机制，能够保障公众及时了解事件真相和采取防范措施，减少损失。同时，突发事件应急信息公开，也起到了监督政府依法行使行政应急权的重要作用，是法治政府的必然要求。

只有建立长效的应急信息公开机制，才能让人们在突发灾难面前，不被困在更为可怕的"信息孤岛"之中。

（2018 年 5 月 10 日）

# 个税专项附加扣除，
# 期待民众可以"少跑腿"

缪一知

2019 年元旦起，新修订的《个人所得税法》将全面开始实施。2018 年 12 月 22 日国务院发布了新版的《个人所得税法实施条例》《个人所得税专项附加扣除暂行办法》，采用的是综合征税方法，对大多民众而言，新的个人所得税计算和缴纳手续将会变得更复杂。《扣除办法》强调了"公平合理、利于民生、简便易行"的原则，我们期待它得到贯彻，从而使个税法修订的制度变迁让纳税人负担变得更为公平，又不至于给百姓造成太多困扰。

新个税法的基本特点是：决定税负时突出每个人与他人的不同。在旧的个税法下，每个人的每一笔收入均是单独计算应纳税所得额的。例如，年收入为 5 万元的甲和年收入为 10 万元的乙，获得一笔 1000 元的劳务报酬时，均无须就 800 元的部分纳税，而他们就 200 元的部分缴纳的税收是一样的。而在新个税法体系下，在减除 20% 即 200 元后，甲和乙需要将剩余的 800 元纳入各自的综合所得收入计税，最终缴纳的所得税额很可能不同。

有意思的是，总收入较高的 A 并不必然比总收入较低的 B 缴纳更多税。这是因为新个税法有复杂的专项附加扣除，即纳税人有必要的支出时，可以在计算应纳税所得额时予以扣除。这包括子女教育、纳税人自身的学历和继续教育、大病医疗、住房贷款利息、住房租金、赡养老人六大类，其中有的是定额扣除，有的是据实扣除。

不过，扣除的前景很美好，但操作起来却很复杂。新的个税缴纳体系对广大纳税人而言是一种全新的知识要求，对征税机关是一项巨大的工作挑战。新体系的平稳运行不会一蹴而就，中短期内一定程度的混乱、延宕难以完全避免，需提前有所准备。

新个税法的制度落实难点有二。一是工资薪金所得、劳务报酬所得、稿酬所得、特许权使用费所得汇总计算超额累进税率（即所得越高的部分税率越高），这些综合所得年收入额减除专项扣除后的余额超过 6 万元的人，需要自行办理汇算清缴的纳税申报。这意味着全年有多笔多来源零散无规律收入的人，增加了显著的记账算账的义务；那些年度毛收入比 6 万元略多的中低收入阶层，尤其面临"是否达标"的困惑。

二是前述专项附加扣除知易行难。一方面是人身关系的证明。法律允许人们养老抚幼时，扣除相关费用，可户籍已经独立的子女扣除赡养老人时，是否又将遭遇"如何证明我妈是我妈"的困难。散居多个城市的多个子女分摊扣除赡养老人的费用、纳税人代替已故的父母赡养祖父母外祖父母时，证明难度还会进一步增加。

另一方面是据实扣除的票据的审核。正值年末，很多人想必都在为医疗保险费用报销或其他发票的报销而忙得焦头烂额。在国家财务审核制度日趋严格的情况下，很多人都曾由于报销方式包括发票粘贴顺序不符合要求而被财务人员"打回"。而新个税法下的扣除算法更为复杂，如大病医疗费用扣除限于扣除医保报销后个人负

担超过 15000 元、不超过 95000 元的部分。

将来，千军万马般的民众，包括不少缺乏报销经验甚至阅读理解能力有限的人去税务部门办理扣除时，是否会由于对原始票据的保存、整理的欠佳，而在落实扣除时出现严重的"堰塞湖"，值得关注。若由于行政办事效率的欠佳甚至个别办事人员的刁难，而令部分人觉得经不起折腾、望而却步，索性不去申请扣除，岂不有违国家"公平合理、利于民生、简便易行"的初心？

故而征税机关首先应当提前准备、未雨绸缪，付出必要的人力物力为纳税人进行讲解。其次，征税机关应当认识到这次个税法修订的本质是让利而非争利，是便民而非扰民，是为纳税人服务，而不是把他们当贼提防。故而在执行时，应当对纳税人做"善意推定"而非"恶意推定"。

在征收管理上，财税法专家提出应尽快打通涉税数据跨省市、跨部门流通的关键环节，推动税收治理领域相关服务、执法、信息的高效协同联动。例如，美国的个人所得税通过网络、电话和金融机构等已经实施了支付电子化，纳税人可以选择每日、每周或者每季通过美国联邦电子支付系统缴纳税款，也可以委托金融机构通过该系统缴纳。英国和瑞典等国家实行的税收代码制度，即一出生就拥有个人终身税务号码，用于税务申报、银行开户、社会保险缴费等其他一切经济活动，税务部门可以通过这个税务号码掌控纳税人的收入来源、经济活动和财产状况，减少民众提供各种材料的烦恼。

在事实不能简便快速地查清时，可以尊重纳税人"话语权"、允许他们自行书面宣告相关亲属关系、抚养赡养关系等的存在，对于大病医疗、住房租金等原始证明材料零散的支出事项，可以在进一步调研的基础上，探索改为定额减除、直接惠民。例如，税务局自行与住房建设部门联网查询，发现纳税人在主要工作城市无自有住房的，直接扣除定额租金。毕竟，对纳税人说明证明成本和征税机关审核成本的降低，亦是社会财富的节省。

（2018 年 12 月 23 日）

# 应审尽审，审计应当好公共资产"守门人"

邓淑莲

"努力构建集中统一、全面覆盖、权威高效的审计监督体系，更好发挥审计在党和国家监督体系中的重要作用。"据新华社报道，习近平总书记 2018 年 5 月 23 日主持召开中央审计委员会第一次会议，审议通过了《中央审计委员会工作规则》等文件，并发表重要讲话。

习近平强调，要落实党中央对审计工作的部署要求，加强全国审计工作统筹，优化审计资源配置，做到应审尽审、凡审必严、严肃问责，努力构建集中统一、全面覆盖、权威高效的审计监督体系，更好发挥审计在党和国家监督体系中的重要作用。同时强调，地方各级党委要加强对本地区审计工作的领导。

2018 年 5 月以来，各地在审计领域的举措不胜枚举。

吉林省审计厅出台《关于强化审计整改工作的实施意见》，通过坚持把"揭露、处理问题"与"纠正整改"放在同等重要位置，加大跟踪督改、公开促改、约谈问改的力度，强化审计整改工作，促进审计整改工作取得成效。

5 月 21 日，河南省省长到省审计厅调研，听取全省审计工作汇报，就防范化解地方政府性债务风险进行座谈，强调把好依法审计监督关，当好公共资产"守门人"。

"审计就是国家财产的'看门狗'。"审计署前审计长李金华喜欢用这个通俗而形象的说法。李金华说，这不是他的发明，他是从德国前审计长扎威尔伯格那里学来的。凡使用财政资金的部门和单位，均须接受审计监督。一旦发现问题，"看门狗"须果断发声，以便相关部门迅速介入追责。

党的十八大以来，中央高度重视财政工作。党的十九大报告亦强调加快建立现代财政制度。

现代国家需要现代财政制度，现代财政制度的特征之一是法治财政。法治财政的核心是将政府的财政权力关进由立法制定的法律的笼子里，受公众的约束和监督。

财政权是现代国家的核心权力。由于人类的公共需求在规模和结构上都会随社会的发展而不断扩展，而财政是满足人类公共需求的保障，因此，财政权在现代社会的不断扩张是人类社会发展的必然趋势。作为一种公权力，财政权的扩张同样会给公众带来私权力受到侵犯的风险。如何控制和约束日益扩张的财政权，使之更好地服务于公众是现代社会必须解决的问题。

法治财政包含两个要件。一是制定良好的法律，二是执行良好的法律。如何才能制定出良好的法律？财政法律是指由立法机构通过的，对政府财政行为进行规范约束的法律法规，而非政府内部的管理规章。

由于现代社会是代议制社会，代议制社会中的立法机构是由代表民意的代表组成的，因此，立法机构通过的法律可视为公众同意的规则。现代国家约束政府公权力和行为，包括约束财政权和财政行为的规则，应由体现民意的立法机构制定。为保证制定的规则成为良法，立法机构在制定规则的过程中，应广泛征求民众意见，并

遵照公平正义原则。

在拥有良好的法律制度的情况下，法治的实现还需要对良好法律的严格执行，即良好的执法。良好执法的关键是建立有效的外部监督，即公众及其代表对政府的监督，而非政府内部的监督。对外部监督而言，建立必要的监督机制固然重要，但监督主体缺乏监督所必需的信息则会导致监督机制空置，因此，财政信息公开是财政良好执法的前提。

当前我国正处于向现代社会的转型时期。法治财政的建设也快速提上议事日程。但应该看到，我们距离法治财政还有相当大的距离。

首先是财政立法严重不足。据统计，我国现行的财税法规共计约 21695 部，其中法律类 113 部，占比 0.52%；行政类规章包括地方与部门规章、司法解释、行业规定等，占比高达 90%以上。我国 18 个税种，只有 3 个税种有法律规范。规模较大、种类较多的非税收入还没有法律规定。

现有财政法律也还存在不足。比如，新修订的《预算法》赋予行政部门较大的预算调整权。在预算执行过程中，财政资金在部门之间、支出的功能分类和经济分类之间的转移都无须报立法机关批准，而由行政部门自行裁量和决定，这会大大降低预算的法律性。

财政信息公开程度还较低。虽然近年我国的财政透明度在各方的努力下取得了令人瞩目的成绩，但仍不能满足法治财政的要求，从而导致外部监督无力。

在财政透明度较低、缺乏有效外部监督的情况下，财政过程就会显得神秘，执法的效果就无从得知。

建设法治财政首先要从财政立法入手。不仅要建立涵盖所有财政基本问题的统领性法律，还要建立覆盖政府所有具体财政行为的单项法律，形成控制和约束政府财政行为的财政法律体系。其次，立法过程要广泛征求公众意见，对法律条款进行充分讨论，这是形成良法的必要前提。最后，按照现代财政制度的要求提高财政透明度，并建立强有力的外部监督控制机制，为财政法律的实施提供保障。

（2018 年 5 月 25 日）

# 清理"我妈是我妈"证明，
# 让公权力更亲民

刘晓忠

提取公积金要证明"我爸是我爸"、办理遗产公证要证明"我爸没有婚外生子女"、迁户口要证明"我未婚未育"……这类奇葩证明让许多人欲哭无泪。

为了满足有关部门要求的各类证明，很多群众和企业不得不穿梭于不同部门开各类证明材料，一些地方甚至出现了"门好进，脸好看，事难办"等现象，不仅给群众和企业带来了烦恼，也在一定程度上浪费了有限的行政资源，很多政府部门不得不腾出更多人力物力，帮助群众和企业开各类"我爸是我爸"的循环证明。

2018年6月6日召开的国务院常务会议，决定全面清理各类证明事项，更多消除群众和企业办事烦恼，并确定进一步建设和完善社会信用体系的措施，以诚信立身兴业。

这次国务院会议明确全面清理各类证明事项，对国务院部门规章和规范性文件等设定的证明事项，可直接取消的要立即停止执行，并抓紧修改或废止规章、文件。对法律法规有规定，但可通过法定证照、书面告知承诺、政府部门间核查等涵盖或替代的证明事项，要提请修法，依托信息共享和信用体系予以取消。同时要求各地区要及时公布取消和保留的证明事项清单，对确需保留的要逐项列明设定依据和办理指南等。

这些举措，无疑将为群众和企业提供便利，营造公序良法的营商环境。

当然，要真正通过全面清理各类证明事项，降低经济社会交易成本，优化营商环境，首先就要求政府树立公共服务的施政理念，摒弃管制思维。

早在 2015 年，一则公民出境被要求证明"我妈是我妈"的新闻不仅引发全民热议，也得到总理的高度重视。总理对此事作出批示，要求下力气减掉不必要的公章，打破不合理的规矩，使公权力真正发挥方便群众办事创业的作用。

近年来出现的一些令人哭笑不得的证明事项，在施政理念上还是管制意识的泛滥，执法人员主要将群众和企业当作管制对象，而非服务对象，才会出现举证责任倒挂现象，要求群众和企业开的各类证明，都是来于政府、去于政府，这就使得本来可以通过政府部门间相互核查可以解决的问题，推给了办事的群众和企业，要求其在不同政府部门间跑腿，在施政理念上与为人民服务的宗旨不一致，淡化了政府作为公共服务部门的核心定位。

因此，要真正降低经济社会交易成本，避免本该政府支付的行政成本通过各类证明事项转嫁给经济社会，就需要从根本上树立执政为民的公共服务意识和理念，这也是近年来国务院不断深化的"放管服"改革的根本要义。唯有树立公共服务意识和理念，身体力行，才能真正有效降低不必要的经济社会成本，也才能真正有效降低权力的自由裁量空间，减少行政执法人员寻租设租的空间等。

其次，推进政务等信息的互联互通、搭建社会信用体系是全面

清理整顿证明类事项的基本保障。

政府部门执法人员要求群众和企业提供各类证明材料，客观原因就是不同政府部门间政务信息难以做到有效的互联互通。这意味着若在各政府部门信息未能实现有效的互联互通的情况下，取消各类证明类材料，难免会为不法人员提供漏洞，给经济社会带来不必要的损失。

因此，当前应在清理整顿各类证明类事项的同时，加强政府间的分工合作和信息的互联互通，以降低行政成本。当然，需要指出的是，即便政府部门间信息无法迅速做到全覆盖的互联互通，政府部门也要承担起证明举证责任，因为相对于私人部门的权力，公权力在这类事项中具有成本优势，即政府部门间的核查等增加的行政成本要显著低于群众和企业的证明成本，推行谁主张谁举证，将有助于降低整个社会的成本。

再次，鼓励和支持社会组织发展，为社会自律自治营造有利的制度环境，是全面清理整顿证明类事项的有益补充。

当前名目繁多的证明类事项频现，从侧面反映了我们社会的诚信体系尚有待完善。不过，社会信用体系建设单纯依靠政府部门的他律显然是不够的，因为再强大的政府、效率再高的政府，执法资源毕竟是有限的，不可能做到事无巨细，因此鼓励和支持社会公益型组织发展，为经济社会营造一个自律自治的环境，增强经济社会的自净化能力，将更有助于内生性地增加经济社会诚信，使诚信成为人们安身立命的行囊，从而根本上减少证明类事项的需求。

社会信用体系建设，是公权他律与经济社会自律自治共生共长的产物，缺一环都会增加不必要的经济社会成本。

总而言之，当前国务院全面清理各类证明事项，是"放管服"改革深化和接地气的一个有力表现，是政府转变职能、强化公共服务意识的务实举措。期待不断深化的行政体制改革，为人们创造一个风清气正的经济社会环境，树立人无信不立的良性营商环境。

（2018 年 6 月 7 日）

# 政府服务，当好"店小二"
# 而非"二大爷"

崔向升

有这么一则传奇故事：

在一个风雨交加的夜晚，一对老夫妇走进美国费城一个小旅馆。一名年轻的服务生满脸歉意地说："房间被订满了，可总不能让你们在雨中过夜吧。这样可以吗？你们何不待在我的房间呢？它不豪华，但蛮舒适。"老先生连连道谢。

两年后，老人写信诚邀服务生到纽约一游。服务生抵达曼哈顿后，老先生把他带到一幢崭新的大楼前，对他说："这是我为你盖的旅馆，希望你来当经理。"服务生受宠若惊。老先生笑曰："我叫威廉·阿斯特（William Waldorf Astor）。你正是我梦寐以求的经理。"该旅馆就是纽约的华尔道夫饭店，1931 年启用。这名服务生叫乔治·波特（George Boldt），日后他孜孜不倦地经营，让旅客有宾至如归的感觉，享受着舒适和便捷。

而打造服务型政府，跟开宾馆一样，必须让民众处处感到舒适和方便。

李克强总理 2018 年 6 月 11 日在湖南衡阳市白沙洲工业园考察时，一位企业负责人表示，之所以从东部地区转移过来，一个重要原因是这里的领导重视和关心。总理说，所谓"领导重视"就是领导服务，"领导关心"就是帮企业省心，不让人为因素干扰企业正

116

常发展，就是要创造最优的营商环境。

早在 1985 年 5 月 19 日，提倡开短会、讲短话的邓小平就强调："什么叫领导，领导就是服务。"

"领导就是服务"，也是对现代领导观的高度概括。"导，引也。"领导重在顺势引导，而非靠强权强力。

党的十八届三中全会公报指出："创新行政管理方式，增强政府公信力和执行力，建设法治政府和服务型政府。"党的十九大报告也提出，要建设人民满意的服务型政府。

要推进服务型政府的建设，就必须转变政府职能，使市场在资源配置中起决定性作用。政府要最大限度减少对市场资源的直接配置、对市场活动的直接干预，把不该管的放给市场、放给社会、放给地方，"坚决克服政府职能错位、越位、缺位现象"，营造良好的营商环境，为市场主体添活力，为人民群众增便利。

自 2013 年起，"店小二"逐渐成为地方政府话语体系中的高频词。2013 年浙江省领导提出，政府部门、机关干部要当好服务企业、服务基层的"店小二"。2014 年，江苏省党政代表团赴浙江学习考察后，"店小二"移步江苏。2017 年，"店小二"进入上海——上海市领导针对"营商环境"，提出要"甘当服务企业的'店小二'"。

"店小二"这个称呼，指旅店（客店）、酒店的店主或伙计，常见于我国宋、元时代的戏曲和话本小说中。如："只见鲁提辖大踏步走入店里来，高声叫道：'店小二，那里是金老歇处?'"（《水浒传》第三回）

官员或公职人员既然是"店小二"，就不能有"二大爷"的心态和姿态。既然是"店小二"，就需"巧做百样菜，迎接四方人"，为企业和民众提供贴心式、保姆式、专家型的全程服务，不能出现"脸难看、事难办"等怪象。

"民心是最大的政治。"领导的服务，就是努力使各项政策符合实际、顺应民意。"办事环节减少了，速度变快了，政府部门主动服务的意识增强了，这些都在一点一滴地改变着这座城市的发展，西安的五星级服务既精准、高效，又充满温情。"西安市台湾同胞投资企业协会副会长何善溪这样点赞西安市的行政效能。而随着一系列营商政策的实施，天津市政府的"店小二"精神也在强化。

然而，过去很长一段时期，有一些领导干部嘴上高喊为了人民，干的却是坑害民众的行径。例如，广州"大城管"首位掌门李廷贵台上义正词严大谈廉洁，台下助人承揽户外广告业务，大捞逾百万元；各种公开场合大谈为民，却盲目启动运营大田山项目，致其最终"烂尾"，劳民伤财。

而有的干部虽然一心想干实事，但所做的事情与民众的所思所盼不契合。唯有把民众当成"东家"，想民众之所想，领导干部方能避免"干活不由东，累死也无功"的窘境。

"得一官不荣，失一官不辱，勿道一官无用，地方全靠一官；穿百姓之衣，吃百姓之饭，莫以百姓可欺，自己也是百姓。"服务民众，必须有担当和魄力，做到"平常时候看得出来，关键时刻站得出来，危急关头豁得出来"。

现代政府的职能是为公民提供公共服务，提供公共产品，而非具体管理企业和社会。"不叫不到，随叫随到，服务周到"的"店小二"精神，应是常态化。各地政府唯有贴心服务，争做"店小二"乃至"金牌店小二"，让企业和民众随时感受到方便，方能形成"以商引商"的"乘法效应"。

（2018 年 6 月 13 日）

# 彻查严管，给民众一个明明白白的交代

斯　远

2018 年 7 月 22 日深夜，针对这两天沸沸扬扬的疫苗事件，国务院总理李克强作出批示，此次疫苗事件突破人的道德底线，必须给全国人民一个明明白白的交代。

李克强在批示中要求，国务院要立刻派出调查组，对所有疫苗生产、销售等全流程全链条进行彻查，尽快查清事实真相，不论涉及哪些企业、哪些人都坚决严惩不贷、绝不姑息。对一切危害人民生命安全的违法犯罪行为坚决重拳打击，对不法分子坚决依法严惩，对监管失职渎职行为坚决严厉问责。尽早还人民群众一个安全、放心、可信任的生活环境。

总理的批示下语很重，相关表述也前所未见。比如对疫苗事件的判断："突破人的道德底线"；比如对追查的要求："不论涉及企业、哪些人都坚决严惩不贷、绝不姑息"；比如对监管失职渎职的态度："对监管失职渎职行为坚决严厉问责"；等等。总理直面社会关切、民生痛点，相信在接下来的调查处置中，事件的真相会一点一点呈现出来，而一直以来的滔滔民意也将会得到缓解。

民众苦于疫苗久矣！这个周末的爆发，其直接的触发点固然是长春长生生物肆无忌惮的造假行为，是当地监管与疫苗企业蛇鼠一窝的利益勾连，是老百姓对孩子的安全的深深忧虑。然而，从一个

更为开放的语境看，这种情绪的释放，则是长期以来经由问题疫苗激发的公共安全焦虑。

2016年爆发的山东济南非法经营疫苗系列案殷鉴未远，300多干部被问责的波澜刚刚散去，吉林又发生了如此严重的生产记录造假、疫苗质量不过关等问题，而且，与上一次的"非法经营"不同，这一次是生产阶段直接造假，这让多年来一直信任药监部门的正面引导、乖乖使用国产疫苗、支持民族疫苗产业的老百姓情何以堪？那些被注射进婴儿身体、期许一个安全与美好的疫苗，又将让我们收获一个什么样的未来呢？

也因此，此事不可能又像此前每一次类似公共安全事件一样，不了了之，被延宕、被遮掩、被糊弄过去。诚如总理所言，要"必须给全国人民一个明明白白的交代"。这就需要接下来的调查必须深入严厉，既要抽丝剥茧，找出脉络，又要迎难而上，不惧问题，不管涉及什么人、有着怎样的背景，都要一查到底，绝不姑息。必须明白，任何对个案的深究严查，都是在铺就一块块安全的基石，都是对机制体制严密程度的一次检验。

公众的信任从何而来？就从政府是不是能够尽职履责中来。从8年以前调查记者王克勤刊发调查报道《山西疫苗乱象调查》的时候开始，我们已经让民众有了太多的失望。不能再拖延下去了。

其一，必须彻查长春长生生物到底是一个什么样的存在。这样一个掌握了中国疫苗半壁江山的企业，其在生产组织、质量管控、政府监督，以及在相应的上游企业、经销渠道、运输过程中，究竟如何实现全流程全链条的安全保障？疫苗质量不过关与生产记录造假之间，是不是存在一定的因果联系？这个企业生产的其他疫苗质量能让人放心吗？

希望在接下来的调查中，不要只是就事论事，人为缩小调查范围，只把此前披露的那些批次疫苗的问题再来一遍，或者是出于什么其他方面的考虑，大事化小。既然是彻查，就应该按照总理的批示，"对所有疫苗生产、销售等全流程全链条进行彻查"。这样的地毯式彻查，既是一个新的开端，也是与过去的一个切割，甚至是重建民众信任的最后一个机会了。

其二，也要查一查监管是如何失守的，在长生生物扩张的过程中，是否存在官商勾兑、利益关联？目前，种种迹象表明，一家劣迹斑斑的疫苗企业能够迅速崛起，绝不仅仅来自"看不见的手"的推动，而是有着深刻的中国特色。

比如，2017 年，长生生物被查出生产销售疫苗劣药，受害者多达 25 万。此事当年 10 月就宣布立案调查，然而，直到前几天人们才知道此事，这也不是吉林省药监局主动公开信息，而是长生生物作为上市企业被动向股东公告。监管部门如此回护企业，将民众安全置于何地？又如，"疫苗之王"之一杜伟民收购北京民海生物后，不到一年就搞出 3 种疫苗获准生产并先后上市。而北京市高院一份判决书显示，2010 年到 2014 年间，杜伟民向国家食药监局药品审议中心副主任尹红章行贿 47 万元，促其为自己的药品申报审批事宜提供帮助。

还有，药监部门多年来问题频出，是不是也应趁此机会查查其在监管责任落实上的情况？凡此种种，必须一并严查，扒出这其中的利益输送，给民众一个交代。

其三，与彻查同步，对于那些已经查实的问题又将如何问责？问到哪一个层级？ 2016 年山东疫苗案发生以后，国务院常务会议通过了《国务院关于修改〈疫苗流通和预防接种管理条例〉的决定》，

明确要求加大处罚及问责力度，增加地方政府及监管部门主要负责人引咎辞职的规定等，这些规定如何落地？疫苗出了问题的地方政府及监管部门，如何严格依照国务院文件被问责？

应该看到，在此次疫苗事件中，相关部门监管责任不到位，"睁一只眼闭一只眼"，敷衍塞责，乃是导致疫苗管理全线失守的重要因素。企业多年来游走于监管缝隙，穿越多道法律、政策的防线，并不是说其本身有多大能量，根源还在于后面监管环节的全面失守，哪怕有一个环节生效，问题也不至于如此严重。

早在2016年山东疫苗案中，国务院就认定，该次问题疫苗案"暴露出疫苗质量监管和使用管理不到位、对非法经营行为发现和查处不及时、一些干部不作为、监管和风险应对机制不完善等突出问题"。时隔几年，这样的判断似乎并不过时。

此外，这两天，很多家长都在焦虑，如果孩子已经打过长生疫苗，是否存隐患，如何善后救济？这个问题涉及甚广，权威部门必须直面质疑，不能装糊涂不发声，也不能听任江湖游医再肆意推销所谓的新产品。

亡羊补牢，未为晚也；查漏补缺，正在其时。事件已经进入调查阶段，相信随着国务院的介入，这一事件会有一个让人满意的结果。期待总理的关注，能够督责相关方面迅速展开调查，并以绝不姑息、严厉问责的做法，"给全国人民一个明明白白的交代"。

（2018 年 7 月 24 日）

# 政府网站也该有点"流量焦虑"

马 亮

国务院办公厅政府信息与政务公开办公室（国办信息公开办）近日通报了 2018 年第二季度全国政府网站抽查情况，表明全国各地区、各部门的政府网站总体运行良好，但也存在值得关注的突出问题。

目前全国正在运行的政府网站有 22206 家，国办信息公开办随机人工抽查了 441 个政府网站，抽查总体合格率为 96%。各地区、各部门抽查了 12286 个政府网站，抽查总体合格率为 97%。由此可见，绝大多数政府网站运行情况良好，仅有少数政府网站存在问题。

尽管政府网站和"两微一端"的合格率越来越高，但是政府部门的网上政务服务水平能否达到民众和企业的期望并获得他们的满意，仍然是值得关注的问题。既然是政府"网站"，就理应有一些互联网意识，而这其中，用户导向和流量意识则是政府网站必须思考的问题。

首先，政府网站的运行理念应该学学用户导向的思维，使用户体验真正成为政府网站设计和运行的指挥棒。从此次抽查的情况来看，一些政府网站管理不善和服务不佳，的确同技术水平和人员配备等能力因素有关，但更重要的是政务服务的观念和态度出了

问题。

如果从官本位的政府立场出发，那么设计的政府网站必然是以政府部门为中心的，而用户的需求则可能就被忽略了。一些政府网站的设计者和运行者并没有换位思考，去认真考虑公民和企业作为用户是否对其提供的政务服务感到满意。为此，要强化政府部门对其网站的责任意识，并将抽查情况纳入考评奖惩，使各级部门真正重视政府网站的建设和维护。

其次，积极推动民众和企业的参与，使其成为政府网站的共同设计者。政府网站的最终用户是公民和企业，而他们在同政府网站打交道的过程中也最有发言权。政府应吸纳用户参与到政府网站的设计、运行和监督之中，从而可以从成千上万的用户端获得海量反馈数据，并为其优化政府网站提供参考依据。

如果浏览一些问答平台，我们可以轻而易举地找到许多网民针对政务服务的提问。这些提问涉及异地办理结婚证、申请居住证、更换身份证、了解户籍信息等政务服务程序。它们原本是政府网站应该提供的信息，但网民却不得不悬赏提问并互助解决。

之所以会出现如此之多的网民互助提问现象，同政府网站的缺位失职不无关系。一些政府网站的信息长期得不到更新，真正同民众关系最密切的办事程序也往往"藏得很深"。因此，只有让作为用户的公民和企业参与进来，才能真正扭转政府网站的发展导向。

最后，在加强政府网站建设维护的同时，更加突出政务移动客户端、政务微博、微信公众号等移动政务的开发和普及。"两微一端"最根本的一点是双向交互，而这是其显著区别于政府网站的重要方面。作为电子政务的最早形态，政府网站主要是以政府部门单向发布信息和提供服务为主。社交媒体和移动客户端更加强调实时沟通、双向互动和平等对话，亟须政府部门转变过去的"官腔官调"，以更加贴近民意的语言和方式发布信息、提供服务和沟通交流。

除了用户导向，政府网站也该有点流量焦虑。从僵尸网站到活起来，再到最终吸引更多民众来这里高效办事，而不必到问答平台悬赏提问，这才是政府网站应当追求的理想状态。

（2018 年 8 月 7 日）

# 通过司法审查管住任性的"麻将执法"

沈 彬

7 年前的 2011 年 8 月，成都市民王彬如和自己的 2 名朋友，在一家茶楼打 5 元一局的"血战到底"（四川麻将）。3 个小时后，3 人被温江区公安局抓获，"共计查获赌资 575 元"，王彬如被拘留 15 日，其余两人分别拘留 12 日。

王彬如不服，像秋菊一样打起官司，一审二审都败诉了。2015 年 1 月，最高人民法院作出裁定，指令四川省高级人民法院再审。2018 年 6 月，四川高院作出判决，撤销了当初公安机关的拘留处罚。

一场老友之间只有五块钱输赢的麻将，却换来了十多天的牢狱之灾。历时 7 年的维权，最后惊动了最高法，严重浪费了司法资源，案件全程透着种种荒谬。

事实上，麻将已经成为一把达摩克利斯之剑，让雀友时刻战战兢兢。亲友之间"小彩头"和赌博之间的边界比较含糊，警察执法自由裁量空间太大，甚至一定程度上异化成"选择性执法"，成为个别派出所"冲业绩"的摇钱树，也容易滋生腐败问题。

对于麻将赌博的界定，从公安部到省公安厅这些年来已经发布了很多的执法标准。早在 2005 年，时任公安部副部长白景富就表态，"对群众带有少量彩头的打麻将、玩扑克等娱乐活动，不以赌博行为查处"。之后公安部下发了《关于办理赌博违法案件适用法律若干问题的通知》，其中明确：不以营利为目的，亲属之间进行带有财物输赢的打麻将、玩扑克等娱乐活动，不予处罚。亲属之外的，"带有少量财物输赢"的，不予处罚。

但是，何谓"少量财物输赢"？有的公安机关按"个人赌资"统计，有的按"人均赌资"统计，有的就按"现场收缴赌资"统计，这就明显降低了"违法门槛"。比如，2015 年 8 名大学生在山东泰安的宾馆内玩"炸金花"，仅仅是一元一把，但当地警方却认为他们的"赌资"在 600 元以上，赌博人数达到 8 人，对他们实施了拘留 15 天的"顶格处罚"。

因为打麻将的标准威棱不可测，让雀友战战兢兢，甚至 2017 年，武汉市政协委员许方辉还要求武汉警方公示对麻将执法的标准，这被称为中国首个"麻将提案"。最后警方不得不表态称：人均赌资不满 1000 元的，属于"麻将娱乐"，不予处罚。

但是，哪怕公安部、地方公安机关一再公布执法标准，却仍然没有拦住成都这种"五块钱输赢麻将就被拘留"的案件发生。

执法者的"自觉"是靠不住的，执法者本身也应该受到监督，对于不合理的麻将执法行政处罚，应该通过司法审查予以监督、纠正。这起惊动了最高人民法院的案件意义恰恰在这里。

当事人通过行政诉讼，把官司打到了最高人民法院，最终四川省高法的判决认为："实施行政处罚必须以事实为依据，与违法行为的事实、性质、情节及社会危害程度相当；所科处罚种类和处罚幅度要与违法行为人的违法过错程度相适应，违背过罚相当原则"，所以予以撤销。

对行政处罚的司法审查机制，不能当摆设，不能当成"上访替

代物"，而是应该成为纠正权力任性、保障公民权利的最后屏障。对于公安机关明显不合法、不合理的行政处罚，各级人民法院要积极发挥行政诉讼的审核职能，为国家正义把关，不能搞"好人主义"。特别是一些畸重畸轻的行政处罚，虽然没有直接与法律相违背，但是明显不合理、不公正，不能得过且过；否则，个别地方的基层单位的不适当行政处罚，会演变成整个司法体系的信任危机。公安机关的处罚，不是盖棺定论，必须有通畅的救济渠道、司法审查约束。

2017年7月，最高人民法院党组副书记、副院长江必新就强调："通过对每一个行政案件的审理，切实促进行政机关不断提高依法行政意识，提升人民群众法治意识和规则意识，实质性化解行政争议。"要管住类似的"麻将执法"，不能单靠公安机关自身制定的执法标准，还必须有强大的外部压力，通过司法审查杜绝权力任性。

（2018 年 8 月 14 日）

# "搭台更需唱戏"，政府网站的演进与逻辑

李　靖

2018 年 8 月 20 日，中国互联网络信息中心（CNNIC）发布的第 42 次《中国互联网络发展状况统计报告》指出，截至 2018 年 6 月，中国共有政府网站 19868 个，主要包括政府门户网站和部门网站。

政府网站为谁服务？提供什么服务？如何提供服务？这是每位网友都需要了解的问题。

实践证明，政府网站能提高政府工作效率和透明度，节省财政支出，促进政府与公众互动，为公众提供更加现代化的优质公共服务。

在政府网站建设方面，美国起步早、发展迅猛。1992 年，克林顿当选总统时宣布，他的政府将是一个电子政府。2000 年 6 月 26 日，身穿红色开领休闲衬衫的克林顿，在其首次面对全国网络广播时宣布，3 个月内建成一个超大型电子网站——"第一政府网"，加速政府对公民需要的反馈，减少"橡皮图章"，让美国公众能更快捷地了解政府，并能在一个政府网站站点内解决竞标合同和向政府申请贷款的机会。该网承诺，点击三次即可获得所需服务。

自 2015 年 8 月开始，全国政府网站抽查工作已连续进行 3 年。2018 年 7 月底，国务院办公厅公布了 2018 年二季度全国政府网站的抽查结果，通报显示，3 年来全国政府网站抽查的合格率从

81.5% 上升到 96%，呈明显上升趋势。特别是，从国务院 2017 年 5 月印发《政府网站发展指引》（以下简称《指引》）到现在的 5 次全国抽查，每次的合格率都在 95% 左右。

不过，根据清华大学公共管理学院公布的《2017 年政府网站绩效评估报告》显示，大部分政府网站在服务清单化、资源一体化、内容实用化等方面仍然存在较大问题。一些学者通过对比国内外政府网站，也指出国内政府网站在提供服务的种类、寻找服务的便捷性以及使用服务的人数等方面，都远远落后于美国、日本、加拿大等发达国家。

在笔者看来，要促进政府网站的服务能力，不能只提要求，希望政府人员改进工作态度或者树立用户需求导向，更要从机制上找到政府网站建设激励不足的问题。

根据笔者的工作和研究经历，负责搭建政府网站和进行日常维护的，一般是政府内部的信息化建设部门。这些信息化部门只是服务角色，负责搭一个戏台，面向公众的业务部门才是唱戏的"主角"，网站上的各类信息都应该由业务部门来发布。但是，戏唱得不好甚至根本没人上场去唱，责任却不在"主角"业务部门身上，而是在搭戏台的信息化部门身上。如果业务部门嫌麻烦不愿提供信息，那么信息化部门只能干着急。

每临抽查之际，信息化部门虽然拿着领导的批示当令箭，但还是得四处求爷爷告奶奶，希望主角们拨冗上台去唱两嗓子。有的主角还能上台比划两下，有的则会找各种理由，比如"业务工作太忙""活动不方便公开"等，推三阻四。信息化部门只好自己想办法，钻《指引》的漏洞。《指引》作为政府网站建设的一个规范，只能规定"戏台"搭建的标准，比如域名、Logo、必须有的栏目等，以及要求每个戏台都要定期有人上去唱。

至于搭了多少戏台、上面唱的什么戏、唱得好不好，《指引》不能一一进行要求和评判。于是，信息化部门就会把《指引》里没有提出要求的子站和栏目统统关掉，永绝后患。有些栏目要求必须开设，又没有业务部门提供任何东西，那就只能东拼西凑，到其他地方拉来一些东西撑撑门面。比如笔者曾访问过一个地级市政府网站，政策解读栏目的内容全是网上搬来的中央和省级文件解读，在省级的抽查中，这个市级政府网站并没有被点名存在问题。

通过以上分析，关键的问题在于让公众的不满没能有效传导到政府核心部门，导致核心业务部门缺少改进服务的压力和动力。

要解决这一机制问题，可以从中国铁路总公司（原铁道部）"12306"网站及其APP的发展历程中学习一些经验。"12306"网站成立之初，因为系统卡顿、抢票难支付难、黄牛党猖獗、抢票软件多等问题饱受批评，特别是每到春运季，网民对12306的不满就会集中爆发一次。在随后几年，12306持续对这些问题进行改进，近两年，网上的批评声音几乎销声匿迹。同时，各个火车站春运期间售票处前再也不会排起长龙了。

综合来看，推进政府网站建设要把握好以下三个原则：

第一，要准确汇集公众意见。《指引》在"考核评价"方面提出，"可采用第三方评估、专业机构评定、社情民意调查等多种方式，客观、公正、多角度地评价工作效果"。

清华大学、国家软件评测中心等研究机构都已经对政府网站开展了第三方的独立评估，但到目前为止，对政府网站的考核评价还没有考虑这些第三方评估的意见，也没有进行民意调查。究其原因，或许还存在一些顾虑，比如无法判定哪家机构的评价结果更权

威，民意调查会不会引发"拉票""刷好评"等弄虚作假的行为，等等。笔者认为公众评价机制不必一次成型，可以不断尝试，根据公众反馈不断进行调整完善。

第二，压力要传导到所有部门，不能停留在信息化部门身上。一些政府网站的搭建和日常运维出了问题，责任在信息化部门，比如网站框架设计错误、链接失效之类的问题。而栏目内容不更新、互动回复不及时、办事流程未公开等出了问题，责任应该在具体的业务部门身上。同时，也要防止团队中的"搭便车"行为，即等待别人更新内容自己却不付出努力。要加强对团队的惩罚，部门网站总体服务效果不好，整个部门的绩效都要受影响。

第三，提升服务要与简政放权等改革措施有效衔接，让政府的工作人员享受到改革带来的便利。过去，我国的政府机关进行各种审批一直要求申请人提交纸质材料，对于政府工作人员来说，每年处理如山的申请材料也是件麻烦事。近两年，浙江省的"最多跑一次"改革顺利进行，并且已经在全国多地得到推广。

笔者认为，应进一步深化改革，能够做到无纸化申请的全部改为网上申请，既能够节省申请人的时间，又能提高政府工作效率，减轻政府工作人员的负担，何乐而不为？

（2018 年 8 月 21 日）

# 舆论"风暴眼"下，审视企业社会责任

缪一知

最近发生了许多令人焦灼的事，人们忽然发现衣食住行这类最基本的民生需求，竟不能得到充分保障。

很多成人和孩子注射的疫苗质量不达标；搭乘网约车时遭遇的不测未能及时有效地得到客服的回应；从知名中介处租个房子遭遇价格哄抬和暴涨，咬牙住进去后又遭遇甲醛超标；非洲猪瘟疫情等隐患虽然暂未带来确实的事故，消费者却依然不免要琢磨，究竟能不能放心买肉呢？

这些问题的关键不在于违反法律。在现行法律和监管规则的框架内，不少令人反感的现象还不能说明显逾越了红线。但是这些问题必须解决，对生活类企业的商品或服务的不满意感、不信任感的积累，既侵蚀了普罗大众的生活幸福感，也积累起了民怨。倘若这些愤怒和火气最终在某个时点爆发，会如同岩浆与洪流裹卷企业甚至整个行业。

这些问题有的可以通过法律和监管来解决，比如中介公司提供的租房甲醛不超标，本该是和"餐馆食物的毒素含量不超标"一样天经地义的事情。若说此前法律规则对此还不够明确，那也是因为没想到中介还能如此突破底线。而规则细化后，甚至可以要求比照适用《消费者权益保护法》，把甲醛超标的租房服务视为欺诈销售

并施加惩罚性赔偿。

不过，法律的实施有一个过程，也有成本。我国仍然处于向市场经济的转型过程中，国人固有的"创造力"和"互联网+"带来的技术革新，让商业玩法也变得五花八门、超出想象，让立法者"打地鼠"、跟着跑，是低效的，而充分授权给监管者，又可能造成"一管就死"或选择性执法、寻租等弊端。

开放和维持市场竞争，是倒逼商品与服务质量的一个重要长效机制。然而，竞争是一个动态机制，不能做到立竿见影，劣质商家被市场竞争淘汰、被消费者"用脚投票"之前，可能已经有诸多消费者付出了血泪甚至生命。

故而，一个并非万能但万万不能没有的机制仍然值得强调，值得企业从上至下的经营者和职工们铭记，即社会责任。

企业社会责任常常被视为一个弹性的概念甚至是空洞的范畴，在实践中也有时被当作一个"筐"来包纳各种行为，如向灾区捐款，但企业社会责任最本质的内涵还是在于尽心尽力向客户提供优质的商品或服务。

具体而言，企业在生产经营时，不应以符合法律要求为满足，不应以千方百计达到监管标准设定的若干具体指标为目标，而罔顾其他。在法律规则暂不介入的场域，企业仍然应当以消费者福利为内核的社会利益作圭臬，来决定做什么事、不做什么事、怎么做事。

2010年，国际标准化组织（ISO）起草制定的社会责任指南ISO26000首次在全球范围内定义了社会责任，认为社会责任是"一个组织用透明、合乎道德规范的行为，对它的决策或者活动在社会和环境中产生的影响负责"，其性质是"对社会负责任的组织行为"。

除此之外，许多企业也针对自身特点，发展出独特的社会责任计划。正如 ISO26000 所表明的，一个企业，从来就不是生存在真空之中。在社会变化日新月异的今天，企业必须学会在与社会的交互中产生积极影响，解决实际问题，实现自身价值。

在一定程度上看，现代社会是一个"企业的社会"。推动人类社会进步的一项重要力量在于分工机制。通过分工，我们把诸多基本生活需求的实现方式托付给企业、托付给陌生人，而自己亦只为社会专注于一种事。

社会越进步、分工越细致、企业种类越纷繁、人类彼此之间的依赖度和所需要的信赖度也就越高。而信赖的丧失，会导致命运共同体的离心和瓦解。这种社会信心链条的搭建是物理性的、缓慢渐进的，但已有网络的崩坏却可能是化学性的侵蚀蔓延。

党的十八大以来，国家对企业社会责任越来越重视，中央领导多次提到国企责任、民企责任以及海外责任。国务院国资委、民政部等多个部委亦共同发力，推动企业履行社会责任。

也许对一些企业经营者而言，对他们重提企业责任，显得苍白而可笑，但这只是表明他们自愿把未来交付命运与法律。而对更多企业人来讲，相信企业责任，意味着相信自己的人生有释放真与善的机会，有为社会出力和尽责的机会。

（2018 年 9 月 7 日）

# 预算绩效管理，管好纳税人的"钱袋子"

叶 青

2018 年 9 月 25 日，中共中央、国务院印发的《关于全面实施预算绩效管理的意见》（以下简称《意见》）正式公布。这对全体纳税人来说，是一个不小的冲击。这些年来，财政收支规模不断扩大，财政绩效也需要不断提高。

在笔者看来，《意见》的公布具有以下特点：

一是《意见》出台的步骤非常紧凑。《意见》于 2018 年 7 月 6 日由中央全面深化改革委员会第三次会议审议通过。会议指出，全面实施预算绩效管理是政府治理方式的深刻变革。要牢固树立正确政绩观，创新预算管理方式，突出绩效导向，落实主体责任，通过全方位、全过程、全覆盖实施预算绩效管理，实现预算和绩效管理一体化，着力提高财政资源配置效率和使用效益。9 月 1 日《意见》完成出台，9 月 25 日就正式对外公布，前后只用了 80 天的时间，说明改革步伐加快。

二是《意见》的层级之高，前所未有。《意见》由中共中央、国务院联合公布，说明了顶层设计的层级是最高的。在此之前，各省级财政部门均出台了预算绩效管理办法，个别地区出台了相关地方性法规。绝大多数省级财政部门细化了预算绩效管理工作规范和操作细则。一些省份还将部门绩效考核结果与公务员绩效工资（奖金）直接挂钩，对资金使用绩效形成正向激励。这充分说明了，提高财政绩效，比扩大财政规模更重要。

三是预算绩效高不高，是全体纳税人极为关注的焦点问题。纳税人关心的不仅仅是钱花了多少，而且更加关心钱花的有没有效果。9 月 20 日，李克强在天津同出席 2018 年夏季达沃斯论坛的国际工商企业界代表对话交流。其中税负问题引起关注。他强调，政府要过紧日子，不能去为难企业，这样才能让人民过上好日子。可以说，财政收入是收进国库，还是"藏税于企"，都可以起到不同的效果。减税达到了发展经济的效果，也是好的办法。

四是随着经济的发展，财政收支规模越来越大，浪费一个百分点，就是一个巨大的数字。党的十八大以来，我国经济运行保持在合理区间，发展质量和效益不断提升，国家财政实力迈上新台阶。2017 年全国一般公共预算支出已超过 20 万亿元，加上政府性基金预算、国有资本经营预算，财政支出规模更加可观。提高预算绩效水平，管好用好财政资金，把钱用到刀刃上、花出效益来，这是各级财政部门和所有预算单位的基本职责所在。随着国家"钱袋子"越来越沉，财政部门的责任也越来越大。

五是财政绩效管理创新力度不断提高。《意见》内容分为八大部分、十八个方面，完整科学，不断创新。这是将改革开放以来的财政绩效管理的经验、教训与大国财政治理的目标有机地结合起来，达到了一个全新财政治理水平。

《意见》的主要创新体现在四个方面：拓展预算绩效管理实施对象；开展事前绩效评估；实施预算和绩效"双监控"；建立多层次绩效评价体系。

《意见》最主要的创新有以下几点：

引入第三方机构参与绩效评价。预算绩效是一种以支出结果为导向的预算管理模式。就是让取之于民的财政资金更好地用之于民，用得更有效率。《意见》要求，从"全方位、全过程、全覆盖"三个维度推动绩效管理全面实施。在建立全过程预算绩效管理链条方面，《意见》提到，"必要时可以引入第三方机构参与绩效评价"。

2016 年以来，财政部建立健全重点绩效评价常态机制，每年选择重点民生政策和重大专项支出，组织第三方机构开展绩效评价，截至目前已经对 100 多项政策和项目开展绩效评价，部分评价结果已应用于预算安排和政策调整。

实施预算收支和绩效"双监控"。《意见》把预算绩效管理体系划分为政府预算、部门和单位预算、政策和项目预算三个层级，同时把财政收入也纳入绩效考核范围，今后将对收支进行一个更加宽广、更加全面和更加严密的管理。

《意见》明确，力争用 3—5 年时间基本建成全方位、全过程、全覆盖的预算绩效管理体系，推动政府效能提升，加快实现国家治理体系和治理能力现代化。

（2018 年 9 月 26 日）

# 建立权威的信息披露机制，缓解知情焦虑

任　君

2018 年 10 月 28 日上午 10 时许，重庆万州区长江二桥上发生一起交通事故，一辆大巴车与一辆轿车相撞后，冲破护栏掉入长江。12 时许，有媒体采用未经证实的信源，将事故责任指向了穿高跟鞋的女司机。直到警方经过现场勘查、调取公交客车沿线监控视频之后，才为"女司机"洗清冤屈。

但那些胡乱泼在"女司机"身上的想象，以及因为这种想象造成的个体伤害，很难轻松祛除。很可能，没准儿在另外一个机缘巧合的时候，再度出来冒泡，带来新的次生灾害。

已有评论将矛头指向发布"女司机"逆行肇事的记者。事实上，在事故原因尚未调查清楚之时，匆匆忙忙就为事件定性，且所采用的还是"二手信息"，确实值得商榷。尽管事发之后，公众最为关心的确实是事故原因，但不能为了追求快而逾越边界。这也暴露出部分记者面对突发公共事件时经验的欠缺，以及行为的鲁莽。

即便从新闻专业主义的角度看，多信源交叉印证，谨慎求证，也是一名记者的基本素养。

事实上，根据新组建的应急管理部门工作职责，江面救援，属于应急管理，但大巴坠江前在桥面上的活动，仍属于交警职权范围。向记者提供信息的"万州区应急办"工作人员一是没有在第一

现场，即便其在第一现场，貌似也无权对外发布交通事故的原因。

透过这一事件可知，新组建的应急管理部门，与传统的交管部门，至少在权责边界以及衔接上，仍需要磨合。

同一个事件，来自官方的多个声音次第发出，且一再"翻转"，后一个否定前一个，未免让人困惑。

举凡应急管理涉及的内容，均属关系重大的紧迫之事，及时、准确的信息发布，与紧急、高效的救援，往往有着同等重要的意义和价值，绝非随口一说那么简单。

事发突然，很多信息尚不清晰，但越是混沌不清，越需要及时、准确的权威披露。不然，该说的部门不说，那也就只剩下自媒体在那里猜测或合理想象了。这显然是不合理的。及时公开信息，是政府的职责，也是公共管理的核心内容。

调查当然需要时间，做出结论也需要一个严谨的确认过程，这些均没有问题，但问题在于，也不能总是等。地方也好，部门也罢，应该按照国家相关规定，建立起通畅的信息发布机制。而当很多问题一旦出现跨部门的情形时，则应该构建一个权责明确、边界清晰的信息共享机制，打破各自的壁垒，让权威信息流动起来，让部门反应更快一些。

在本轮政府机构改革中，将多部门的应急处置合并归口到应急管理部门，从管理的角度讲，这样确实便于协调，但也面临着一个内部沟通的问题。如何让各部门的信息无障碍流通，如何构建权威的信息发布渠道，都是未来应该着重考虑的事情。

一场灾难，暴露出我们在应急管理上的诸多问题。而这些制度性的问题，一旦与自媒体追求流量的惯性合流，则必然会放大问题，也会给公共安全治理增加障碍。而当全社会都将注意力集中到

"女司机"，并欢乐地去扒"女司机那些事"的时候，这起灾难实际上已经在舆论场上变味了。

何以至此？何必至此！公共治理不能成为流量的奴隶，也不能被权力机构的低效运行所迟滞。当务之急，仍在于迅速建立起权威、便捷的信息披露机制，以彻底缓解社会公众的知情焦虑。

（2018 年 10 月 31 日）

# 公共服务标准化，让办事像点菜一样简单

马 亮

去过麦当劳的人都知道，尽管你在全球每个地方吃到的麦当劳各有特色，但是享受的服务几乎是无差别的。那么，政府能否从这些连锁企业的经营之道中取经，让人们都享受到标准化的公共服务呢？

近日，中共中央办公厅、国务院办公厅印发《关于建立健全基本公共服务标准体系的指导意见》，提出要建立健全基本公共服务标准体系，以标准化促进基本公共服务均等化、普惠化和便捷化。《指导意见》提出了标准化的发展目标，并在许多方面规定了标准化的具体举措。

首先，文件指出要明确中央与地方提供基本公共服务的质量水平和支出责任，规范中央与地方支出责任分担方式，这为标准落地提供了制度保障。标准化是推动基本公共服务均等化切实落地的关键所在，因为没有标准就没有发言权，也就无法对基本公共服务提供的数量和质量进行追踪评价。但是，如果仍然是像过去一样"中央发文，地方买单"，那么就会令标准体系流于形式，甚至会令政府信誉大受折损。

明确中央和地方的责任分担方式，使基本公共服务的提供方式和资金来源得到保障，可以使其足质保量地得以提供，而不是成为

一张"空头支票"。比如，一直以来各级政府在教育领域的财政投入都未能达到法定占 GDP 的 4%的标准，同基层负担的教育财政支出责任过重有很大关系。

与此同时，中央和地方在提供和保障不同公共服务方面各有优势，明确央地责任分担方式，有利于发挥中央和地方政府各自的优势。地方政府最了解当地民众的需求，在识别民众需求和提供定制服务方面有明显优势。相对来说，中央政府擅长统筹跨地区和跨部门公共服务的可及性，但对基层公共服务则鞭长莫及。所以，要同时发挥中央和地方的两个积极性，使基本公共服务得到保质保量的提供。

其次，文件指出要推进城乡和区域基本公共服务制度统一，并促进各地区和各部门基本公共服务质量水平的有效衔接。党的十九大报告指出，中国社会的主要矛盾已经转化为人民日益增长的美好生活需要和不平衡不充分的发展之间存在的矛盾。在不均衡不充分的发展方面，最明显的表现就是基本公共服务的城乡差距和地区间差别。特别是在教育、医疗、养老、就业等关键领域，服务标准缺失或不统一的问题尤为凸显。

文件提出要建立健全国家、行业、地方和基层服务机构这四个层面的基本公共服务标准体系，为明晰跨部门、跨地区和城乡之间的基本公共服务均等化提供了制度保障。这将为人口自由流动和优化人才配置提供必要的制度基础，因为目前许多跨地区的人口流动都同基本公共服务不均等有很大关系。但是，推进标准化要有一个循序渐进的过程，可以考虑从地方标准和行业标准着手开始，逐步实现全国标准的统一。

例如，上海自贸区作为中国政务改革的浦东样本，就为全国性推广提供了许多可行性经验。目前，浦东全区 327 项涉企审批事项

全部实现"一网通办"和"最多跑一次",其中"不见面审批"达到53%,实际办理时间比法定时限压缩了85%。基于上海的"放管服"改革经验,2018年9月12日的国务院常务会议规定,从2018年11月10日起,在全国对第一批上百项涉企行政审批事项推进"照后减证",对不必要设定审批、市场机制能够有效调节、可由行业自律管理的事项直接取消审批或改为备案。

此外,要使基本公共服务标准具体化和可操作,而不是空泛和难以贯彻落实。每类基本公共服务都是一个分门别类的专业,要以专业视角对其标准化。要针对每类基本公共服务和每种目标群体制定具体可行的标准体系,使之逐步达到专业水准。

举凡发达国家的医疗护理、基础教育等公共服务,往往有数百页的标准操作流程指南。这不仅有利于基本公共服务人员的专业培训,也为老百姓监督和问责提供了准绳。当然,标准手册不是用来束之高阁的,而应使其真正用于基本公共服务的提供和监督,切实发挥其引导和规范的作用。

最后,要确保全国基本公共服务一号通,即通过身份证或其他证明实现人人都可以无门槛地享受基本公共服务。不应为基本公共服务的享受人为设定带有身份歧视色彩的门槛,避免弱势群体受到制度性歧视。比如,对居民提出不必要的各种身份证明,就会将一些弱势群体拒之门外。他们往往因为自身条件而无法提供此类身份证明,而他们恰恰又是最需要获得基本公共服务的目标群体。

因此,应推进"互联网＋政务服务"改革,通过信息技术创新特别是数据共享,使居民接受的各类公共服务是普惠和无差别的。

(2018 年 12 月 21 日)

# 英雄不问出处，负面清单带来的机遇与挑战

陈　升

"英雄各有见，何必问出处。"

英雄不问出处，是公平的要义。2018 年 12 月 25 日，国家发改委、商务部联合发布《市场准入负面清单（2018 年版）》。这标志着我国全面实施市场准入负面清单制度，负面清单以外的行业、领域、业务等，各类市场主体皆可依法平等进入。

负面清单这一概念，最初应用在国际投资谈判过程中。简言之，正面清单是"允许才能干"，负面清单是"没禁止就能干"。

"一网打尽、一单列尽"，既清晰表明了市场准入的"红线"所在，又明确给市场主体点亮了"交通灯"。

市场准入负面清单"非禁即入"的理念背后，体现的是公平原则。在清单面前，实现"人人平等"，清单外领域，做到"英雄不问出处"，这显然是政府管理方式和理念的重大变革。

党的十九大报告中，"负面清单"出现两次：全面实施市场准入负面清单制度，清理废除妨碍统一市场和公平竞争的各种规定和做法，支持民营企业发展，激发各类市场主体活力；实行高水平的贸易和投资自由化便利化政策，全面实行准入前国民待遇加负面清单管理制度，大幅度放宽市场准入，扩大服务业对外开放，保护外商投资合法权益。

2018 年 10 月 22 日召开的国务院常务会议指出：2018 年年底前修订完成并全面实施新版市场准入负面清单，推动"非禁即入"普遍落实。2019 年 3 月底前全面清理取消外商投资准入负面清单以外对外资设置的准入限制，实现内外资准入标准一致。

中国全面实施市场准入负面清单的时代，业已开启。这一重大制度创新，有利于发挥市场在资源配置中的决定性作用，真正实现"非禁即入"，有利于激发市场主体活力，有利于政府加强事中事后监管，推进国家治理体系和治理能力现代化。同时，也对中国政府治理带来了新的挑战，这也是市场准入负面清单制度推行的难点和痛点所在。

## 难点之一：政府管理理念要从以审批为主 向服务为主转变

市场准入负面清单以前，政府对市场主体的市场准入管理主要通过正面引导，如分为鼓励、限制、禁止等三类，对市场主体投资行为施以区别性的引导政策。而对于大量存在既不鼓励，又不禁止、限制的事项，政府是通过一系列前置审批加以把关。整个市场准入管理极大地依赖于政府的前置审批。而各级政府也习惯于各种事前审批，尤其热衷于具体事务的审批，实际上也导致了政府在市场准入方面管得过宽。

市场准入负面清单实施以后，国务院以清单方式明确列出禁止和许可投资经营的行业、领域、业务等，对于禁止类事项，政府不再审批，只有对限制类事项的市场准入，政府才可以进行审批式准入。而大量的清单以外的事项，将完全交由市场自主决策，各类市场主体皆可依法平等进入，政府不再进行前置审批。

这意味着，政府将从大量的具体层面的前置审批中解放出来，"腾出手来"服务市场、监管市场。因此，政府工作重心也应该相应地从事前的审批向事中、事后的监管和服务转变，这将对部门习以为常的工作方式带来巨大冲击。

在市场准入负面清单制度下，要深化"放管服"改革。政府加快管理理念转变，简政放权、放管结合、优化服务。具体而言，各部门需要"松开手"，在市场准入负面清单已经放开的业务、领域，市场主体进入时不再审批。

还应"放到位"，做到负面清单以外的事项由市场主体依法自主决定，企业的守法投资经营行为也一定不要去干扰。不设立对非公有制经济各种形式的不合理规定，不通过各种隐性的壁垒，阻碍符合条件的企业依法进入自然垄断、特许经营领域。

同时，为了适应政府工作重心的转移，各级政府部门的人员配置、职能设计都要向事中、事后监管工作倾斜。

## 难点之二：制度运行对政府事中事后监管能力提升提出了更高要求

传统监管方式所依赖的手段将发生重大变化，一旦事中事后监管承接不上，或承接力度不够，都会造成政府监管上的空白。过去监管是依赖审批制度和年检制度，现在取消审批权，政府管理部门也就失去了传统监管的手段，监管难度更大，对政府要求更高。

特别地，市场形势千变万化，新产品、新技术、新业态层出不穷。其中不乏一些可能涉及重大公共利益的产品、技术或业态，市场准入负面清单的动态调整不可能完全跟住市场变化的形式。这就造成了一种可能：一些具有发生重大关乎公共利益危害潜力的行业、领域、业务裸露在清单之外。由于政府不再前置审批，事中、事后的及时有效的监管就显得十分重要。这是一次对政府监管范围能否覆盖、监管能力能否跟上的重大挑战。

在市场准入负面清单制度下，要加快构建法律约束、行政监督、行业规范、公众参与和企业诚信自律有机结合的监管格局。对于政府部门缺乏相应监管能力、专业性较强的领域，各级政府部门应该加强与行业协会、社会专业组织的合作，发挥行业协会、社会专业组织在行业内部监督和专业监督的特殊优势。

## 难点之三：需要尽快完善中国社会信用 体系建设以支撑制度运行

对于市场准入突然放开大量市场领域的准入，在部分领域市场主体可能反应过激，也可能为不法经营的市场主体提供制度漏洞。由于政府对清单以外领域不再前置审批，由核准制改为备案制，而告知性备案、准入信息公示制度的运作极大地依赖于社会信用体系的完善，否则信用采集不准确，信用信息不公开、不共享等问题都将制约制度运行的成效。

例如，在特定的市场领域，工商管理部门、行业主管部门、银行对企业信用信息的掌握不完全对称，那么不法经营的市场主体将会有漏洞可钻。

对于各级政府部门而言，特别要做到信息共享、工作联动。要健全社会信用体系，完善企业信用信息公示系统，以便各类监督主体及时跟踪。将市场主体信用记录纳入"信用中国"网站和全国统一的信用信息平台，各级政府部门根据市场主体信用状况实行分类、动态管理，对守信主体予以支持和激励，对失信主体在投融资、土地供应、招投标、财政性资金安排等方面依法依规予以限制。

还应将严重违反市场竞争原则、扰乱市场经济秩序和侵犯消费者、劳动者、其他经营者合法权益的市场主体列入"黑名单"，对严重违法失信者依法实行市场禁入。

（2019 年 1 月 7 日）

# 政务新媒体须注意三大"要害"

邹振东

2018 年岁末，国务院办公厅发布的《关于推进政务新媒体健康有序发展的意见》（国办发〔2018〕123 号）批评指出：

一些政务新媒体还存在功能定位不清晰、信息发布不严谨、建设运维不规范、监督管理不到位等突出问题，"僵尸""睡眠""雷人雷语""不互动无服务"等现象时有发生，对政府形象和公信力造成不良影响。

如何改变这个现象？

如何实现国务院提出的努力建设利企便民、亮点纷呈、人民满意的"指尖上的网上政府"？政务新媒体首先必须解决两个问题。第一个问题是搞清楚主体，第二个问题是弄明白对象。

## 一、搞清楚主体——生活中的强者，就是舆论中的弱者

搞清楚主体，就是要认识清楚自己在舆论世界的地位。

拙著《弱传播——舆论世界的哲学》提出弱传播理论，其中舆论的弱定理指出：生活中的强势群体，就是舆论中的弱势群体。

我们生活在两个世界，舆论世界的强弱与现实世界的强弱刚好倒置。从实体的政府，转变为"指尖上的网上政府"，最大的变化就是从一个强世界（现实世界）进入到一个弱世界（舆论世界）。政务新媒体首当其冲，必须过好这种强弱转换关。

国务院批评的"僵尸""睡眠""雷人雷语""不互动无服务"等现象，根子就在于一些政务新媒体没有搞清楚舆论的主体是什么，没有意识到进入舆论这个弱世界地位发生了改变，继续以强者地位自居，以强者身份出现，以强势腔调表达，以强势行为传播，最后在舆论的围剿中遍体鳞伤。

在舆论世界里，强弱是最重要的属性与最核心的关系，所有的属性与关系都可以转换为强弱的属性与关系。舆论世界存在着一种天然向弱势群体倾斜的"自由倾斜定律"。生活中的强势群体一定要学会与弱势群体相链接，而且这个链接线越密越好。

政务新媒体，在发布每一个信息（新闻）时，请自动检测一下：领导的名字是不是出得比群众多？领导的言行有没有与弱势群体相链接？政府的举措跟民众什么关系？你的表达网民是不是喜闻乐见？

## 二、弄明白对象——舆论的性别：女

搞清楚主体后，政务新媒体要弄明白自己打交道的对象——舆论，它有什么个性？

看过一个段子，说的是网民都把政府当男朋友。经典的台词就五句话：1.你怎么都不管我？ 2.要你管我？！ 3.你给我个解释！ 4.你

不要解释，我不听，我不听，你说的都是骗人的！ 5.看看人家的男朋友……

政府不要觉得委屈，舆论的性别就是女。舆论善良，敏感，同情弱者，富有正义感，更具情绪性，爱哭爱笑爱八卦，爱打听小道消息……这都和很多女生的特点相一致。

用舆论的性别来讨论舆论的特点，只是为了更方便地解释舆论的世界。如果一个舆论现象没有任何现成的理论或定律可以解释，不妨就按照对女性的理解进行分析；如果一个舆论事件没有任何案例或模式可以借鉴，也不妨按照与女性打交道的逻辑进行推演。

这就是讨论舆论性别的意义所在。

舆论的脾气跟女生一模一样。绝大部分的舆论危机处理，都是在"在乎"这个问题上栽了跟头。我们看到的往往是领导的就事论事，各部门的按部就班，听到的都是辩解、推卸与解释，全是一句句的道理，翻译成一句话就是与我无关，都是当事人活该。道理一箩筐，就是没有对生命的珍视，对死难的哀痛，对受害者的同情，对责任的歉疚。如果只知道一遍遍地讲道理，哪怕是真的道理在自己的一方，不懂得走到当事人身边，握着他们的手，看着他们的眼睛，表达对对方的在乎，不懂得按下在乎的确认键，舆论也会让你"宕机"。

政务新媒体，要熟悉舆论的脾气，要表达对舆论的在乎。"僵尸""睡眠""雷人雷语""不互动无服务"，所有的指向都是这三个字：不在乎。如果你在乎民众的感受，你就不会睡着，就不会无视，就不会出现权力的傲慢。

# 三、抓得住规律——学习"金字塔"规律

现实世界是一个金字塔世界，无论是权力、名誉、利益、资源还是创造力，运动的方向都是往金字塔尖走。最有权力的、最有财富的、最有名气的、最有创造力的都在金字塔尖。顶级大学就那么几个，诺贝尔奖、奥斯卡奖、奥运会冠军也屈指可数。

可是舆论世界作为现实世界的反映，它像水中的倒影一样，是现实世界的反世界。舆论就是表达，表达就需要争取认同，认同的人数越多力量越大，舆论运动的方向就必须朝金字塔的底边走。越往底层，认同的基数就越大。

政务新媒体，进入舆论的世界，就必须把自己的服务方向与传播方向往金字塔的底边走，就必须学习与懂得弱传播。

由此，应该高度评价国务院办公厅发布的《关于推进政务新媒体健康有序发展的意见》，这是一个推动政府部门更勇敢、更主动地进入舆论世界的文件，是一个推动政府部门更积极、更自觉地争取舆论认同的文件，因此，这是一个具有里程碑意义的文件，如果意见切实执行，对中国舆论场的建设，将是一个巨大的进步。

（2019 年 1 月 4 日）

# 2018：政策热点中的改革逻辑

任冠青

2018 年，是中国改革开放 40 周年，也是贯彻党的十九大精神的开局之年。面对愈加纷繁复杂的大棋局，如何在改革"不惑之年"迈出新的步伐，变得尤为重要。

"以数千年大历史观之，变革和开放总体上是中国的历史常态。"习近平总书记在庆祝改革开放 40 周年大会上的讲话，为中国进一步改革指明了方向。李克强总理指出，要坚持全面深化改革，着力转变政府职能，勇于自我革命，进一步激发市场活力。

个税新政、营商环境改善、放管服改革、市场准入负面清单再升级……2018 年的这些政策热点，无一不在谱写着中国改革的路线图。而优先解决哪些问题，以何种方式解决这些问题，则关系到新时代中国改革的方法论。

为此，凤凰网政能亮特别对 2018 年的政策热点进行了"小数据"分析，试图从中央所关心、挂念的问题之中，读懂中国深化改革的逻辑与章法。

# 一、"盯"出来的营商环境

一年时间，国际名次提升 32 位。2018 年，世界银行一口气将对中国营商环境的评价从 2017 年的第 78 位提升至第 46 位。

而在这组数据背后，则是中央对营商环境贯穿一整年的持续性关注。

在首届进博会、民营企业座谈会以及中央经济工作会议等重要场合，中央多次定调：营商环境只有更好，没有最好。

对此，国务院的具体部署也彰显出十足的决心：在全年 38 次国务院常务会议（以下简称国常会）中，有 13 次会议涉及营商环境的改善。

在某种程度上，打造良好的营商环境，就是要降低制度性交易成本，从存量中谋求增量。关于如何处理政府与市场关系的经典问题，中央在营商环境上的探索意味着新的尝试。

正如著名经济学家罗纳德·科斯在《变革中国》中所说：从本质上而言，地方政府所做的，是提供一种组织服务，即让所有的生产要素组织起来，更好地为企业所用。

凤凰网政能亮发现，相较于"有所为"，中央在"造环境"的问题上首先做的是引导地方政府学会简政放权、"有所不为"。

2018 年的简政放权，可以用"减"和"降"两个字来概括。这项改革背后的逻辑，就是进一步厘清政府与市场的关系，让企业成为真正的市场主体。

其中，"减"主要包括缩减流程、精简事项和压减时间，极大缩减了"无谓"事务的存在。人们不必再提供"你妈是你妈"等奇

莅证明，对企业类事务也主要由事前审批转变为事后监管。"降"则主要包括降费和降税，为企业提供更多的"呼吸"空间。

而面对政策落地后的相关问题，政府也体现出了积极应变、不断"迭代"的特点。以"双随机、一公开"为例，从 2015 年国务院首次下发通知，到 2018 年要求全面推行"双随机、一公开"市场监管方式，这一机制不断调试，完成了从"基础版""通用版"到"可推广版"的演变。这一方法论，解决的是把握改革时机与审慎落实政策之间的矛盾。

在改革开放进程中，如何处理顶层设计与"摸着石头过河"的关系，一直是一项重要议题。在营商环境改善问题上，"摸着石头过河"的经典经验焕发出了新的生机。

比如，先行先试的上海自贸区，正逐渐为全国其他地区提供一套切实可行的可复制经验。2018 年有媒体报道：上海自贸区挂牌仅仅三年便吸引了超过 4 万家企业前来注册——这一数字是挂牌前 20 多年的总和。中央也要求上海市认真落实改革方案，用一年时间形成更多可复制的经验。改革成果的传导机制，变得更加注重效率。

正如世界银行官员在评价中国进步时所说："宣布一项改革并不意味着营商环境就改善了，只有当改革真正落到实处，才可以称之为优化营商环境。"


## 二、民营企业：在不确定中创造确定性

2018 年，我国经济发展的不确定性明显上升，下行压力有所

加大，国际环境也为经济发展带来新的挑战。

而随着一些民企资金链出现状况，部分民企不得不向国企寻求"庇护"，一时间，"民营经济离场论"等说法甚嚣尘上。2018 年 11 月，中央特别召开了民营企业座谈会，再次强调非公有制经济的地位和作用，让民营企业吃下定心丸。

正如政能亮专栏文章中所说的：审视改革开放以来的伟大成就，最为根本的一大因素就是通过思想解放，让经济社会主体感受到改革开放政策的稳定性和可持续性。

无论是在税收、经济贡献、技术创新还是解决就业问题上，民营经济都不可或缺。可是，对于民营企业的定位，除了事实上的客观认定，仍需思想的坚定认知。熟知"皇甫平系列评论"的人都明白，当年为非公有制经济正名、达成基础性共识实属不易。因此，在当前经济形势下，这样的重申及时且必要。

凤凰网政能亮注意到，在帮助民营企业渡难关的过程中，中央采取的是针对痛点、持续发力的方式。这一做法，在证明此项议题的关键性意义之外，也反映了政府将新发展理念落实到现实之中的实干精神。其中，解决中小企业融资难、融资贵的问题就成为 2018 年政府工作的重点。

"我今年特别关心一件事，就是着力解决小微企业融资难、融资贵的问题。"在 2018 年 3 月 28 日的国常会上，李克强总理六次提及降低小微企业融资成本。在 11 月 29 日考察江苏时，总理也是一下飞机就直奔一家专注服务小微企业的银行，关注小微企业融资难、融资贵的难题。2018 年，国常会七次为融资问题设立专门议题，远超 2016 年（一次）和 2017 年（两次）。

关于融资难问题，与前两年较为概括性的政策不同，2018 年

中央的要求更为具体，涉及部门权责清晰，也更加具备可操作性。

具体来讲，这些政策主要集中在设立担保基金、降利率、提额度和监管激励四个方面。这四项措施的落实，特别照顾到了中小企业，在一定程度上解决了市场公平性和民营企业"强者愈强"的双重难题。

值得注意的是，2018年设立国家融资担保基金的举措，改变了以往将担子全部加诸金融机构和地方政府的状况。就像黄益平等经济学家所说，金融机构多遵循市场规律。一些金融机构倾向于贷款给国企和大型企业，是由于缺乏完善的征信系统来判断中小企业的融资风险。推动金融支持实体经济，前提应当是维持金融市场的稳定，而政府则应负担支持中小企业的成本。

可以看出，从减税降费到解决中小企业融资难问题，中央的政策指向较为一致：都是在不确定性增强的大环境中，为民营企业的发展提供必要的确定性。

这样的确定性，既体现在树立信心、政策稳妥落实上，又应在制度上消除民营企业的不安全感。

## 三、兜底民生：坚守改革初心

"民心是最大的政治"，如果民众的获得感不强，改革就不能称之为成功。2018年，中央关于民生领域的政策部署仍旧居于显著地位。纵观2018年国常会的97项议题，民生问题仍然占比最高。2016年、2017年、2018年，民生问题的占比分别为24.7%、23.6%和24.7%。

医疗、就业、住房、教育……中央对基本民生保障议题非常关注，这种"接地气"的议程设置也反映了民生问题的政策指向：保基本、兜底线、促公平。

其中，抗癌药品降价可谓标注了2018年民生政策的一个高光时刻。

在2018年两会记者会上，李克强总理就说道："以习近平同志为核心的党中央对脱贫攻坚高度重视，对打赢这场攻坚战向全社会作出承诺。在贫困人口当中，很多是因为大病致贫，或大病返贫。所以我们要在巩固基本医保的基础上，把治大病的问题作为重点来抓。"

2018年4月，中央政府确立从5月1日起，实际进口的全部抗癌药实现零关税，并要求层层压减进口抗癌药品价格。6月，中央继续出台政策，确保抗癌药不会"税降了价不降"。7月，针对电影《我不是药神》引发的因病致贫问题讨论，中央政府也要求有关部门加快落实抗癌药降价保供等相关措施。

中央这种接地气、正视真问题、甚至有些"死磕"的态度，让问题得以缓解。药品价格真正降低了：2018年10月10日，抗癌药医保准入专项谈判落幕，药品价格平均降幅达56.7%。审批速度也加快了：九价人乳头瘤病毒（HPV）八天即获审批上市，与此前二价HPV疫苗十年才获批上市的历史形成天壤之别。

2018年，吉林长春长生问题疫苗案件，也再次彰显了"健康中国"战略目标的必要性和紧迫性。案件发生后，中央高度重视，更是在8月的中共中央政治局常务委员会会议上，听取关于问题疫苗案件的相关汇报。

而此次的问责工作，也展现了前所未有的处罚力度。正如政能

亮专栏文章所说：一个好的政府故事，一定是有行动的故事。而且这个故事，一定要与弱势群体相连接，让恐慌不在，让信任可期。

中国发展所具有的韧性，既是基于坚持改革开放的决心和定力，又是源自审时度势、积极应变的改革方法论。而在改革途中，没有一条既有路径应当被完全依赖。

纵观 2018 年的中央热点政策，新时代的改革方法论渐次明晰，那就是在落实上重点突破、持续发力，在改革试验上坚持"摸着石头过河"和顶层设计的有机统一，在不确定性增强的情况下为市场主体提供确定性，在民生议题上坚持兜底保障、坚守改革初心。

（2019 年 1 月 7 日）

# 迁址副中心，"首都之问"的破题先手启动

王　伟

2019 年 1 月 11 日，随着北京市级行政中心正式迁入通州副中心，北京城市发展迎来划时代的变革，也意味着"首都之问"的破题之作得到有力执行。

党的十八大以来，习近平总书记提出了"建设一个什么样的首都、怎样建设首都"的重大时代课题，并做出一系列促进首都城市可持续发展的重要指示，在这一过程中北京城市新的蓝图方略也逐渐清晰。

进入二十一世纪以来，北京的城市规模快速扩张，人口大增，产业大盛，全球城市影响力不断提升，然而繁荣背后，居住购房成本激增、交通拥堵日益严重、环境健康品质恶化等"城市病"让这座世界历史名城的运行重负与日俱增，形势堪忧。对此，通过明确"政治中心、文化中心、国际交往中心、科技创新中心"四大首都核心功能划出底线，为牢牢把握、科学处理"都"与"城"、"舍"与"得"关系提供决策准则，接着下出"通州副中心、雄安新区、京津冀一体化"的连环棋，最终实现一方面破解首都过载的难题，另一方面推动京津冀区域命运共同体的共生共赢。

中央城市工作会议曾提出六项原则，其中第一条便是"尊重城市发展规律"。而在众多城市发展规律中，城市功能以及围绕其所

形成的城市空间结构，对一座城市的发展起着最为基础性的决定作用。而众多城市功能之中，行政职能是非常关键的，尤其在中国，市级政府行政机构的布局常常会决定一座城市的中心结构、交通结构以及围绕它运转的一系列体系结构，对其进行布局调整会对整个城市的发展带来重大的开发引导作用、要素牵引作用与信心导向作用，整座城市的空间结构将逐渐得以改变。随着北京市级行政中心正式迁入通州副中心，北京中心城功能过度集聚的局面将得以缓解，长期以来追求的打破单中心实现多中心发展的目标有望逐步实现。与此同时，正式迁入之后，必将大大拓展北京东向战略空间，辐射带动京津发展轴的各类要素吸引集聚，实现京津双核高效互动，将大大加速盘活整个京津冀区域的发展活力。

纵览国际经验，一些著名的世界城市如伦敦的卫星城建设、东京的新宿副都心、临海副中心、巴黎的拉德芳斯等都是这些城市采取的一种多中心城市区域发展模式，而巴西利亚（巴西）、马恩拉瓦莱（法国）、世宗（韩国）等则是三个在不同时期规划建设的行政中心来承接部分或全部行政功能。

通过对这些国外案例的观察，可发现成功规划建设城市副中心并非易事。许多城市副中心的建设时间长达二三十年以上，投资巨大。伦敦新城建设投资较大，但对疏散伦敦市区人口的作用却不够显著。韩国世宗市，因搬迁机构有限，难以形成规模集聚效应，增加了行政办公的交易成本，降低了行政效率。这些前车之鉴，都是我们应该避免的。

能够做出并践行北京市级行政中心迁入通州副中心的决定，需非常之魄力，而运行管理好未来的副中心，还需有非常之智慧。

未来通州副中心的发展要对一些问题保持高度关注，如：1.副中心与外部系统的关系处理。与主城的关系，要避免之前"摊大饼"的城市发展方式，积极推动和实现产城平衡，避免"卧城化"发展，减少与中心城区的人口潮汐式流动；与周边廊坊北三县以及天津西部区县的关系，要谋划建立共生共赢的长效机制；与雄安新区的关系，要能形成错位互补；2. 副中心内部的城乡关系统筹。城乡公共服务均等化、中心区与外围镇村的发展利益共享平衡等；3. 交通系统组织运行要高度关注。随着市级行政中心的迁入，交通出行需求必将大增，同时结合笔者对副中心交通政务成本的预测研究，发现政务交通成本有明显增加，为此要制订妥善方案与预案；4. 社会保障民生服务需要跟上。副中心的建设对通州这一地区的发展某种意义上是一种巨大的瞬间冲击性变量，因此要做好各种服务，构筑强力韧性的支撑网络；5. 构建一流城市治理水平。作为新时代中国城市的典范之城，副中心逐渐从建设状态转入管理状态，必须牢固树立起以人为本的理念，精细化、科学化、智能化的城市治理机制，营造良好的城市软环境；6. 建设智能监测平台，定期体检评估。运用 5G 技术，加强 ICT 基础设施建设，建立起能感知、互联化、智能化的平台，实时监测、科学体检，为副中心保驾护航。

唯有全方位努力，通州副中心方能达到"规划、建设、管理都要坚持高起点、高标准、高水平，落实世界眼光、国际标准、中国特色、高点定位"的要求。

（2019 年 1 月 12 日）

# 政能亮报告：地方财政公开十年"体检"

### 邓淑莲

从 2009 年到 2018 年，中国地方政府变得更"透明"了吗？

近几年，无论是党的十九大报告中关于"加快建立现代财政制度"的要求，还是中央对"公开为原则，不公开为例外"的多次重申，都在快速推进着地方政府工作的透明化。

而财政预算信息作为政府信息中最为敏感也最为核心的内容，常常是表现地方政府透明度的"风向标"。这其中，公开哪些内容，不公开哪些内容，哪些内容是财政公开的死角和"天花板"，常常微妙地体现着地方政府的诸多考量。

2008 年，中国开启了财政信息公开的制度化快速推进时期。如今，这一制度化建设进程已逾十年。这十年，发展如何？

上海财经大学"财政透明度"课题组通过对我国省级财政透明度的追踪调查，总结了地方政府财政公开的十年"体检报告"。

## 一、省级财政排名"过山车"

从省级财政透明度总体情况看，2009—2018 年，全国 31 个省级政府财政透明度百分制平均得分从 21.71 分攀升到 53.49 分，十年翻了一番多，成绩令人瞩目。

从省级政府部门的公开情况看，公开调查信息的部门总数和部门财政透明度平均得分在十年间均呈明显上升趋势。

尽管如此，我国省级财政预算透明度的整体水平依然不高。从调查的情况看，即使是得分最高的 2018 年，省级财政透明度整体平均得分也未能及格，仅有 53.49 分，部门财政透明度最高得分也还不到 50 分，这说明有一半左右的调查信息没有公开。

从调查情况看，省级政府财政透明度年度排名变化较大，呈现不稳定态势。例如，宁夏回族自治区在 2010 年排名倒数第一，而在 2016 年排名则跃升为第一名。

再如海南省，在 2013 年的省级财政透明度评估中表现得特别突出，获得了 77.70 的高分，排名第一，是十年来各省年度得分中的最高纪录，但 2009 年它在 31 个省份排名中仅位列倒数第四位。

这种"过山车"式的排名变化，一方面表明省级政府间在不断竞争，另一方面也表明地方政府在财政信息公开方面的随意性。在课题组申请的信息大部分都存在的情况下，公开哪些信息和不公开哪些信息完全可以视其偏好随意操作，缺乏统一的规范标准，更与一个省的经济发展水平等因素无关。

## 二、说不清道不明的"其他支出"

我们发现，在省级财政预算中，各类预算中都设置数额巨大的"其他支出"科目。而对于这些"其他支出"，地方政府并未明细说

明，却占比重较大。据统计，这些资金占该类总支出的比重高达40%以上，有的甚至达到90%。

按国际惯例，"其他支出"应该是政府支出中占比较少的部分，但在我国政府的预决算中却大量存在。这些说不清道不明的"其他支出"，极大影响了政府财政信息的透明度。

同样地，目前财政信息公开仍然不够全面。按照《政府信息公开条例》，项目组调查的信息都为可公开信息，但每年获得的信息占所调查信息的比例较低，范围在20%—60%之间，将近60%—80%的调查信息不可获得。

其中，有一种情况较为凸显：财政专户储存资金和政府的资产负债信息没有完全公开，透明度差。也就是说，社会保险基金、养老保险基金以及地方政府资产负债情况，是地方政府财政公开信息最不透明的内容之一。而这些信息，却是最关乎民生、社会最为关注的话题之一。

此外，地方政府公开信息缺乏详细性，常常让人看得到却看不懂。

详细性是信息公开的另一重要原则，意味着公开的信息要具体、细化，以便公众及其代表理解政府的活动及其收支情况。

如果公开的财政信息不详细，即使公开的信息符合完整性，公众及其代表也无法读懂政府的预决算及其他财政信息，更无法监督和约束政府的行为。

但是从我们对省级政府财政信息公开情况的调查结果看，详细具体的财政信息透明度较差。我们发现，几乎每类信息中，越详细的信息得分越低，越具体的项目越不透明。信息公开了，却让人看不懂，也就使得信息的意义大打折扣。

## 三、建立统一政府预算管理部门，让地方 政府财政更加"健康"

我国地方财政预算透明度较低，主要原因还是在于财政信息公开制度的障碍。

首先，新《预算法》对财政信息公开的规定笼统，给行政部门留有较大的操作空间。例如，法律没有细化预算公开的内容，政府部门缺乏提供详细报告的动力，法律规定为政府部门留有较大的自由裁量权。

其次，《保密法》的某些规定不利于财政预算信息的公开透明。例如，政府信息公开缺乏清晰、详细的保密范围，定密权没有回归立法机构，公开到什么程度完全由行政部门说了算。因此，为进一步提高我国财政透明度，必须针对这些制度性障碍进行改革。

此外，还需要进一步推进预算改革，以消除预算管理制度不合理对形成透明财政预算形成的阻碍。

我国的预算改革，除了应当建立强有力的预算外部控制，即立法机构和公众的控制和监督，还应当建立强有力的政府内部控制机制，其中，设立统一的政府预算管理部门是当务之急。

行政部门内部预算管理碎片化严重损害公共资金的统一性和完整性。世界上发达国家的预算管理模式，基本上都遵循决策权、执行权和审计评估监督权力分离制衡原则，形成慢决策、快执行的预算管理特点。

针对我国政府内部预算管理碎片化，预算执行内耗高、效率

低，并由此阻碍预算透明的问题，应建立政府内部统一的预算管理机构，消除预算管理中的碎片化，为财政透明度的进一步提高扫清障碍。

（2019 年 1 月 18 日）

# 对民众的"扎心话"要有包容心

任 君

"即使一些意见和批评有偏差，甚至不正确，也要多一些包容、多一些宽容，坚持不抓辫子、不扣帽子、不打棍子。人不是神仙，提意见、提批评不能要求百分之百正确。"习近平总书记曾这样强调。

这种态度，传递给社会公众一个积极的信号：不要回避困难和问题，也不要害怕群众的意见和批评"有偏差""不正确"，政府一定要秉持开放思维，广泛听取、吸纳各种意见。

2019年1月15日，李克强总理主持召开座谈会，听取专家学者和企业界人士对《政府工作报告（征求意见稿）》的意见建议。其间有企业家发表看法时，总理当即回应："不管是'刺耳'的话，甚至'扎心'的话都没关系，请敞开来讲。"

李克强总理随后又指出，"必须允许人民群众和市场主体'抱怨'。至于说的话'刺耳'，政府不仅要让大家'讲'，而且要认真'听'。讲得对就要调整政策，讲得不对也要认真解释，这样才能齐心协力凝聚最大共识，调动方方面面的积极性"。

浅而言之，多倾听他人意见，多了解民生疾苦，多体察市场感受，确实有助于改进工作。这是因为，政府行政或者出于提高效率的考虑，或者因为身在其中，囿于视野所及，往往容易出现某种自

我遮蔽现象。这就需要民众和市场主体及时发声。

而不管是面对面的座谈会，还是线上的诉求表达，最终的目标是一致的。总有一些"刺耳"的声音应该被听到，总有一些"扎心"的问题应该得到解决。

而从根本上讲，这也是现代政府政治伦理的要义。来自社会的各种声音，不是给政府添乱，也不是与官员作对，而是帮助政府科学决策、公正施政的重要外部力量。

实际上，让民众和市场主体说出"刺耳"的话、"扎心"的话，非但不会影响行政效率，不会损害社会秩序，反而会因为民意参与，而不断调焦，使得政策措施更有针对性、更接地气。政府与民众良性互动的意义与价值，正在于此。

但问题在于，此事说易行难。该如何保障民众能够有顺畅的表达渠道？又如何保障民众说话不被"抓辫子""扣帽子""打棍子"？

一者，各地各部门应该从政府治理现代化的高度认识这一问题，让民众说话，天塌不下来。政府治理从来不是孤立、单向与封闭的，而是应该尽最大可能凝聚更多的共识、集纳更多的意见，从而形成一个开放包容的话语系统。

再者，民众说话不被"抓辫子"要有法律层面的保障。现在的问题是，大家对此问题有普遍共识，但具体到个案，往往会出现判断上的偏差。究其根本，仍在于未上升到法律层面，缺乏一种公开的、可援引的依据。

"法治是经济发展的关键，没有明确的产权和合同的强制执行，企业就难以超越互信的圈子。只要法律高举不可剥夺的个人权利，它就会承认人类主体的尊严，因而具有内在价值。"学者福山的这段话，阐明了法律与个体、企业的关系。其实，说到底，这仍与厘清政府与社会的边界有关系。这也从一个侧面验证了，推进法治政府建设，刻不容缓。

众声喧哗，多一些包容、多一些宽容，则政令就会越来越畅通，而整个社会的治理就会呈现良性态势。

（2019 年 1 月 18 日）

# 秉持公共精神，让网约车既合规更合民意

于　平

近日，交通运输部发布了《2019 年交通运输安全生产工作要点》，其中再次提到"加快网约车合规化进程"。

但据央视报道，许多地方的网约车管理细则规定，只有拥有当地户籍的符合条件人口才有资格参加网约车驾驶员证的考试。这意味着，仅仅"户口"一项，就是网约车司机难以逾越的一道坎。此外，网约车合规，还面临着保险保费对标出租车，收费过高，以及苛刻的"技术"要求，包括车长、车架等。这些都阻碍了网约车合规化进程。

作为新兴行业，网约车发展一直伴随着诸多问题，尤其是去年滴滴连续发生乘客被害血案之后，网约车的安全漏洞日益凸显。在此意义上，交通运输部要求加快网约车合规化进程，确实有其良善的初衷。事实上，合规，也是社会的共识，是众多网约车司机的梦想。

但问题在于，网约车合规，合什么规？就目前来看，许多地方给网约车定的规矩并不合理，不少还有违法之嫌。例如上海等地要求网约车司机必须为本地户籍，依照行政许可法的规定，行政许可的设定不能限制其他地区的个人或者企业到本地区从事生产经营和提供服务。网约车司机的"排外"明显与法律的规定相悖。

《行政许可法》第 13 条还规定，如果公民、法人或者其他组织能够自主决定的，市场竞争机制能够有效调节的，就不应该设定行政许可。上海、深圳等地网约车管理细则要求燃油车轴距不小于 2700 毫米，新能源车轴距不小于 2650 毫米。这种车型的要求也与法律相冲突。网约车只要合乎安全标准即可，至于车型是高端还是中低端，应交市场决定，让平台提供差异化服务，满足乘客多元需求。设定行政许可，对具体车型作出强制性规定并没有必要。

毋庸置疑，此前，由于大多地方的"网约车新政"的立法过于仓促，缺乏有效的公众参与，导致这些"网约车新政"大多"带病"出台，以规范网约车之名，行保护出租车之实，滥用行政权力限制竞争，违反公平竞争的原则。这样的前提下，如果不分青红皂白，盲目加快网约车合规化，那无疑背弃了依法行政、合理行政的思维，将会对法治造成莫大的伤害。

盲目加快网约车合规化，更会把蓬勃发展的网约车行业推到死亡边缘。网约车的规矩过于严苛，绝大部分网约车司机将被逐出此行业。根据央视的报道，网约车合规推进至今，全国合法网约车平台公司有 110 多家，合法驾驶员超过 55 万人，网约车运输证共发放 40 多万本。滴滴最高时有 3000 多万人的网约车司机规模，110 多家平台的合规司机数量，还不抵滴滴一家高峰时数量的 2%。

这就意味着，盲目加快合规化的结果，对于网约车行业将是一场空前的灾难。网约车司机将丢掉饭碗，无数个家庭将失去收入来源。而打车难、打车贵更将卷土重来。背后的社会代价，实在难以估量，这样的代价，重创的不仅是网约车行业，对于整个社会，同样是不可承受之重。

全球知名的公共政策专家、哈佛大学肯尼迪政府学院教授史蒂

芬·卡尔曼认为，公共政策制定者须具备"公共精神"，也就是超脱利己主义而为绝大多数公众利益着想的精神。唯有秉持"公共精神"的准则，所制定的政策才有助于社会的长期稳定。

网约车合规，不是不可以，但这样的合规不应是机械的合规。网约车合规，要合的应当是市场之规，法治之规。网约车合规，应当建立在网约车规则科学、合理、合法的基础之上。

从这个意义上说，目前的政策所指，不应是广大网约车司机，而是网约车立法本身。首先需要"加快"的应当是对各地存在争议的网约车细则进行整顿和清理，该删除就删除，该放宽就放宽，以开放、鼓励竞争的思维重塑网约车行业的规则。对任何一个行业而言，要想保护消费者，需要的是促进市场竞争，而非限制竞争。

事实上，有的地方已经这么做。安徽芜湖之前因为严苛的网约车市场准入，使得芜湖全市注册的约5.5万辆网约车只有46辆办理了网约车营运证，大批网约车转入"黑车"状态，导致网约车与出租车的关系一度剑拔弩张。为此，芜湖顺应民意，通过广泛调研，与出租车公司、网约车公司开会研讨，组织政府法律顾问参加论证会等方式，大幅松绑网约车。这一善政赢得好评无数，芜湖的网约车治理改革，因此入选了"中国样本——改革开放40周年经典案例"。

芜湖的网约车治理改革，其实并无多少高明之处。它不过是回到了改革开放的初心，对权力进行自我约束，对市场自由，对社会自由保持应有的敬畏和尊重。这也是"包容审慎"的态度。毫无疑问，网约车合规要想合乎民心，必须拿出壮士断腕的勇气和魄力，摆脱传统管制思维，走出旧办法管制新业态的窠臼。

（2019 年 1 月 22 日）

# 万亿 GDP 背后的城市"名利场"

马 亮

最近一段时间是各地"两会"密集召开时期，也是政府工作报告集中"晒成绩"的关键时期。尽管淡化 GDP 已成共识，但是 GDP 仍然是各地争相比拼的关键指标。一个有意思的现象是，经济增长抢眼的城市都在集中发力"万亿 GDP"，并希望挤进这个代表了经济增长皇冠的俱乐部。

近些年来刷新万亿 GDP 纪录的城市稳步增长，从 2006 年仅有上海的 GDP 达到万亿大关，到 2019 年有 17 个城市的 GDP 突破万亿元。作为领头羊的上海、深圳和北京等城市，则把目标瞄准了 3 万亿 GDP 的又一个高度。与此同时，各省份也在摩拳擦掌，希望在这场万亿 GDP 俱乐部的抢夺战中拔得头筹。万亿 GDP 对一个城市来说，究竟意味着什么呢？

首先，对于城市来说，只有做大经济总量，才能更大范围地实现规模经济。GDP 总量体现了当地经济活力和区域辐射力，一个地区或一座城市的发展潜力和后劲，归根结底同经济总量有很大关系。这是因为经济发展有很强的规模效应，特别是当经济总量和人口规模达到一个量级后，这种规模效应会进一步放大。

随着城镇化进程加速，越来越多的城市将发展为特大城市乃至超大城市。这使许多城市都在谋划同周边城市的合并，期望通

过"摊大饼"的方式做大经济总量。比如，最近济南市就将邻近的莱芜市合并，经济总量一下子增加了不少，也为其提升省会城市的首位度提供了条件。与此同时，也会有很多城市成为"收缩城市"，人口不增反减，成为未来城市竞争的输家。认识到中国城市分布格局的这种巨变趋势，各地加快做大经济总量就成为题中之义。

其次，各地争相进入万亿 GDP 俱乐部，也是由于缺乏其他更为可靠和取得共识的衡量指标，用 GDP 来衡量各地实力是一个无奈的次优选择。

尽管绿色 GDP、幸福指数、高质量发展水平等概念越来越流行，但它们尚未取得人们的普遍共识，要想真正在技术上完善并得到社会普及还尚需时日。

热衷于 GDP 并非中国所独有，其他国家也有类似的做法，毕竟 GDP 本身就是西方国家发展的统计指标。比如，2012 年麦肯锡全球研究院发布"未来全球城市"（Global Cities of the Future）互动地图，就可以追踪各大城市的经济前景。麦肯锡咨询公司开发的全球城市经济地图数据库显示，到 2025 年全球 600 座城市的 GDP 增长将占世界总和的 65%，其中中国城市就会贡献 28%。面对全球经济版图的大变局，中国城市对于 GDP 的"焦虑"也就不言而喻。

同时，万亿 GDP 俱乐部就像一个个"名利场"的门槛或入场券，使地区之间和城市之间的竞争趋于白热化和胶着化。这里面，既有老牌大城市，也有一些刚刚跻身的城市新贵。城市 GDP 背后，往往体现着城市"胜利"背后的不同发展理念和模式。

不过，不同于跨越中等收入陷阱或步入发达国家行列，城市 GDP 达到万亿并没有太多实质性的内涵。如果要衡量一个地区的综合发展水平，人均 GDP 可能是一个更好的指标。

此外，在强调高质量发展方面，我们更应该关注经济发展的动力、内涵和结构。比如，经济增长的动力结构如何？经济增长的持续性如何？

万亿 GDP 俱乐部流行的背后说明，城市之间在一个单一枯燥的指标上角力竞争，一定程度上也反映了地区之间的千篇一律和城市之间的千城一面。这就像我们失去了对一个地方的鉴别力、欣赏能力和审美能力，而不得不靠一堆枯燥乏味且毫无意义的经济指标来对城市进行排名。

值得警惕的是，如果这种俱乐部思维继续流行下去，各地都按照 GDP 去对号入座，都把挤进各个俱乐部作为头等大事，那么就会反过来使城市之间越来越相似。

这种确定一个核心指标并去争相攀比的做法，同中国贤能政治体制的出发点如出一辙。在发展初期，我们需要集中力量办大事，所以必须确定少数一两个核心发展目标，举全国之力而快速实现。这个核心目标是容不得商量的，哪怕有争议也要服从大局。这使我们的发展效率很高，但为此付出的代价也不低。在追求高质量发展的情况下，这种发展模式渐渐显露其颓势，并开始让位于更具均衡协调和特色创新的发展理念。

一定程度上，追求万亿 GDP 俱乐部也反映了城市本身缺乏足够的自信，需要通过他人的认证来体现自己的身份和地位。从一个地区的形象营销和声誉推广而言，可以在许多方面做文章。比如，城市对外来人口的情怀和包容性、城市的慢生活和情调、城市的廉洁和公正、城市的创新与创造、城市对弱势群体的保护和照顾等。

但是，中国城市千篇一律地追求做大做强，也暴露了城市缺乏足够的自信和想象力。当一座城市只剩下一堆枯燥的经济指标以

后，我们在追求这些指标的同时也就错失了我们的终极目标本身。

从新制度主义的理论视角而言，各地都在谋求制度合法性，即希望在别人眼中看着更发达、更现代和更有地位。GDP 在这个过程中被选为比赛的标尺，并因而得以"标签化"和"符号化"，成为发达、现代和地位的象征。

我们生活在一个排名的世界，各种各样的排行榜让各地和人们对号入座。原本没有颜色的指标和数据，穿上合法性的"外衣"，摇身一变就成为人人争抢的"香饽饽"。在国际上，国际组织和跨国咨询公司在发明、传播和强化这些排名的作用方面往往扮演着重要角色。

其实，我们大可不必对这些万亿 GDP 俱乐部太过关注，因为媒体和每一个人的注意力，恰恰使这种扭曲的评价体系得以进一步强化和巩固。当我们都不关注 GDP 之类的指标时，它们也就会淡出人们的视线。

希望各地区和各城市之间不要在 GDP 总量这样的单维指标上去比拼，而更加关注经济发展所期望达到的终极目标。毕竟经济增长只是手段而非目的，我们更应关注经济增长所带来的物质丰裕和精神富足，使各地区不均衡不充分发展同人民日益增长的美好生活需要之间的差距得到逐步弥合。

（2019 年 1 月 25 日）

# 三、经世济国策

# 榜单上的城市："体面的生活"才是王道

任 君

每一次城市榜单的发布，都会成为新一轮城市口水竞逐的开始。无他，与实力比拼相比，口水战显然更方便。

日前，某机构发布的"2018中国城市商业魅力排行榜"引发热议。在这个榜单上，除了传统的"北上广深"四大一线城市之外，成都、杭州、重庆等15个城市被列入"新一线城市"，然后依次是30个二线城市，70个三线城市，90个四线城市和129个五线城市等。

这意味着，每个人都能从榜单上找到自己生活的"原点"，而所有的"原点"最终都会变成"槽点"，并将更多的人卷入城市榜位是否科学合理的口舌之争。这样的"战争"也注定终无了局，而话题的热度却可以一直持续。

至于那些从"老四家"光焰下释放出魅人芳华的"新一线城市"，则更是成了千万人瞩目的焦点，爱恨交加，辗转反侧。是的，跳出旧的格局，别开生面才有可能实现城市竞争中的逆袭或超越，这在以往的城市发展史上并不鲜见，上海是这样，深圳也是这样。成都、杭州、重庆……或将亦然。

公众为什么这么关注城市榜单？从个体而言，我们都生活其间，都希望自己的生活更美好，自己生活的城市更美好；而从一个更开阔的视野看，中国40年改革开放进程，同时也是40年的快速

城市化过程，城市已经成为绝大多数国民挥之不去的生活场景或背景。关注城市就是关注我们自身，就是关注生活本身。

在这一轮城市魅力指数评价中，商业资源集聚度、城市枢纽性、城市人口活跃度、生活方式多样性和未来可塑性等，被作为5个关键性评判维度，具有一定的可参照性。

比如成都已经连续5年排在"新一线"榜首，当地媒体也一直在讲述"成都故事"，有学者已开始挖掘成都崛起背后的制度性因素。

不过，榜单仍过分看重城市体量、资源汇聚等硬性指标，而对人的温度、制度环境的要求等，却并没有给予足够重视。这一方面是城市评价本身的路径依赖所致，对体量、集聚度等的重视，"大的才是美的"，早已成为一种价值基因，深植于人们内心。另外，人的因素难以量化，也是一个操作方面的困难。

由此，也导致人的生活往往被忽略，本来活色生香的城市，只剩下了单调、干巴的数字比拼。

其实，城市本来就应该是人的而非物化的。所有的物，无非是服务于人的必要的资源性背景，大则大矣，却非主体，更不是目的。城市如何让我们变得更加富有、智慧、绿色、健康和幸福？很简单，无非是为生活其中的人提供"体面的生活"，并吸纳其他的人融入这种"体面的生活"。

放眼整个世界以及城市的发展史，这既是城市兴起的缘由，也是终极目的。城市的胜利，就是人的胜利；城市的崛起，同时也意味着一个个站立的人。

一方面，城市解放了更多的人，实现了前所未有的人格平等、个体独立，每个人都可以选择自己想要的自由生活。

另一方面，"体面的生活"往往也有更具体的指向，比如体面的住房、体面的工作、体面的福利等要素。如果从传统村落抽离了的人们，进入城市却陷入另外一种压抑的人生，长年累月蜗居群租房、地下室，承受着高强度工作的压力，也难以享受城市的公共服务，显然是一种扭曲，也是对城市精神的背反。

光鲜的榜单，同样应该意味着对个体人生的成全，对鲜活生命的照拂。比如进入的门槛应该更低、更方便一些；对人才的定义更加宽泛、更加弹性一些；有更多的路径和办法让人留下来；有健康的城市生态，而不是动辄区分高端、低端；住宅有差异，但基本的公共服务应该是均等、平衡的……

特别是，城市要盛得下青年的野心，要有必要的代谢传承，让青年看到希望，并努力去追逐这希望，从而在自我实现的基础上，与城市一起成长。

城市也应该有更宽广的胸怀，能够接纳并迅速消化外来人口，使之不断产生新的推动力。这样的城市与其说是让生活其间的人体面，不如说也找回了城市的体面。

"只有让进城务工人口安居乐业，他们才会对未来形成稳定预期，从而为自己长期从事的工作接受技能培训；而人口流入地政府会觉得，这些已经被纳入本市的居民，就应该投资他们的技能培训，适应因产业结构调整而不断产生的劳动力需求；在企业方面，由于劳动力定居了，流动率就会下降，企业对员工的技能培训就能获得长期收益。"

这是经济学家陆铭在《大国大城》中的论述。尽管他更多是从解决人口压力的角度讨论问题，但其对人的关切，仍让人感觉到学者的温度。如果城市公共政策也能够有这样的温度，相信事情就会

好办得多。

美国哈佛大学经济学教授爱德华·格莱泽在《城市的胜利》中强调，城市的繁荣会放大人类的优势——人与人之间的互动能够推动创新、吸引人才、鼓励创业，进而促进社会与经济的流动。其实，我们同样可以说，恰恰是人的释放，造就了城市的繁荣。

当下，国内很多城市都参与到"抢人大战"之中，纷纷开出各种优惠条件，这种引进人才的努力值得肯定。但也必须看到，城市对人的善意，本该是一项长效机制，不仅仅是阶段性的目标。只要保持足够的诚意和热情，自然会"近者悦，远者来"。

说到底，比城市排名不如比人的尊严，城市化归根结底是"人的城市化"。为居民提供"体面的生活"，应该成为城市主政者念兹在兹的必修课题，这也是未来城市竞争的关键性指标。

（2018 年 5 月 16 日）

# 城市的未来在于完善的公共服务

刘晓忠

最近，全国主要城市交出了 2018 年上半年经济运行"年中考卷"，在上海继续领跑全国，深圳、广州继续稳固全国第三、第四位等的同时，中西部省会城市增长势头勇猛，郑州以 8.5% 的同比增速领跑全国 30 个主要城市，成都、武汉和西安增速并列全国第二，合肥位居第三。

当前，全国主要城市 2018 年上半年经济增长呈现出以下几个特征：

一是增长较快的城市都具有相对成本优势、处于全国和地区交通中枢地带，焕发出了较强的经济增长动力，如郑州地处国家"两横三纵"城镇化战略布局的交通中枢地带，武汉位居南北经济的中枢地带，西安位居西北部经济门户，成都则为西南经济的门户，合肥承接长三角经济辐射带的关键位置。

二是较为发达的东南沿海城市，尤其是对外依存度较高的一些城市，面临着经济结构转型升级的换档期，经济增速同比都有所回落，在全国主要城市经济运行情况的排名也有所下降，如上半年郑州超越广东佛山的 135.42 亿元，升为全国第 16 位，佛山退居第 17 位；济南超越东莞的 48 亿，升为全国第 20 位，将东莞挤出全国前 20 名。

三是增长最快的几个主要城市中，投资对经济的拉动作用依然相当明显，如武汉固产投资同比增长 10.6%，为全国为数不多的投资保持两位数增长的城市，郑州固产投资同比增长 8.9%，比 2017 年同期提高 4.8 个百分点，其中基础设施投资同比增长达 33.6%，西安固产投资同比增长 10.1%，比 2017 年同期提高 2.5 个百分点，等等。

表观之，中西部省会城市交出的相对靓丽成绩单，是这些城市日益完善的基础设施、独特的地理位置、发达的交通网络和有效的劳动力供给等，对资本和人才产生的虹吸效应。

确实，郑州、武汉、西安、成都等城市的区位优势、交通优势和人口优势是相当突出的，这也是其他内陆城市无法比拟的，但单纯基于这些优势对这些城市的经济增长而言是缺乏稳定性的。

一方面，一些城市的经济增长部分来自东南沿海城市的产能转移，如郑州富士康对深圳富士康产能的替代，西安和成都 2018 年上半年出口的高增长也有相当一部分来自沿海产能的转移，经济增长的内生性和自主性不高。

另一方面，投资对许多中西部城市的增长具有较强的拉动作用，而我们知道除非中央财政主导，否则单纯依靠中西部城市的财力，这样的投资不具有可持续性；另外，中西部城市经济的发展一定程度上代表内需对经济的拉动作用，但鉴于目前国民收入初次分配过度向政府和企业倾斜，再分配存在总量少和结构失衡等问题，尤其是很多需要政府提供的公共服务长期缺位、不到位等，某种程度上影响着这些内陆城市的经济增长潜力。

需要指出的是，当前国内经济面临外部不确定性、内部经济运行成本高企的局面，债务紧缩、信用紧缩等的宽货币、紧信用格局依然未出现有效改善，这将使得尽管随着 2018 年下半年财政投入向农村和中西部地区倾斜的政策闸口已经放开，预期 2018 年下半年中西部地区的内陆省市的经济会保持高速增长，但内陆省市的经济增长稳定性和自主性依然有待加强。

当前要有效促进经济转型升级，缓冲经济面临的内外部冲突，最需要的是营造一个可为可不为的经济社会运行环境，而非穿新鞋走老路的刺激。

要营造一个良性的经济社会环境和秩序，首先需要尽快深化改革，有效降低经济社会的运行成本，如通过财税改革真正降低企业和居民税负，通过简政放权的"放管服"改革在透明性担保和防护型保障两个层面补位并完善公共服务，以降低行政等非市场运行成本，提高规则的透明性，让市场在资源配置中起决定性作用，打破各类行政垄断，营造公平竞争的市场秩序，进而激活市场活力和企业家的创新力。简而论之，就改革而言，就是要树立公共服务意识，摒弃管控理念，约束好政府这只手。

其次，坚定去杠杆的政策基调不变，聚敛不破不立的果敢和勇气，集中市场之手清理僵尸企业，促进市场出清。当前经济社会运行成本过高，债务紧缩和信用紧缩日益突出，深层次原因还在于去杠杆力度不够，导致僵尸企业无法有效清退，市场资源存在人为性扭曲错配等，导致风险溢价高企，同时业已高企的房价泡沫正在成为经济增长的绊脚石，抬高整体经济社会运行成本，而一些部门和地方担心房价泡沫破裂带来风险，而不断采取保护泡沫的举措。

因此，若僵尸企业能够逐步而有效退出，市场逐渐出清，树立对房价泡沫不破不立的决心和信念，整个经济社会的非行政运行成

本等将会得到显著改善，市场资源配置将不再扭曲，市场活力和企业家精神将会被激活，经济内生增长动力将会通过改革开放得以培育。

　　总之，当前对于全国各大城市而言，重要的不应该是拼 GDP 排序，通过投资等外延扩展拉动 GDP，而是应该更好地通过深化改革、扩大开放，完善公共服务，营造良好的经济社会运行环境和公序良法，培育经济内生增长动力和活力。

（2018 年 8 月 13 日）

# 构建亲清政商关系，让民企安心民众受益

马　亮

"当前一些民营经济遇到的困难是发展中的困难、前进中的问题、成长中的烦恼，一定能在发展中得到解决。"

2018年11月1日，习近平总书记主持召开民营企业座谈会，再次重申民营企业家、民营企业和非公有制经济在中国经济体系中不容动摇的地位和作用。他提出大力支持民营企业发展壮大的六个方向，包括：减轻企业税费负担、解决民营企业融资难融资贵问题、营造公平竞争环境、完善政策执行方式、构建亲清新型政商关系、保护企业家人身和财产安全。

这番讲话，给广大民营企业家吃了一颗定心丸，也坚定了民营企业对未来中国经济发展前景的信心。当前中国经济正处于深刻转型的关键时期，与此同时国际形势变幻莫测且较为复杂。在这种情况下，我们看到一些民营企业的发展面临着严峻的考验。这使一些人认为民营企业在被迫"离场"，甚至认为"国进民退"再次卷土重来，并使一些民营企业家对发展前景感到恐慌和不安。

最近，世界银行发布了2018年的全球营商环境评价报告，结果显示中国的世界排名大幅提升。在开办企业、电力供应等多项关键指标上，中国的营商环境都有明显改善。营商环境的显著改善，充分说明了过去一段时间以来中国各级政府在优化政商关系和提升

服务质量方面的努力和成效。特别是在商事制度改革、"互联网＋政务服务"等方面的突出进展，使中国营商环境得到大幅"加分"。

当然，同排名靠前的发达经济体相比，中国的营商环境还有很大的提升空间。特别要考虑的是，世界银行采用北京和上海这两座特大城市的评价结果，作为衡量中国营商环境的标准。如果深入其他中小城市和内陆地区，那么营商环境的改善空间则更大。这也意味着不应为世界银行营商环境排名的提高而沾沾自喜，而应认识到营商环境的改善是一项长期的艰巨任务。这同政商关系的深度转型密不可分，也意味着我们要进一步构建亲清政商关系。

不久前，国务院副总理刘鹤在接受访谈时指出，不应把国有企业和民营企业简单对立，而应认识到二者都是当前中国经济的核心支柱。之所以社会上会有这种有关民营企业的错误言论，很大程度上同政商关系的发展走向关系密切。

一些政府部门抱持多一事不如少一事的心态，对民营企业的疾苦不闻不问。一些政府官员不敢接触民营企业家，害怕被错误解读为政企合谋或腐败行径。如果说过去的政商关系是"亲"有余而"清"不足，而经过反腐败和制度建设以后，则陡然转变为"清"有余而"亲"不足。

政商关系在这些方面的微妙变化，使其仍然处于深刻重构的过程之中，并对民营经济发展产生显著影响。一方面，民营企业的发展的确遇到了值得关注的挑战和困难，亟须政府部门伸出援手，利用"看得见的手"帮助民营企业摆脱困境。另一方面，一些政府部门畏首畏尾，不敢积极主动和切合实际地执行中央政策，为民营企业创造良好的营商环境。

由此可见，如果不能切实推进亲清政商关系的构建，就无法真正促进民营企业的发展。因此，至关重要的是要把营商环境改善作为一项持续工作，不断推进政商关系的持续优化，使亲清政商关系真正成为中国经济的现实。

本次座谈会向各级政府部门传递信号，即要把构建亲清政商关系、改善和创新为民营企业的服务，作为当前和未来政府工作的重中之重。为此，各级政府部门应主动领会和切实吃透中央有关政商关系和营商环境的政策精神，将中央有关促进民营企业发展的顶层设计落到实处。

过去和目前持续进行的全面深化改革，有许多政策都是为了改善营商环境的，而十分重要的是要将其予以落到实处并发挥实效。

与此同时，要继续加强容错纠错机制和激励机制的执行力度，使政府官员敢于且愿于探索和创新，使民营企业得到更多更好的公共服务，并在一个更加友好良性的营商环境中公平竞争。

如此，就能实现干部坦坦荡荡，商人心情舒畅，政府做好服务，企业成长盈利，民众得到实惠。

（2018 年 11 月 2 日）

# 用减税和普惠金融破解小微企业发展瓶颈

周俊生

近段时间以来，国务院常务会密集性出台各项减税降费政策，从 2018 年 3 月 28 日确定深化增值税改革的措施，减轻市场主体税负；到 4 月 4 日决定进一步减少涉企收费，降低实体经济成本；到此次 4 月 25 日再推出 7 项减税措施，特别是支持创业创新和小微企业发展。部署对银行普惠金融服务实施监管考核，确保 2018 年实体经济融资成本下降。

小微企业在繁荣经济、吸纳就业、改善民生、促进创新等方面发挥着不可替代的作用。这两项决定从减税和普惠金融两个不同的部位切入，前者可以切实地减轻小微企业的税负，使它们能够轻装上阵，后者则通过普惠金融机制更好地发挥作用，让小微企业能够更便捷、更畅通地得到金融支持。

国务院的这次常务会议所作的这两方面的决定，是在中央精准分析了目前国内外经济形势后作出的重要决策。目前，一季度各项经济指标已经公布，其中亮点不少，显示出供给侧结构性改革推行几年来已经取得一定的效果。不过也存在部分隐忧，特别是相比于 2017 年全年 GDP6.9% 的增速，2018 年一季度的 GDP 增速降低到了 6.8%，虽然降幅微小，但表明了经济下行的压力依然存在。

在国际上，特朗普上台后倡导"美国优先"的政策，将贸易摩擦的战火指向了中国，虽然目前中美两国还在斡旋之中，但这已经给中国的外贸带来了严重的不确定性。因此，2018 年 4 月 23 日政治局会议强调指出，完成 2018 年全年目标任务需要付出艰苦努力。自然，这种艰苦努力不单单是对企业的要求，也是对政府的要求，需要政府给企业创造宽松的市场空间和合适的运行基础。减负和输血，更是小微企业迫切性需求所在。

从此次会议作出的决定来看，减负主要是针对小微企业。小微企业体量弱小，盈利微薄，而各种税费负担却十分沉重。几年来，国务院已经有多次会议对小微企业减税让利，这一次再度向小微企业减税，显示出政府帮扶小微企业的决心。

这次减税是在 2018 年全国人大会议作出国税地税合并的重要决定后首次减税，原来小微企业的税收主要归于地方，地方政府为了自身的财政收入，减税的动力就不是很大，在两种税合并后，向小微企业减税的空间就腾了出来，由此也可见改革对于促进小微企业的积极作用。

为了完成这次减税，国务院确定了 7 个方面，其中既有提高原有免征额的起点，使一大批企业能够进入完全免税之列；又有将原来只在少数几个试验区、工业园区执行的税收优惠政策推向全国，显示出将试点成功的经验普及化的趋势；还有对一些本来就不是很大的科目的减税，表明了此次减税政策的细致入微。通过这种多管齐下的措施的落实，预计全年将再为企业减轻税负 600 多亿元，有更多的小微企业能够切实地享受到减税带来的实惠。

国务院常务会议作出的另一项决策，即部署对银行普惠金融服务实施的监管考核，同样是一项主要针对小微企业的决定。小微企业由于自身的经营特点，对银行输血的依赖性更大，前两年曾经提

倡地方上的中小银行要更多地服务于小微企业，并且为此让地方银行享受到比国有大银行更低的准备金政策。不过，由于地方银行自身力量薄弱，它们通常会以比国有大银行更高的存款利息来吸引储蓄，导致其贷款利息也只能相应提高，小微企业如果只能向地方银行寻求金融支持，其融资成本就会高出很多，这同样是一笔让它们喘不过气来的沉重负担。

为了解决这个问题，央行在几年前已经开始推行普惠金融，并要求各大银行建立起普惠金融机构，其目的就是希望国有大银行能够更多地关注到小微企业，帮助它们减轻融资成本，各大银行对此也有所响应，截至2017年年末新发放普惠金融贷款已达3.4万多亿元。

但是，由于长期以来国有大银行已经养成了与国有大中型企业对接的传统，其信贷投放的目标倾向于地方政府融资平台和国有大中型企业。相比之下，向小微企业放贷，一是由于小微贷款额度比较小而笔数多，人力成本较高；二是小微企业的经营能力比较低，贷款的坏账风险高于大中型企业。央行刚刚进行了两年来第一次全面降准，如果这种心态不改变，由降准释放出来的资金就进不了真正急需的小微企业，反而会再度出现流向房地产市场的倾向。

基于这种可能性，国务院提出要部署对普惠金融实施监管考核，为普惠金融建立起了监督机制。会议明确，要确保单户授信1000万元以下的小微企业贷款增速不低于各项贷款增速、贷款户数不低于上年同期水平。有了这两个"不低于"的硬指标，国务院提出的力争到三季度末小微企业融资成本有明显降低的目标就能够保证实现。

一手抓减负，一手抓"输血"。国务院通过减税和普惠金融监管考核这两方面工作的齐头并进，能够有效地促进小微企业强身健体，抗击住各种可能出现的市场风险，通过保证企业的平稳运行，从而为我国经济筑起稳定前行的基础。

（2018 年 4 月 26 日）

# 创新之路上，中日是同行者不是死对头

姜跃春

"我们要对接发展战略，深化务实合作。创新思路和方式，发挥互补优势，重点培育节能环保、科技创新、高端制造、财政金融、共享经济、医疗养老等领域合作，拓展中日务实合作新空间，造福两国人民。"

李克强总理在纪念中日和平友好条约缔结 40 周年招待会上的演讲，多次提到"创新"一词。

在中国一些企业家看来，企业要谋求永续发展，靠的不是降低成本，也不是营销策略，而是创新。

在民间，民众对融入创新思维的产品，也是爱不释手。曾几何时，中国游客进日本商店，电饭锅拎了就走，马桶盖也成了抢手货。

中国一些公民赴日本购买马桶盖，也是在倒逼中国企业谋求产业升级和创新。

尽管近年来中国经济高速增长，个别产业已与日本形成了一定的竞争关系，但总体来说，日本在很多产业中仍具有独特优势。中日在经济上仍具有互补空间，双方在服务贸易、新能源和低碳技术等方面都具有相当的合作潜力。

尤其是当前中日经济都处于新的产业转型和经济结构调整时

期，两国经济界进一步展开互利的经济贸易合作，有利于推进产业转型和经济结构调整。

目前，中国正在大力实施节能减排，推动产业升级换代，重点向节能、环境保护、新能源利用、医药、医疗器材、智能交通等产业和领域发展，日本在这些领域大多处于世界领先地位。具体而言，日本在雾霾治理、气候变化、生物多样性保护、沙尘暴治理、海洋垃圾处理等环保产业，在节能减排、汽车发动机等技术领域均有优势，在城市公交、地铁运营市政管理方面也有成熟经验。

任何一个国家和地区都要受经济发展周期性的制约。如果说20世纪60年代的日本处于活力迸发的青年期，20世纪80年代处于精力充沛的壮年期，那么，21世纪之后则表现出"老年"迹象。

较之日本，中国经济的增长空间和发展潜力还很大，仍处于青壮年期。作为出口主导型国家的日本，欧美市场对其影响固然重要，但近年来越来越多的客观现实证明，中国因素对日本已不容忽视。

中国的市场化进程仍在快速推进过程之中，西部欠发达地区的开发战略和持续增加的城镇人口将带来巨大的消费市场。这将为日本企业提供更多商机，也可为日本经济注入新的活力。

他山之石，可以攻玉。

熟悉中日关系的人士，肯定会知道中日交往史上的一段佳话：

1978年10月，邓小平应邀访日。其间，他参观了日本的钢铁、汽车和电器工厂，探寻战后日本经济迅速崛起的奥秘。邓小平在考察汽车工厂时说："我懂得了什么是现代化。欢迎工业发达的国家，特别是日本产业界的朋友们对中国的现代化进行合作。"离开车间后，邓小平来到一间展览室，这里展示传真机、录像机、微波炉

等。讲解人员把一盘烧麦用微波炉加热后，请邓小平品尝，邓小平拿起一个烧麦放到嘴里，边吃边说："味道不错，微波炉很好。"

如今，尽管中国经济总量已远远超过日本，但中国的综合经济实力与日本相比还有不小差距。日本在某些领域仍然占据全球产业链的"制高点"。

据国际货币基金组织 2017 年 10 月发表的预测显示，2017 年，中国 GDP 总额为 11.2 万亿美元，全球排名第 2 位，日本同年 GDP 为 4.9 万亿美元，世界排名第 3 位；但就同年人均 GDP 来看，日本为 3.8 万美元左右，世界排名在第 25 位，而中国人均 GDP 为 8583 美元，全球排名是第 76 位。

事实上，衡量一国综合实力不能光看经济总量这个单一指标，还要从科技实力、高端工业制造力、企业创新能力、单位 GDP 能源消耗量、软实力等多项指标进行综合分析。尽管中国在航天等某些领域领先全球，但不可否认的是在不少领域和经营管理等方面还有赶超空间。

日本工业制造业的高度自动化，使日本成为世界上最大的机械设备和工业机器人制造大国。日本企业通过近年来的创新性结构调整，在不少领域仍然牢牢占据世界产业技术制高点。例如，在电子工业领域，日本企业正从 B2C 领域，逐渐向 B2B 领域扩展、转型。

尽管 2016 年世界各国专利数量排名中日本以 45220 件仅次于美国 56440 件，但就专利的质量而言，日本核心科技专利占比达 80% 以上，位居世界第一，且日本的专利授权率高达 80%，说明其专利申请的质量较高。

俗语说：同行是冤家。但在创新领域，靠单打独斗往往很难持久。合作才能共赢。可以说，要想在创新领域"大干一场"，同行一定不能成为冤家。

2018 年 5 月 10 日在东京举办的"让文物活起来——故宫文创展"，就是中日两国在科技创新领域携手合作的极佳范例。

"有心就有路"，只要中日双方坚定和平友好信念，携手并进，两国一定会在创新领域大放异彩。

（2018 年 5 月 11 日）

# 以简政减税实际行动消除民企疑虑

胡印斌

李克强总理 2018 年 9 月 28 日上午在浙江台州主持召开座谈会，听取企业家关于实体经济发展的意见建议。民营经济是浙江经济的最大特色，此次参会的 22 位企业家中，民营企业家占据一半以上。李克强总理说，民营经济和国有经济一样，都是社会主义市场经济的重要组成部分。民营经济的管理者、经营者和生产者，都是中国特色社会主义的建设者。我国的基本经济制度以及社会主义市场经济早已写入宪法。必须坚持"两个毫不动摇"，对各类所有制企业一视同仁，这一点绝不会有任何变化。

一段时间以来，关于民企退场、职工参与民企管理等说法沸沸扬扬，甚嚣尘上。尽管这些声音引发了舆论的强烈质疑，然而，显而易见的是，由此加剧了民营经济的疑惧、动摇了社会公众的信心，则毫无疑义。

"两个毫不动摇""一视同仁"的表态，阐明了国家大政方针，回应了社会重大关切，也让信心不足、心存隐忧的民营企业家多了一份踏实和安心。

党的十九大报告早已明确指出，必须"毫不动摇巩固和发展公有制经济，毫不动摇鼓励、支持、引导非公有制经济发展"。"两个毫不动摇"，既是对改革开放以来中国经济社会发展经验的总结，也为我国经济社会持续健康发展指明了方向。这样的"最大公约数",符合全社会全体民众的共同利益,任何邪风都吹不跑,任何恶浪都压不倒。

给予各类市场主体以平等的国民待遇、公平竞争、健康发展,也体现了历史理性,其间有着深刻的经验教训。任何时候,我们都不能好了伤疤忘了疼,更不能无视民营经济的作用。

必须看到,就本质而言,一切经济活动都是个体智慧的释放,都是公民个体自我实现的外在表现。无论是公有制经济,还是非公有制经济,都应该最大可能地激发个体的能动性与创造力,从而增进社会的公共利益。人为抑制某种经济活动,不符合人性,也不利于共同进步。

改革开放 40 年来,中国经济取得了长足进步。今日中国,已经成为世界第二大经济体、第一大工业国、第一大货物贸易国、第一大外汇储备国,人民生活已从短缺走向充裕、从贫困走向小康。这中间,非公有制经济的作用有目共睹。

数据显示,截至 2017 年年底,我国民营企业数量达 2726.3 万家,个体工商户 6579.3 万户,注册资本超过 165 万亿元,民营经济对国家财政收入的贡献占比超过 50%;GDP、固定资产投资和对外直接投资占比均超过 60%;技术创新和新产品占比超过 70%;吸纳城镇就业超过 80%;对新增就业贡献的占比超过 90%。可以说,非公有制经济不再仅仅是"富民"之举,而是"强国"之基,已经成为国民经济的重要基础、国家税收的重要来源、技术创新的重要主体。

也应该看到,最近一段时间的一些论调和声音,有着一定的社会基础。改革开放 40 年来,类似的声音基本上没有停歇过,每隔

一段时间就会爆发出来，无论是"姓社""姓资"的争论，还是因为"承包""租赁"等引起的对立，抑或是"国进民退"的种种担忧，都一再印证，经济发展从来都不是一帆风顺的，都会经历巨大的波折。

特别是，现实生活中一再出现的地方政府及国企对民营经济的挤压，尽管仍属个别现象，但无疑加剧了公众的不安和忧惧，也在社会上产生了某种程度上的情绪共振。对此，必须正视听、辨是非。

当下之计，除了正面回击流言、彻底消除误解之外，还应该以实际行动传递给民企积极的信号。一方面，进一步明确非公有制经济的法律地位，切实保障私人产权。宪法规定：国家允许私营企业经济在法律规定的范围内存在和发展。私营经济是社会主义公有制经济的补充。国家保护私营经济的合法权利和发展。对私营经济实行引导、监督和管理。要将这些"宪法权利"落实到经济社会的运行中去，而不是悬置在半空中。

另一方面，政府要认真倾听民企呼声，切实为其排忧解难。此番李克强总理在浙江台州听取企业家关于实体经济发展的意见建议后，明确表示，下一步要更大力度简政、减税、减费。"简政"要继续深化"放管服"改革，降低制度性交易成本；"减税"要加快推进增值税税率"三档变两档"，研究降低增值税税率；"减费"要动真格地降低合规收费，坚决惩治乱收费，同时继续降低企业物流、电力等各类成本。

不止于此，治理的最终目标，在于持续深化改革，实现治理体系的现代化、法治化。即如李克强总理所言，"我们40年的改革开放，就是一个市场化改革不断深化的过程。党的十八届三中全会明确提出，让市场在配置资源中发挥决定性作用和更好发挥政府作用。今后要进一步深化改革、扩大开放，加快打造市场化、法治化、国际化营商环境"。

习近平总书记日前在东北三省考察期间也表示，"我国实行的是公有制为主体、多种所有制经济共同发展的基本经济制度""国有企业地位重要、作用关键、不可替代，是党和国家的重要依靠力量""要坚持'两个毫不动摇'，为民营企业发展营造良好的法治环境和营商环境"。

对于身处各种困扰之中的民企而言，这就是最好的"安民告示"。

（2018 年 9 月 29 日）

# 守护文物安全是警方义不容辞的责任

黄羊滩

一次文物展览，搞出了大动静。

2018 年 5 月 27 日，"守护文明，利在千秋——山西公安机关打击文物犯罪成果宣传"在山西博物院启动。此次展出的文物均系当地警方 2018 年以来收缴回来的文物，包括国家一级文物 25 件，国家二级文物 80 件，国家三级文物 199 件。这些珍贵文物，大多系黄河流域商周时代青铜重器，件件精美，具有十分珍贵的历史文化价值。

山西是中国文物大省，历史遗存丰富，分布点多面广。在该省 53875 处不可移动文物中，属于全国重点文物保护单位 452 处，位居中国第一；省级文物保护单位 487 处，市、县级文物保护单位 12466 处。多年以来，丰饶的文物遗存也引起了不法之徒的觊觎，文物犯罪行为屡禁不绝。而当一些"看门人"也惑于利益充当了"保护伞"，则问题显然已迫在眉睫。

据山西省副省长、公安厅厅长刘新云披露，2018 年以来，针对一些地方文物犯罪多发态势，特别是聚焦文物犯罪背后隐藏的黑恶势力和"保护伞"问题，山西警方部署开展了打击文物犯罪专项行动。截至目前，全省公安机关共破获文物犯罪案件 230 起，抓获犯罪嫌疑人 296 人，打掉犯罪团伙 29 个，收缴文物 2525 件（组）。

那些刚刚陈列在山西博物院的收缴文物，有的也许不久前还被藏在不为人知的阴暗角落，伺机待价而沽；有的也许还沾着夏商周三代、数千年以前的沧桑泥土；有的也许正走向文物走私的不归路。山西警方以极大的历史责任、以杜绝"灯下黑"的担当精神，斩断文物盗掘、销售、走私的黑色利益链，留住了珍贵的文物，也极大震慑了这些年来枝枝蔓蔓的文物犯罪。

数字是干巴的，文物的故事鲜活而生动。2525 件（组）文物究竟意味着什么？25 件国家一级文物、80 件国家二级文物、199 件国家三级文物又价值几何？仅仅靠文字的叙述未免苍白，文物的价值恰恰在于它的无价。这些来自三晋大地地层深处的文物，每一件都附着着深厚的历史文化，每一件都是不可复制的艺术精品，每一件都值得我们为之努力守护。

据新华社报道，前不久，山西"扫黑第一案"、闻喜"侯氏盗墓黑帮案"相关被告人陆续被审判。其中，侯氏专案中警方追缴回来的文物仿若一个"小型博物馆"。数次前往闻喜的考古学家李伯谦看过被盗文物后痛心疾首："有的一个墓的价值就等同于一个国保区啊！"一个团伙的破坏能力就如此强大，足见山西文物犯罪面临的严峻形势。

客观而言，收缴被盗文物，抓获犯罪团伙，实际上已经触碰到文物保护的底线了。毕竟，很多古墓已经遭到盗掘，那些商周时期贵族墓地的文化层已经被破坏，文物部门跟在其后的抢救性发掘，更多时候，不过是收拾烂摊子的善后。文物被移动，且一扫而空，则很多研究势必难以进行。这也是很多文物专家每每为之痛心疾首的原因所在。

值得称道的是，2018 年以来，山西省以雷霆万钧之势，就打

击文物犯罪黑恶势力与打击"保护伞"结合起来，通过采取"厅长双周调度"和"专案异地用警"等强有力措施，向各类文物犯罪发起了凌厉攻势，取得了显著成效。这些举动，堪称釜底抽薪。

没有需求就没有供给，没有黑市就不会有盗墓，没有"保护伞"就不会有猖獗的文物走私行为。严厉打击文物犯罪行为，斩断文物流通的地下渠道，揪出文物犯罪背后的"保护伞"，必将传递给盗墓团伙一个清晰的信号，不但盗墓会被查处，盗掘出来的文物也难以再有顺畅的销售链条，而且，高压之下，再也没有人员愿意以身犯险。若长久坚持下去，不啻是文物的福音。

从历史的角度看，文物盗掘行为史不绝书，不只山西，全国很多地方都存在着文物犯罪与惩治犯罪的拉锯战。据报道，2017年，"北京十三陵思陵石烛台被盗案""山西晋中系列壁画被盗案""四川遂宁石佛寺佛头被盗割案"等文物案件发生后，引发普遍社会关注，保护文物安全刻不容缓。

2017年6月至8月，公安部部署了为期三个月的打击文物犯罪专项行动；2017年7月和11月，公安部连续发布两批A级通缉令，对20名重大文物犯罪在逃人员展开全国通缉，17名A通在逃人员相继落网；同时，2017年11月16日，历时一年研发的中国被盗（丢失）文物信息发布平台在陕西西安正式上线，为我国被盗文物依法追缴追索提供了依据。

所有这些努力，旨在一点点织就一张依法保护文物安全、依法打击文物犯罪的大网。而无论是传统的摸排手段，还是信息时代的大数据平台，最终都将服务于守护历史文明与传统文化的目的。在这方面，山西已经走在前面，各地理应积极作为，采取凌厉行动，形成全国一盘棋，从而让文物犯罪无处可逃、无空子可钻。

文物承载灿烂文明，传承历史文化，维系民族精神，是老祖宗留给我们的宝贵遗产，是加强社会主义精神文明建设的深厚滋养。保护文物功在当代、利在千秋。习近平总书记关于文物保护的话言犹在耳，文物保护任重道远，这也是各地各部门的责任与使命，应该把这份宝贵遗产保护好、传下去，生生不息，永续发展。

（2018 年 5 月 28 日）

# 打造科技创新高地，
# 让"千里马"竞相奔腾

于 平

"不能让繁文缛节把科学家的手脚捆死了，不能让无穷的报表和审批把科学家的精力耽误了。""实践反复告诉我们，关键核心技术是要不来、买不来、讨不来的。""创新从来都是九死一生，但我们必须有'亦余心之所善兮，虽九死其犹未悔'的豪情。"从中国两院院士大会上传来的讲话，瞬间刷屏。

纵观人类历史，创新始终是一个国家进步的最大动力，是强国富民的关键所在，关乎国家发展全局。

党的十八大以来，中国的科技创新在许多领域都取得了重大进展，"海水稻"就是典型一例。"海水稻在全国六地同时进行插秧拓荒"，作为国家科技创新的代表，被时代铭记。

中国工程院院士、"杂交水稻之父"袁隆平近日做客凤凰网《舍得智慧讲堂》，他在稻田旁说："海水稻如果扩大到 1 亿亩，按最低产量亩产 300 公斤计算，每年可增产 300 亿公斤，可以多养活8000 万人口，相当于一个湖南省的年粮食总产量。"

"海水稻"是耐盐碱水稻的形象化称谓，盐碱地土壤盐分过高，一般作物难以正常生长，也正因此，盐碱地一度被认为是"农业荒漠"。但是，就是在这片"农业荒漠"上，以袁隆平为代表的中国科学家却书写了奇迹。

"海水稻"正是中国科学家长期以来坚持科技创新所取得的成果。中国的科技创新，需要更多像"袁隆平们"这样敢于创新、善于创新的优秀科学家，同时更需要整个国家创新体系的变革，把人的创造性活动从不合理的科研体制中解放出来。

"穷则变，变则通，通则久。"科研体制改革是持续释放人才活力的根基。"要着力改革和创新科研经费使用和管理方式，让经费为人的创造性活动服务。""把人的创造性活动从不合理的经费管理、人才评价等体制中解放出来。"这些话语，道出了许多科研人士的心声。

创新就是生产力。人，是创新的核心所在。要激发科技工作者和科学家的创新活力，迫切需要进一步解放思想，砍掉一切有碍创新的繁文缛节，破除一切束缚创新驱动发展的观念和体制机制障碍，如此才能使国家创新体系融入全球科技革命趋势，释放科技作为第一生产力所蕴藏的巨大潜能。

党的十九大报告提出，加快建设创新型国家，强调深化科技体制改革，建立以企业为主体、市场为导向、产学研深度融合的技术创新体系，加强对中小企业创新的支持，促进科技成果转化。中国如何在科技创新的赛场上取得主动，抢占先机，这是一个挑战，也是一个机遇。"海水稻"是中国科技创新的一堂"励志课"，它让我们看到中国科学家的优秀素质和潜力，看到中国科技创新的巨大前景。期待未来的国家创新体系变革，能为科学人才"松绑"，为他们营造更宽松自由的环境，让"千里马"竞相奔腾。

（2018 年 6 月 1 日）

# 长三角一体化：如何避免决而不行

吴　越

一江春水向东流。

长江烟水漫漫，滋润着半个中国。

处于"一带一路"和长江经济带的重要交汇点的长三角地区，堪称中国经济最具活力、开放程度最高、创新能力最强的区域之一。

山水相连，人缘相亲，文化相通，安徽与沪苏浙的交流合作源远流长。早在 1990 年，安徽就提出"开发皖江、呼应浦东"的思路。念念不忘，必有回响。2009 年，安徽作为正式成员出席长三角地区主要领导座谈会、长三角地区合作与发展联席会议。沪苏浙皖三省一市共同拼接的"长三角拼图"，呈现在世人面前。

近期，长三角一体化发展成为各类媒体关注的热点之一。中共中央政治局委员、上海市委书记李强，江苏省委书记娄勤俭，浙江省委书记车俊，安徽省委书记李锦斌等频频接受媒体采访，共话长三角一体化的未来方向。

共下"一盘棋"，紧紧围绕上海"龙头带动"、苏浙皖"各扬所长"的职责分工，形成区域合力，已经成为沪苏浙皖的共识。

对于长三角地区来说，"合作""协同"已然不是新词。但真正的挑战在于：如何从简单的城市间"合作"、地区间"协同"，转变为真正的区域"一体化"发展。

首先，要建立起真正有约束力的一体化管理机制。此前，由于各省市行政区划的限制，对于一些跨行政区域的重大事项，容易出现"议而不决、决而不行"的问题，其主要原因在于协同合作缺乏约束力。因此，建议在新成立的"长三角区域合作办公室"的基础上，延展跨区域管理的功能，建立类似美国纽约都市圈的跨地区战略性事务管理当局，设立长三角一体化规划局、长三角一体化基础设施管理局等。在实施三年计划的同时，布局远期战略。在时机成熟的情况下，可以创建"长三角核心区经济特区"，将杭州湾经济圈和环太湖经济圈整合融入长三角整体架构。

其次，要真正构建以上海为中心的大都市圈格局，而不是囿于各省边界的、环绕上海的小都市圈。这就需要在合作方式上鼓励从省级块面合作转移到以市为单位的点状合作，直接对接长三角龙头的上海，并在相互之间形成网络状格局。因此，建议各城市突破"省"的限制，以城市为主体与上海进行有效对接，这样才能更好地发挥市场的动态调整机制，自发形成长三角整体最优化格局。

最后，在长三角一体化的战略支点位置，重点建设新的发展带动极。比如，可以在目前浙沪相邻杭州湾北岸的金山和嘉兴地区培育新的高层级的发展引力极，打造"金嘉新区"，使之成为沪杭两大引力极之间的"中继站"。同时，"金嘉新区"也可以承担杭州湾北部的"桥头堡"战略支点作用，扼守跨海通道，联结绍兴、宁波，向北打通上海与江苏边界两侧的纵向发展轴，连贯长江，真正将长三角南部杭州湾经济圈嵌入整体格局。

同时，"金嘉新区"也可以进一步带动长三角地区中小型城市节点的平衡成长。未来在长三角核心区应鼓励类似新型节点式高密

度新城中心，以合理布局的引力极来代替"摊大饼"式的聚集，从而形成宏观的集中和微观的分散。这样既体现了大都市高效率和资源整合的优势，又防止单一大都市过度密集带来的问题。

其实，全球性都市圈已经成为人类未来必然的、主要的经济引擎，全球的人口也将主要集中在有限的几个大都市圈。对于我国而言，长三角都市圈正是未来重要的战略引擎。

因此，只有构建起有约束力的一体化管理机制、建立起以上海为中心的大都市圈格局，重点建设新的发展带动极，才能使长三角一体化的潜力真正得以激发，以世界最大城市圈的姿态承接东亚经济中心和"一带一路"海陆接驳站的重任。同时也将会在中国进一步深化改革的浪潮中，在多方面作出示范效应。

（2018 年 6 月 20 日）

# 开罚单、问责之后，环保之路如何走

贺桂珍

有可行方案，有法律法规，有健全机制，有配套政策——从环保部门牵头到中央主导，从以查企业为主转变为"查督并举，以督政为主"，中央环保督察被看作是我国有史以来环境监管模式的一场重大变革。

理想很丰满，不过现实太骨感。

虚假整改、敷衍整改、表面整改……这是 2018 年 5 月 30 日至 6 月 7 日，第一批中央环境保护督察"回头看"6 个督察组"回马枪"10 省区，对某些地方政府"表里不一，阳奉阴违式治污"总结的几个关键词。

截至 6 月 14 日晚 8 时，督察组共收到群众举报 12817 件，拘留 58 人，约谈 365 人，问责 630 人。而此前的 2016—2017 年两年间，在 31 个省（区、市）掀起的第一轮环保风暴，结果触目惊心：受理 13.5 万件案件，问责人数超过 1.8 万，开出超过 14.3 亿元环保罚单。

数字越大，表明治理成效越显著。但也说明问题更多，形势更严峻。

声势不可谓不大，措施不可谓不严。可为何一些群众反映的问题不仅没得到解决，反而愈演愈烈？为什么中央督察组"重拳出击"

之下，一些地方政府还是置若罔闻？一些企业依然胆大妄为，不断挑战环保底线？

企业"肠梗阻"，政府监管"肌无力"的背后，主要有这么几点。

污染企业是地方纳税大户，政府财政"钱袋子"的鼓与瘪，和这些能够影响地方经济晴雨表的企业有直接关系，"唯GDP"政绩观作祟，这是其一；产业衰败"被边缘化"背后，是新兴产业还没后继跟上。只破不立，中间出现了空档，这是其二；在"劲儿没往一处使"，条块分割、多头治理的传统模式下，"各唱各的调，各弹各的曲儿"现象普遍存在，这是其三。

辩证看，不督察，被隐藏的问题依然会被掩盖子；而"回头看"之后暴露的更多问题，也必须在发展中解决。不能继续让生态环境部通报的"面对污染无动于衷，面对督察百般隐瞒，泰州市数万吨化工废料非法填埋长江岸边；虚假整改甚至包庇纵容，江西一些地市污染反弹问题突出；北海市大量冶炼废渣堆填港口，现场触目惊心；清远将'黑臭水体'说成'清澈有鱼'；宁夏宇光能源屡罚不改，地方监管软弱无力"等类似案例，岁岁年年花相似。

环保工作，不进则退。这场自上而下和自下而上式的生态改革，将是一次沉重的破题。

环境治理是一个系统性、综合性、整体性的工程。怎么样才能达到"中央肯定、地方支持、企业自觉、百姓点赞"，目前有这么几点，值得商榷。

第一，让"唯GDP"政绩观改革更彻底。个别官员欺上瞒下式的"为虎作伥"，是因为害怕GDP数字缩水导致面子不好看，位子不好坐。不以GDP政绩论英雄的"新政绩观"如果只是一纸空谈，那么，"高消耗、高排放、难循环、低效率"的增长模式依然还会成为地方的主旋律。

第二，将"产业振兴"与"环境保护"相融合。"拼土地、拼资源、拼劳动力成本"的粗放型经济增长方式已成为"过去式"，这一点已形成国人共识，但若没有适合地方发展的产业，"调结构"就调不起来，转型升级就会成为一纸空谈。

所以，各地政府要因地制宜，在经济结构转型的过程中，不要简单地在原有产业基础上向前或向后延伸产业链条，而是借助以往大量投建的工业园小区，突破、重构固有的产业结构，培育新兴替代产业，并形成新兴产业集群，实现产业结构多元化。

第三，对企业的"宽容"需要理性对待。"绿水青山就是金山银山"的"两山论"虽然深入人心，但调查发现，一些企业以综合利用之名行违规倾倒之实，这是利益驱使，更是过去几十年，以牺牲环境为代价换取 GDP 快速增长的习惯获利思维模式影响。

我国正处于经济新常态下"三期叠加"期，企业发展面临严峻挑战。对于个别"摸不得、咬不动"的污染严重企业，绝不能"弯道超车"，也不能出现中央最担心的对某些领域不分青红皂白"一律关停""先停再说"的"一刀切"。这需要无论是中央督察层面，还是地方政府层面、企业主体层面要"和而论道"。具体情况具体解决，剔除污染企业的"病肢""梗塞"，甚至是"偏瘫"。"头疼医头、脚疼医脚"的工作措施只能让治理推进不力、流于形式。

环境污染问题是冰冻三尺非一日之寒，而打赢污染防治攻坚战、建设"生态文明""美丽中国"的美好图景也不是一蹴而就。

（2018 年 6 月 21 日）

# "互联网＋教育"的趋势与演进路径

任　君

大漠驼铃，碧海帆樯。日前，世界瞩目的上合组织青岛峰会，在促进贸易便利化、推动"一带一路"倡议与各国发展战略和区域合作倡议对接、加强人文合作和扩大对外交往等多个方面取得了实实在在的成果，也作出了扎扎实实的规划。

在人文交流方面，可以说，"互联网＋教育"是最容易实现地区全覆盖与交流互动的路径。借助成熟的网络技术与精准的定向施教，中国可以与"一带一路"沿线国家和地区实现完美对接。

树从根脚起，水打源处流。"互联网＋教育"，既是日渐明晰的趋势，亦是不可回避的路径。正因如此，上合组织秘书长阿利莫夫表示，教育是上合组织乃至全球国家政府怎样重视都不为过的事业。

教育，既是人文合作的重要组成部分，又为人文合作提供人才支撑。

与电影、文化活动相比，教育仍属于这个地球上不同国家、不同民族、不同人群的刚性需求，具有无与伦比的重要性。对于上合组织国家以及"一带一路"沿线国家和地区而言，中国的教育有着巨大的优势，而插上互联网翅膀的教育，更是得天独厚。

选择教育作为人文交流的路径，不仅符合目标国家的利益，也会给中国带来实实在在的利益。一方面，有助于塑造中国的国家形象，且这意味着春雨润物般地渗透，可以提高国家的软实力；另一方面，合作国家教育水平的提升，反过来也会使之与中国的关系更加密切，交流互动更加频繁，经贸往来也会上升到一个新的层次。

"书痴者文必工，艺痴者技必良。"教育从来都是改善民众精神状况、知识技能的基础，也是一个国家实现和平、提升国际地位的重要凭借。当今世界，由于复杂的国际关系，不平等的国际分工，以及长期以来的积贫积弱，仍有一部分国家难以共享现代文明与科技。

而发展的不均衡，与资源禀赋有关，也与教育、科技、文化等的不发达息息相关。因此，有必要进一步扩大各国之间的人文交流，实现人类文明的共享与传承。在这个过程中，"互联网＋教育"无疑将承载更艰巨的使命。

中国企业经过改革开放40年的发展，已经具备了开阔的国际视野与一定的实力，特别是，这些企业还拥有强烈的家国意识，希望在对外合作中贡献一份心力。他们目前所做的事业有很强的拓荒色彩，为落后国家扫盲，实现优质教育资源的全球共享，种种努力，早已溢出了单纯的生意范畴。事实上，这也是联合国教科文组织与上合组织秘书处均与之合作的原因所在。

"互联网＋教育"走出去，无疑更符合国际惯例，也符合国家与社会的分工。

"计利当计天下利，求名应求万世名。"让教育落后的国家也能共享优质的教育资源，这本来就是一种均衡与公平，也是在文化领域实现弯道超车的重要途径。对于一个负责任的大国而言，也责无旁贷。毕竟，利益之外，更有大义。中国与"一带一路"沿线各国

和地区教育特色鲜明、互补性强、合作空间巨大。中国以基础性、支撑性、引领性三方面举措为建议框架，开展三方面重点合作，对接沿线各国和地区意愿，互鉴先进教育经验，共享优质教育资源，全面推动各国教育提速发展，进而实现"美美与共，天下大同"。

因势而谋、应势而动、顺势而为，2013年以来，"命运共同体"理念深入人心。从莫斯科到海南博鳌，从联合国总部到日内瓦万国宫，从"一带一路"国际合作高峰论坛到上合青岛峰会，中国声音在世界唱响。以"互联网＋教育"为抓手，中国愿在力所能及的范围内承担更多责任义务，为区域教育大发展作出更大贡献。

在这个过程中，企业固然要进一步寻求社会共识，而政府也应该多一些支持，要让企业时刻感觉到，身后有强大的祖国，有强大的支撑。必须明白，"互联网＋教育"可以通过企业的努力生根发芽，但如果政府扶持得力，则完全可以缩短这个过程，尽快抵达目标。

浩渺行无极，扬帆但信风。路还长，事业刚刚开始。相信随着企业"走出去"，一定会绵绵用力，久久为功，让优质教育资源、先进教育理念打破时空限制，助力"一带一路"沿线国家和地区发展，为打造人类命运共同体提供坚实的支撑。

（2018 年 6 月 25 日）

# 手机成"新农具"后，农业现代化怎么走

谭智心

"各位网友大家好，我现在正在枣园里给枣树抹芽，这既可以避免水肥浪费，也能保证红枣的口感……"

近日媒体报道的果农直播干活场景的新闻，今后或许会越来越常见。

如今，农业已不是简单地拿着锄头种地。假以时日，还会出现"这种操作"：农民拿着手机用手指头就能种地，过去面朝黄土背朝天的时代会一去不复返。

2018年6月27日召开的国务院常务会议指出：要鼓励社会力量运用互联网发展各种亲农惠农新业态、新模式，满足"三农"发展多样化需求，推动大众创业、万众创新在农村向深度发展，带动更多农民就近就业。探索政府购买服务等机制，建设涉农公益服务平台，加大对农户信息技术应用培训，使手机成为广大农民的"新农具"，使互联网成为助力农村一二三产业融合发展的重要设施。

不同于工业化、信息化、城市化的深入推进，我国农业现代化已成为"四化同步"发展的短板。为破解农业农村发展难题，党的十九大提出乡村振兴战略，作为当前和将来较长一段时间内，破解城乡发展失衡问题的重大政策举措，其中明确提出要"促进农村一二三产业融合发展"，为农业农村发展探寻新的动力源泉，并使

之成为深化农业供给侧结构性改革、促进农民持续增收和决胜全面建成小康社会的重要路径。

此次"新农具"的概念很有新意,其内涵就在于通过打造涉农公益性服务平台,使手机成为农民在生产、加工、流通、销售、服务过程中与互联网连接的重要载体,成为与传统农具互为补充的新型农业生产及营商手段,成为一二三产业有机融合的润滑剂和加速器。

国家统计局数据显示,2017年我国互联网普及率达到55.8%,其中农村地区互联网普及率达到35.4%,这一比例并不算高,如果统计农民手机上网的比例应该还会更低一些。

这说明手机移动上网在农民中的推广还有很大发展空间,政府部门要加强对农民利用手机的培训工作。

首先,优先重点培训家庭农场主、农民专业合作社带头人、新型职业农民以及大学生村官、返乡创业农民等新型农业经营主体。

其次,发挥带头人的辐射能力,帮助农民提高查询信息能力、网络营销能力、获取服务能力、便捷生活能力,教会农民利用手机上网了解政策、学习技能、知悉市场行情,引导农民利用电商实现农资购买和产品销售,培训农民通过手机获取农业气象、测土配方施肥、远程诊断病害、操作农机作业,启发农民运用手机网络进行视频通话、购买车票、预约挂号、小额贷款、接收订单、网上支付等,让手机成为农民生产和生活的得力助手。

截至2017年年底,我国有近5.8亿农村人口,农村市场潜力巨大,要充分发挥市场的决定性作用,引导关注和经营农业农村市场的企业及社会力量,因地制宜,开发适应农业产业特点的服务平台,以及适合农民生产生活使用的手机及客户端软件,同时为农民提供与之相关的咨询、培训和售后服务。

此外，通过政策支持，引导农民及农业经营业主通过手机等信息化联通手段和智能设备，实现农产品的智能生产和远程管理，推动移动互联网、云计算、大数据、物联网等新一代信息技术的应用推广，使面向农户的各类生产服务、承包地管理、政策法规咨询等基本实现手机线上服务。

同时，通过搭建农村综合性信息化服务平台，以手机等互联网"新农具"为载体，为农村一二三产业融合提供电子商务、乡村旅游、农业物联网、价格信息、公共营销等方面的服务，使农村的工业化、信息化与农业现代化实现同步发展、相得益彰。

（2018 年 6 月 28 日）

# 对待科研人员就该拿出
# "千金买骨"的诚意

马　亮

"寻千里马不容易，那就宁愿先花五百金买一匹千里马的头骨。正是因为有如此的诚意，才会有千里马不断前来投奔。"在 2018 年 7 月 4 日的国务院常务会议上，李克强总理引用《战国策》里的"千金买骨"故事来表明对待科研人才的诚意。

此次国务院常务会议从五个方面扩大科研人员的自主权，并进一步释放科研人员的创新活力。这些具体举措包括改革科研管理方式、赋予科研人员经费使用自主权、加大科研人员薪酬激励、建立完善考核评价体系、开展"绿色通道"试点推广。这些举措都是切中肯綮的"实招"，如果能够切实执行和贯彻落实，对于提高科研人员的自主权和创新活力必将具有巨大的推进作用。

与此同时，中共中央办公厅、国务院办公厅在近日印发《关于深化项目评审、人才评价、机构评估改革的意见》，提出要推进"三评"改革，优化科研项目评审管理机制、改进科技人才评价方式并完善科研机构评估制度，期望通过评价制度改革激活科研潜力。

这次会议提出的一系列举措和《意见》的发布，不是中共中央和国务院第一次专门出台文件和召开会议，去推动科研体制改革和提升科研人员的自主权。一方面，这反映了在创新创业和知识经济时代，党和国家对科研创新的重视；另一方面，也暴露了全面深化科研体制改革的难度和挑战较大，凸显了科研人员获得自主权的困境。

为什么科研体制改革如此之难？如何使科研人员拥有更大的自主权？对此，应关注政策落实和制度化、跨部门信息共享和政策协同、信任文化建设等几个方面的问题，方能使科研人员真正获得合法充分的自主权，激发科研创新的源动力，并让科研人员有更大的获得感。

首先，要建立对科研人员的信任文化，相信科研人员可以自主管理。科研创新有很大的不确定性和冒险性，科研人员的工作自主性也较强，对其管理不应像车间工人一样。要想鼓励科研创新，就要允许失败和犯错。目前一些科研机构在评价科研项目时，往往死盯着项目申请书的具体条款，却忽视了科研创新理应拥有的自由空间。在赋予科研人员的自主权时，也要建立类似的容错纠错机制，使科研人员愿意且敢于冒险和创新。

倘若像"防贼"一样防着科研人员，可能会适得其反，让科研人员在心理上和情感上过不去，并直接影响对科研创新的热情和投入。如果这种信任文化无法建立并维系，那么就难以让科研机构真正贯彻落实鼓励创新等相关政策。当然，在放权的同时也要限权，即建立严惩不贷的问责和追责机制，确保科研人员有自治权但不敢"越雷池"。

其次，要加大跨部门合作和政策协同，从制度上充分保障科研人员的自主性。科技部门最清楚科研人员的创新规律，往往能够从科研人员的角度出发去制定和执行政策。但是，财政、财务和采购等其他部门却并不了解科研人员的工作特征，并存在很强的部门本位主义问题。比如，当科技部门期望加大科研人员的自主权时，财

务部门则趋向于收紧财务纪律，而采购部门的政策也未能协同改革。这使不同部门之间存在"踢皮球"的推诿扯皮问题，也使针对科研人员的利好政策无法得到真正执行。

许多科研人员疲于"填表"和反复"交账"，同部门之间信息封闭有很大关系。一个部门掌握的信息，另一个部门却不得而知，反之亦然。各级政府和各个部门的信息系统尚未打通，存在"信息孤岛"现象，这使科研人员反复和重复提交信息，并要承担各种材料准备、证明文件和信息提交等方面的繁文缛节。尽管科研领域尚未发生"证明你是你"这样的"奇葩证明"，但是在"外行领导内行"的情况下，对于科研成果及其影响的评价却同样存在证明难的问题。

最后，政策重在落实，如果出台了政策而无法执行，那么就很难取得预期效果。有人说高校是中国行政管理体制改革的"最后堡垒"，这话并非没有道理。在项目评审、行政审批等领域，很多科研机构的做法甚至远远滞后于一些先行先试的地方政府。在"放管服"改革方面，科研机构都要向地方政府学习，比如"互联网＋政务服务""最多跑一次"等改革举措。科研机构在这些方面应加大改革创新力度，使科研人员可以通过一个机构、一个窗口和一个网络（一门、一窗、一网）去办理各项手续。比如，国外一些高校会设立专门的共享服务中心，将所有职能部门纳入其中，使科研人员可以更方便地办理业务。

虽然党和国家多次提出要推进科研体制改革并赋予科研人员更大的自主权，但是政策执行往往遇到"中梗阻"，存在政策执行不顺畅的突出问题。由于科研体制不畅，很多科研人员疲于应付各种检查、填表、申报、评比等工作，普遍陷入文山会海，无法将宝贵的工作精力投入科研创新之中。

我们看到一些高校在执行政策方面表现积极，但是很多科研机构却反其道而行之，进一步收紧相关科研政策。对此应在放权赋能的同时做好政策的全面推广和标准化工作，使试点成功的政策尽快在所有科研机构推广，避免一些科研机构出于部门利益去抵制改革创新。

（2018 年 7 月 5 日）

# "新就业"人群，有名分更应有权益

任 君

2018 年 7 月 19 日，在新京报主办的"新经济、新就业与新型劳动关系"学术沙龙上，人社部中国就业促进会副秘书长刘明媛表示，新经济、新技术催生出更加灵活、多元的就业形态，主要表现在工作时间更加灵活，可以自由掌握、分配自己的工作时间。可以兼职、可以专职，同时还可以满足我们作为自由职业者的渴望。

国家信息中心数据显示，2017 年我国共享经济平台企业员工数约 716 万人，比 2016 年增加 131 万人。即城镇每 100 个新增就业岗位中，约 10 个岗位来自平台企业。但通过互联网平台提供服务的劳动者（即"网约工"）的数量则是平台企业员工数的 10 倍左右。截至目前，我国"网约工"人数已达 7000 万人左右，同比 2016 年增加约 1000 万人左右。

"新就业"的爆发式增长，充分证明新经济已成为拉动就业和经济增长的新引擎。在传统经济向新经济的转型过程中，也激活了更多就业领域，促进劳动者能力升级，实现人力资源的优化配置。随着新经济、新产业、新动能释放出的磅礴力量，传统的就业观念、就业范围、就业结构等，均发生巨大变化。

不过，有专家也提到，伴随着就业人群的爆发式增长，"新就业"也面临诸多现实的障碍与挑战。这些问题不解决，则当前还算稳定的就业形势，也不可能行稳致远。

专家的担心，也是这个社会上相当一部分劳动者的焦虑所在。现实生活中，新型劳动关系也日益呈现出某种紧张与困惑。比如"新就业"人群的劳动权益如何保障？无论是工资待遇，还是工作时间，以及休息权等劳动权利，均处于不确定状态。一旦发生事故，相应的赔偿等也是问题。有专家就提出，当下平台拥有越来越多的人群，他们的权益保障在全世界范围内也是难题。如何做好灵活雇佣人群权益保障确实值得思考。

又如，社会保障体系如何覆盖"新就业"人群？目前的社保体系仍倾向于对传统就业的保护，需要有单位、有劳动合同等，而"新就业"人群因为灵活性大，很难完全被覆盖，如何让这部分就业人群也能参保，需要顶层的设计与调整。

以快递小哥为例，早在2015年，"快递员"已被正式纳入《中华人民共和国职业分类大典》，但在对快递员的权益保护上，仍进展缓慢。此前有业内人士披露，有90%的人没有劳动合同、五险一金。保障的缺失，使得这些行业人员流动很快，反过来也对行业的健康发展形成反噬。

还有，"新就业"领域法律法规缺失的问题也亟待改变。如短租业务，目前国家只有长租有法律依据，对城市短租还缺乏合理的法律依据。

凡此种种，均体现出现有的体制机制对"新就业"的不适应。无论新经济如何发展，新业态如何演进，人的因素始终是一个行业能否长足发展的关键。扩大"新就业"，制度保障必须要跟上。

一方面，将"新就业"纳入高质量发展的框架之中，统筹规划，加快顶层设计。要形成一个共识，没有高质量的就业，就不可能有

高质量的发展。政府对就业的考核评价，既要考核"充分就业"，也要考核"体面就业"，在保护劳动者权益方面，"新就业"要有新气象。

另外，也要不断规范网络企业，引导平台在劳动保护、社会保障等方面承担起相应责任，保护从业人员合法权益。此前，已有一些地方尝试采取政府指导、行业自律的方式推进此事。

当然，针对"新就业"制定相应的法律法规，也是当务之急。

在2018年7月4日的国务院常务会议上，李克强总理指出，"中国最大的就业潜力蕴藏在不断涌现的新业态之中。特别是在服务业领域，就业的空间仍然很大"。

机会也意味着挑战，潜力与风险往往并存。必须看到，新经济的发展，之所以能够产生强大的社会动员能力，除了新业态本身的吸引力之外，让绝大多数参与者都能获得体面收入，应该是一个重要原因。而随着行业"滚雪球"效应的扩大，也会出现边际效应递减的情形，这也意味着，以往野蛮生长的状态已不可持续，必须加快固化规则与制度，真正把劳动者的权益保障落实下来。

高质量发展可持续的前提，一定是高质量就业。切实维护劳动者合法权益，不应该区分"体制内""体制外"，也不该区分"稳定就业""灵活就业"，任何发展都不能以牺牲劳动者利益作为代价。

说到底，在"互联网+"的背景下，缓解劳动者对高质量就业的需求和不平衡不充分的发展水平之间的矛盾，关键在于政府的政策与制度创新。

（2018 年 7 月 20 日）

# 危害疫苗安全，就当付出昂贵的违法成本

于 平

2018 年 7 月 30 日召开的国务院常务会议，听取了吉林长春长生公司违法违规生产狂犬病疫苗案件调查进展汇报。会议提出，要根据案件调查结果，依法从重对涉案企业和责任人、参与者作出严厉处罚，处以巨额罚款，并由司法机关进一步追究刑事责任，让严重违法犯罪者获刑入狱，把他们依法逐出市场，终身不得从事药品生产经营活动。

根据之前公布的消息，长春长生为掩盖违法违规行为，公司有系统地编造生产、检验记录，在药品监管部门进行飞行检查时，公司为掩盖事实，对内部监控录像储存卡、部分计算机硬盘进行了更换、处理，销毁相关证据。这些举动每一步都是违规，每一步都是"作死"，造假之疯狂令人瞠目结舌。

处理长春长生必须下"重手"，国务院的此番表态说出了民众的普遍愿望。

疫苗造假就是"故意杀人"，对于长春长生及其相关责任人，不仅要严厉追究其刑事责任，更要处以巨额罚款，罚到其听闻"造假"二字就做噩梦，罚到其倾家荡产，永不翻身。如此才能罚当其责，做到以儆效尤。

此前，问题疫苗事件屡屡爆发，一个重要的原因就是违法成本

过低。疫苗出了安全问题，相关的查处问责浅尝辄止，能纳入刑事追究的少之又少，课处的罚金多不痛不痒。例如长春长生之前被查出 25 万支劣质百白破疫苗，只被罚了区区三百多万元，不到企业一年五亿多利润的一个零头。而和长春长生同时出事的武汉生物，被查出 40 万支劣质百白破疫苗，但至今连罚金是多少，竟然还是个谜。

不仅罚金过低，参与造假者每每全身而退，疫苗出再大的问题也砸不了他们的金饭碗。例如，2009 年，河北福尔生物、江苏延申生物被查处狂犬疫苗造假。事后，福尔生物变更名称为中科生物，继续在疫苗行业闷声发大财。延申生物摇身一变成了全益生物。之前造假的斑斑劣迹，丝毫不影响其重新获得疫苗生产许可证，以及连连斩获政府疫苗采购的大单。

马克思在《资本论》中曾说过，"一有适当的利润，资本就胆大起来"。疫苗的暴利让违法的代价忽略不计，也难怪一些疫苗企业违法频频，情节之恶劣屡屡刷新底线。

之前有媒体报道，药监系统内部人士曾透露，每年相关部门对于药企隐瞒数据或者造假，总的罚款数额加起来也不过就是三五亿左右。

反观国外，类似疫苗等药品，违法成本之高昂，令人咋舌。发达国家对于药品违法的罚金，无一不是天价。一个在我们看来很平常的药品夸大宣传的问题，动辄罚几亿、十几亿美元，2012 年，葛兰素史克就因夸大药品功效，被 FDA 处罚达 30 亿美元。

至于药品造假问题，更是罚到企业肉痛加心痛，以至于难以翻身。

2014 年，武田礼来因隐瞒糖尿病药艾可拓的致癌风险，被美国联邦法院陪审团处以总共 90 亿美元的罚款。这一金额，是艾可拓年销售额的两倍之多。

印度曾经最大的制药厂——兰伯西，2008 年被查出生产过程存在记录造假，和长春长生的情况较为相似，但和长春长生不同的是，兰伯西的药品并未被查处有任何质量问题。尽管如此，兰伯西还是被迫缴纳了 5 亿美元罚款，并在 5 年内禁止向美国出口药品，这家印度药品巨头，从此一蹶不振，最终被另一家药企低价收购，曾经辉煌一时的兰伯西从历史上消失。

相比而言，中国有关部门对于疫苗等药品的造假行为，实在是太过"仁慈"了。相关的法律制定以及执行，似乎总是偏向于企业的利益。例如按照《中华人民共和国药品管理法》的规定："生产、销售劣药的，没收违法生产、销售的药品和违法所得，并处违法生产、销售药品货值金额一倍以上三倍以下的罚款。"货值金额的 3 倍，这一罚款上限，显然不是很合理。有些药品造假甚至等同于故意杀人，不该设置处罚上限。

不要害怕处罚过重伤害到企业，伤害到市场。事实上，只有药品消费者的权益得到充分尊重，药品安全被高昂的违法成本绑定，企业才有生存的根基，行业才能规范，劣币才能被良币驱逐。以美国为例，药品虚假宣传屡现天价罚单，并未伤害到整个行业，相反，所有药品广告从此走向规范——在美国，一种处方药的广告在电视上出现时，广告里有超过一半的时间都在介绍这款药的副作用。

危害疫苗安全，就当付出昂贵的违法成本，巨额罚金、行业终身禁入等内容，理当成为处罚疫苗造假的标准动作。让企业讲公德讲良心，靠的不是企业的自觉，而是执法的倒逼，期待长春长生疫苗造假事件，能成为中国药品监管改革的新起点。

（2018 年 7 月 31 日）

# 奥运十年，历史与想象互相激荡

斯 远

8月8日，是2008北京奥运会的纪念日。

10年前的今天，奥运圣火在举国炽热的目光中熊熊燃起。以此为开端，这个古老的国家，与同样传承久长的奥林匹克运动亲密牵手。

那一年的奥运会，是21世纪第一个十年里改变中国、影响世界的标杆性事件。北京奥运会，改变了中国风貌，也让世界重新审视和感悟中国。

那一年，正值中国改革开放30周年，经由北京奥运会这个窗口，中国人30年手胼足胝取得的成就，与开幕式一起，惊艳了全世界。五环旗、圣火传递、各种肤色的运动员，共处于这个现实的、也是想象的"共同体"中。

那一年，远在川西一场惨烈的大地震也不期而至，灾难为祸之烈，以至于不少人都担心奥运能否如期开幕。然而，从废墟中站起来的人们，在响彻大街小巷的《北京欢迎你》歌声中，汗水和着泪水，"我和你"，我们在一起。

那一年，中国加入奥林匹克大家庭时日已多，中国人从来没有如此切近地触摸奥运竞技、感知体育精神。在狂喜、焦虑、震撼、感动的全民激情燃烧中，2008年也被称作是中国人的奥运元年。

时至今日，翻检出当年的影像，我们仍会被深深吸引，并不由自主地进入历史场景。

彼时彼地，流淌的是一个国度抑制了太久的热情与梦想。

岁月沧桑，北京奥运会转眼已经过去整整 10 年。当年的烟花早已冷却，曾经的激情也多了几分沉静。顺着时间隧道，奥运已凝固为一段坚硬的历史。如今，每一个走过鸟巢的人都会说，瞧，这是北京奥运！

是的，鸟巢就是北京奥运独一无二的代表，也是后奥运时期最触目的"遗产"。记得当时还有一个导演，拍摄了一部电影《鸟巢》，讲述的是一个贵州少年的青春梦想。或许，至少在筑梦这一层，人同此心。

除了鸟巢，还有水立方、奥森公园，以及遍布北京的大大小小体育场馆。10 年过去，如今，这些有形的建筑都已经成为北京的新地标，承载着人们的躯体，还有梦想。

奥运之后，鸟巢一直被各种文艺演出以及各种国家国际赛事青睐，同时也成了北京市民接触冬日冰雪项目的最佳选择。作为"鸟巢"成功运营多年的自主冰雪品牌，"鸟巢欢乐冰雪季"已经得到北京市民认可。水立方则建成了国内最大最先进的嬉水乐园。

至于那个占地 680 公顷的大园子——奥森公园，尽管在北京名园中年龄最小，但却俨然成了北京人践行体育精神的最佳场所。如今的奥森公园，比起观光者，更多的是跑步的人，全面健身在这里体现得具象而真切。

穿越时间的河流，人们会越来越清晰地发现，北京奥运留给人们的，不只是建筑，也不仅仅是创造历史的奖牌，同时还有充盈的体育精神，以及中国人的自信与自强。

无论是密匝匝、隔三差五的城市马拉松、越野赛，还是闹哄哄、遍地开花的广场舞，或许都可以追溯到 10 年前的那个炎热夏天。

北京奥运，已经成为一代人的集体记忆，并将继续留在中国人的意识中，伴随着民族前行的脚步，难以忘怀，时时记起。

前事不远，来者可追。北京夏季奥运会的鼙鼓已经远去，2022 年冬奥会的足音正渐行渐近。如何在 4 年后的冬奥会重续夏日辉煌，书写下一段冰雪传奇，是一个并不轻松的课题。

当然，很多的答案，也许就在 10 年前，就在历史的记忆里，让历史告诉未来。

展望冬奥，北京、张家口两个赛区的各项建设正在紧锣密鼓地推进。一条连接京张的高铁也将很快竣工，从而将两地紧紧联系在一起。而在有形的连接之外，赛事的连接、意识的连接、文化的连接则意味着更艰巨的考验。

可以想见的是，北京奥运留下来的大型赛事组织经验，以及经由奥运而积淀的体育精神、民族意志等，注定将在不远的将来发挥更大作用。

诚如国际奥委会委员德弗朗兹女士所说，北京奥运会最重要的遗产是"中国人民"。此言不虚，所有的参与和关注，都将会把奥运精神传承下去。影响所及，也不仅仅是接下来的北京冬奥会，还包括日渐广泛的全民体育。

激活奥运遗产，激发运动热情，让冰雪冬奥成为中国人的新梦想，这样的愿景并不遥远。

鲁迅曾说："我每看运动会时，常常这样想：优胜者固然可敬，但那虽然落后而仍非跑至终点不止的竞技者，和见了这样竞技者而肃然不笑的看客，乃正是中国将来的脊梁。"诚哉斯言。

当此之时，国家、社会、个体理应共同努力，普及全民体育，提升文明素质，使体育精神真正成为一种生活态度、生命状态，体现在家国天下的方方面面。

（2018 年 8 月 9 日）

# 排名变化多姿，这些城市为何"放肆赢"

缪一知

近期，全国各城市纷纷交出 2018 年上半年经济数据。在国民经济面临转型之际，城市经济排名的升降虽然不乏短期意义，但也在一定程度上反映出长期发展战略的得失，值得一谈。

从经济总量即地区生产总值看，上海、北京、深圳、广州稳居前四强，天津和重庆作为直辖市，分占五、六名。值得一提的是其他排名前列的西部城市中，成都排第八名，接下来就要到第二十二名才有西安了。但就经济增速看，在总量前三十强中，西部城市势头猛，成都和西安增速 8.2%，并列第二。

重庆、成都、西安这西部三大城市的不错表现，可以说是多种力量推动的结果。

一是东部城市经济起飞较早，基数大，现在发展进入平缓期，而西部大城市则正在工业化升级的过程中。特别是这三大城市在新能源和智能设备（如无人机、机器人）方面均颇有亮点，2018 年上半年重庆的新能源汽车业增速达到了惊人的 530%多。三大城市均在 7 月入选中国人工智能城市的十二强。这几家城市的经营也有所用心，如西安上半年还出现过快速办理落户手续的"大新闻"，对吸引人才也不无助力。

二是"一带一路"对西部城市的推动力可能大于对东部地区。

西部三大城市的进出口总值 2018 年上半年均有明显增长，且成绩优于 2017 年。

三是"强省会经济"的问题。东部有诸多非省会城市的经济总量排名相当靠前，如苏州、青岛、无锡、宁波、佛山等，它们的发展也不太依赖省会，而可能直接"出省"甚至"出国"。如苏州、无锡直接对接沪浙，自身的总量即与南京在伯仲之间。但西部省份则明显依赖省会，倘若省会乏力，那非省会城市更无力出头。而反过来，省会本身又会有虹吸效应，即省内经济、人才资源高度集中于省会，其他城市更加相对落后。

例如，在 7 月发布的 2018 中国百强城市排行榜中，由于综合了经济指标和软经济指标，成都、重庆、西安、昆明分列第 6、10、14、32 位，但 40 强之内没有其他西部城市。接下来是第 43 名鄂尔多斯，这是矿产资源型城市，属于特例。事实上，西安 2018 年上半年的货物贸易进出口产值超过了陕西省的九成。而成都 2017 年的生产总值是省内排名第二的绵阳的近 7 倍。

"强省会经济"的利弊面自然都存在，既不易改变，也可能继续加强。因为随着高铁、机场等交通枢纽设施的建设，省会的区域中心地位会继续凸显，资金和人才资源的流向会进一步集中。在西部争夺全国甚至国际性人才的"战斗"中，非省会城市的机遇亦较为渺茫，而往往只能和"影视业避税天堂"霍尔果斯那样剑走偏锋。

不过，出现城市群是全球城市发展的普适方向。相对于其他西部城市，成渝双子星有更大的能力和更强的使命去率先带动城市群，这也是 2016 年国务院相关规划所明确的。四川省政府 2018 年 6 月亦提出要支持成都做大做优做强，同时又带动全省"一干多枝"的发展格局。而年初的《关中平原城市群发展规划》也郑重地给新

的"国家中心城市"西安赋予了光环与责任。

这种任务也很艰巨，一方面要妥善协调与"小兄弟"的关系，不能"吸血式发展"；另一方面本身的步伐也要走得快和稳。

西部三大城市虽然高歌猛进，但并非没有隐忧，例如，重庆的生产总值在2001年其实还是全国第4名，此后到2014年为止，虽然增速很快，总量却一直稳定在第7名，2018年上半年由于汽车等行业下滑的拖累，经济增速又低于全国平均水平，能否稳住新的六强名次，并不笃定。2018年7月时西安由于政府债务风险太大，被要求缓建城市轨道交通，而成都8月通过的轨道交通规划也明显缩减了里程和线路。

总之，城市排名变化多端，而较之东部发达地区，发展中的西部三大城市更令人瞩目和期待。接下来，我国经济可能会在中短期内面临着更大的压力，城市的排位战将更加体现各自的实力与应变力。

（2018 年 8 月 15 日）

# 建设智慧城市离不开行业经验

刘晋才

## 探索有中国特色的智慧城市发展之路

物联网、大数据、人工智能、区块链等技术正在迅速改变衣食住行等生活场景，同时也改变我们的一座座城市。自2008年被首次正式提出以来，"智慧城市"转眼已经走过了十个年头。全球智慧城市的发展已从概念阶段全面进入规划乃至实施落地阶段。中国作为一个基础设施建设在全球范围内的领先国家，自然也不会例外。

2012年住建部正式启动国家智慧城市试点工作，2014年，《国家新型城镇化规划》首次把智慧城市建设引入国家战略规划。2016年3月，中央提出的《国民经济和社会发展"十三五"规划纲要》就提出，加强现代信息基础设施建设，推进大数据和物联网发展，建设智慧城市。

目前，全国95%的副省级以上城市、超过76%的地级城市，超过500座城市，明确提出或正在建设智慧城市，中国已逐步成为全球智慧城市建设最大的"试验场"，并逐渐探索出一条有中国特色的智慧城市发展之路。

智慧城市的目的，有三个方向，一是政府管理应用，二是民众服务应用，三是产业发展应用。与其他项目不同的是，这三个方面，涉及城市生活的方方面面，上自政府机构的管理机制、战略规划，下至城市居民的衣食住行、日常生活，无不涵盖。

## Know-what 与 Know-how 之辩

智慧城市的建设，不仅是一个 Know-what 的问题，也是一个 Know-how 层面的问题。

人类的知识，有一种类型是事实知识，即 Know-what，指可以直接观察、感知或以数据表现的知识，如统计、调查资料等。还有一种是原理知识，即 Know-why，指知道为什么，多是关于自然原理和规律方面的知识。还有一类知识则比较微妙，即 Know-how，就是做事情的技巧、技术诀窍，但其内涵还包含了难以言传的多年积累、经验、行业直觉等。简单地说，这种区别就是一个博士毕业的职场新人与一个有着 15 年经验的产品经理之间的差距。

最近，前百度总裁陆奇在接受采访时，谈到对于人才的定义。他说希望找到对未来社会发展，对人性需求有深刻洞察的人，因为技术开放过程反而是明确的，所以更容易解决，而客户的需求更难以捉摸。陆奇所说的，正是基于 know-how 的能力。

从这个角度看，智慧城市建设，需要有专业的业务能力，完备的建设方法，成熟的管理工具，丰富的政府合作经验，等等，而这些都属于 know-how。唯有根据实际经验不断积累得出的 know-how 才是有助于打造有中国特色的智慧城市体系的真正良方。

IBM 提出过"智慧地球"（Smart Planet）的概念，微软提出过"未来城市"（City Next）的概念。相对来说，这些概念由于提出得较早，在现在看来，已经与实际需求有较大差异。中国很多技术企业也提出过很多智慧城市的概念。中兴通讯提出智慧城市（ZTE iCity）理念，华为、中国电信也提出过智慧城市的理念。基于他们多年的技术路径依赖，强调基础网络、新一代信息通信技术、感测、分析、数据中心、运营平台等信息技术为重要支撑。这些技术层面的切入角度，可归为 know-what 思维。

与这些企业不同的是，一些注重转型升级的企业，则显示出其特有的将行业经验与技术创新相结合的综合化优势。比如，平安集团以传统金融为主业，但其自身就有金融、医疗、汽车、房产等多个领域的相关业务，当其技术创新达到一定高度后，就开始向其他金融机构、医疗机构、政府机构进行技术输出。在这种路径之下，企业逐渐具备了更多注重全面发展的专家思维，而不仅仅是专攻技术的程序员思维。这就是建设智慧城市的 Know-how 层面。

智慧城市建设本身就是一个实践性、社会性非常强的长期事业，涉及领域之多，可谓错综复杂。由于不同板块推动智慧城市的节奏规划不同，系统对接和数据交换又都有严格限制，从而使得这种自上而下的"管理烟囱"对智慧城市发展造成了一定程度的制约。

目前智慧城市，存在顶层设计和统筹规划偏弱、体制机制创新较为滞后、盲目和重复建设、信息孤岛林立、业务协同不足、标准和接口各自为政、网络安全隐患和风险突出等现象。

所以，智慧城市需要从顶层设计出发、结合各部门、各领域、各层次的实际需求，提供具有可行性的一揽子解决方案。在信息时代，有一个重要的特征就是兼容性与接口。从某种意义上看，正是

"微软—intel"联盟提供的兼容性，使其在 PC 时代打败了苹果。反过来说，如果兼容性存在问题，信息技术带来的效率提升就会大大的下降。比如，社保、财税、公积金等系统，都信息化了，但是却各自要求的浏览器版本、内核不同，接口也各不相同，这就使得企业的相关工作人员都花很大的精力在应对这个不兼容性，安装多个版本的软件，甚至准备多台电脑。兼容性、接口的统一，换个角度说，就是顶层设计，即一个城市、一个省，乃至全国，要在操作上做顶层设计，才能有利于企业、单位、个人的操作，以及数据的流通。

再如医疗方面，过去病历中沉淀的大量数据，无疑是一笔宝贵的财富，但是由于这些信息根本谈不上什么规范，所以，极难将资源真正地利用起来，实现全面数据化。换言之，如果现在各医院各行其是，虽然各自实现了无纸化办公，普及了电子化诊疗记录，但是由于格式规范各不相同，医院之间无法进行互通，更难以融入全国的医疗体系。如此来看，虽然实现了智能化，但是却没能真正变得更加智慧。

## 厚积薄发，开创智慧城市新篇章

技术层面这些问题都很简单，但是，在建设智慧城市时，需要面对的挑战是：需全面考虑，做好顶层设计，打通协调好各部门，进行从上至下的战略性改革。建设智慧城市需要更加注重综合性、实践性及可持续性。这就涉及对城市问题的整体认识，关乎把技术与社会结合起来。总结下来，就是一个智慧城市建设治理的 know-how 问题。

目前背靠平安的行业经验，平安的四大核心技术，智能认知、人工智能、区块链与云科技，已达全球领先水平。其提供的一揽子智慧城市解决方案包括"智慧财政""智慧医疗""智慧安防""智慧交通"等。这些涵盖各领域的综合一揽子智慧城市方案，汇聚了平安集团旗下各专业子公司过去 30 年的产业经验和技术优势，既是平安的核心智慧资产，也是应对智慧城市建设所遇到种种问题的"know-how"型全面解决方案。

在智慧财政领域，平安的"智慧财政"方案是平安在智慧城市领域的独创，目标是协助市长做好"粮草"规划和管理。目前，已在南宁等多地上线运行，通过科技手段助力地方政府"管账""省钱"。其中，南宁"智慧财政"上线半年来，累计为南宁市融资企业节约成本 1.29 亿元，成交产权投资项目近 9 亿元，溢价超过 20%。

目前，平安的"智慧医疗"，覆盖全国超过 250 个城市，涉及数亿人口的政府医保，提供控费、账户管理等各类服务，大大降低了医疗成本支出，提升市民的医保服务质量；此外，在公共健康领域，平安的智慧医疗还为深圳、重庆等多个城市建立疾病防控、预测及预防体系，利用平安全面的医疗健康大数据和全球先进的人工智能，建立了传染病、多发病、慢性病预测和防范管控模型。

所以，在建设智慧城市的问题上，不仅仅是 Know-what 层面的技术问题，更需要用行业经验、积淀、对中国社会的认识，这种 Know-how 层面的能力，去进行一揽子方案的顶层设计并实施。简而言之，智慧城市建设，既要讲技术，又要讲政治；既要国际前沿，又要接地气。

（2018 年 8 月 23 日）

# 寿光洪灾背后是许多城市发展欠账的影子

马　亮

全国蔬菜基地山东省寿光市遭遇的一场洪灾，引发社会舆论广泛关注。这不仅是因为寿光受灾导致全国多地菜价应声上涨，而且因为此次洪灾揭露了这座长期缺水的城市本相。一座因为大棚反季节蔬菜而闻名中外的城市，也因为过度开采利用水资源而导致河枯水竭。不仅如此，这座城市大力发展的造纸等支柱产业，也在让本就捉襟见肘的水资源遭遇污染之灾。

寿光显然不是孤例，中国很多城市都在遭遇类似于寿光这样的发展桎梏，只不过寿光因为天灾而广受关注。过去高污染、高耗能、高投入的产业发展模式早已显露疲态，并越来越变本加厉地要求人们付出代价。与此同时，如何走出一条绿色发展的可持续之路，成为许多城市都不得不面对和思索的挑战。

首先，当城市的某些产业发展到一定阶段，就需要考虑如何转型和升级。特别是对于蔬菜种植等对自然资源依赖严重的产业，更加需要顺势而为。过去寿光因蔬菜种植而蜚声海内外，但日益壮大的产业却成为这座城市的难以承受之重。中国北方的很多城市普遍缺水，都面临类似于寿光的挑战，需要从寿光的案例举一反三。过去的优势产业在日益侵蚀可持续发展的根基，但是新产业的培植和壮大却需要长期的投入和坚持。

在这种情况下，地方政府需要有刮骨疗伤和壮士断臂的决绝，方能未雨绸缪地规划和推进产业转型。2018年年初，人们为山东省委书记刘家义直陈"家丑"并提出新旧动能转换而叫好，我们期待更多的地方主政者们可以痛定思痛，做好去产能和供给侧改革，实现产业转型和升级，走出一条可持续发展之路。

其次，寿光洪灾也折射出农业发展的脆弱性，说明需要进一步加大政府对农业的扶持和保护。寿光洪灾让多地菜价应声上涨，如何保障"菜篮子"的安全成为值得关注的问题。农业受天气等不确定因素的干扰严重，近些年"蒜你狠""豆你玩""姜你军"等现象频频出现，同农业种植和流通的周期性波动有很大关系。要想提高国家农业安全，就不能放任这种伤农损农的问题一而再再而三的重演。

一些评论指出，寿光洪灾让当地种植户"辛辛苦苦几十年，一夜回到解放前"。的确，在农产品贸易全球化的背景下，农业和农村的发展面临种种不确定性，小规模农业的发展局限越来越暴露无遗。要想规避寿光洪灾这样的悲剧重演，就需要加大政府部门对农业发展的引导和扶持，加强农田水利基础设施的建设和维护。

要守住关键核心农田水利基础设施的底线，不应为了眼前利益而牺牲了长远发展的根基。与此同时，政府也应考虑强制保险、规模化运营等方面的保障措施，避免在发生自然灾害时使农民承受无法挽回的损失。

党的十九大报告和2018年的政府工作报告都提出，要大力实施乡村振兴战略，特别是要推进农业供给侧结构性改革，"培育新型经营主体，提高农业科技水平，推进农业机械化全程全面发展，加强面向小农户的社会化服务"。只有如此，才能真正实现农业生

产的现代化和深度转型，并为壮大乡村发展提供新动能。

最后，此次寿光洪灾在应急处置方面的表现也令人诟病，说明各级政府需要加强应急管理的预防和准备工作。因为蔬菜种植的用水量大，所以当地的河流被截流，地下水超采严重。这使寿光长期处于缺水状态，对洪水的预见性不够，在洪灾防范方面也处于懈怠状态。原本一场天灾，却因为准备不足和应急乏力而成为人祸，不得不说其应急管理能力有待提升。

在应急管理方面，2012 年的"7·21"北京特大暴雨和 2016 年的"7·19"邢台暴雨，都发生了预警及时而疏散拖沓的问题，导致严重的生命财产损失。水利设施年久失修，人们的急救训练不足，都使各地对洪灾的应急管理功亏一篑。尽管在危机应对和灾后恢复重建方面，中国各级政府一直做得可圈可点，但是在应急预案和预防准备方面还需要进一步加强。

2018 年年初应急管理部的成立，为打通横向部门间协调提供了基本框架，也使应急管理领域的跨部门协调得以显著改善。我们期待在新的应急管理组织体系下，能够逐步强化预防和准备能力，真正补足应急管理的短板。

（2018 年 9 月 12 日）

# "确认过眼神"，中日关系风雨之后见彩虹

周永生

"我昨天到东京时一直下着雨，今天欢迎仪式时雨就停了。这也预示着中日关系在风雨之后会迎来美好的未来。"当地时间2018年5月9日下午，李克强总理与安倍晋三共见记者时说。

"我从未想过多年后有一天我会与李总理肩并肩站在这里共见记者。"安倍感叹道，"虽然随着时间推移，我们的容貌都有所变化，但我们彼此希望改善日中关系的心却从未改变。"

两国领导人在"确认过眼神"之前，还共同见证了10份合作文件的签署。文件涵盖社会保障、服务业、医疗养老、金融、节能环保、安全、人文等诸多领域。

访问前夕，李克强在日本《朝日新闻》发表署名文章《让中日和平友好合作事业再起航》，文章中称，"我这次来，就是要推动两国关系长期健康稳定发展"。

可以说，中日高层交流机制得到恢复，两国关系的改善取得全面进展，走出了困难的围堰，再次起航。

曾几何时，中日两国关系遭遇了重大困境。2010年在钓鱼岛海域发生的"撞船事件"，导致两国关系走向对立；2012年9月，日本政府把钓鱼岛"收归国有"，两国关系恶化；2013年12月，安倍参拜靖国神社，致使中日对立关系呈现长期化趋势。

　　所幸，今天两国关系出现改善与缓和，这是两国政府和人民努力修复创伤、淡化矛盾、管控分歧、不断创造条件和氛围的成果。

　　对于这样一个来之不易的成果，要倍加呵护、倍加珍惜，并促进其充实长大。否则，可能还会因某种寒流的来袭、某种因素的干扰，使其未等长成而提前干瘪或掉落。那么，怎样才能够促进两国关系再启航并行稳致远呢？

　　第一，中日两国要努力管控分歧，走出较劲的困境。在中日关系蜜月期的20世纪70年代，历史问题、钓鱼岛问题就已存在，但为什么没有干扰两国的政治关系大局呢？很明显，是两国领导人高超的政治技巧，淡化了这方面的矛盾和对立，压制了可能兴起的是非。用今天的话来说，就是实现了有效管控。现在和未来，仍需借鉴当时的经验。

　　第二，扩大两国关系的利益共同点，是带动中日关系前进的法宝。两国关系没有大的波折，并不意味着大踏步前进。怎样才能让中日关系满血复活、充满活力呢？这就必须寻找两国利益的共同点，扩大双边或者多边合作的基础，在共同的利益获得中，收获满足、积蓄关系再发展的动力源泉。

　　第三，在东北亚地区合作中，提升中日合作的品质。更为重要的中日韩三边经济合作的最大前景，是签署三边自由贸易协定，这将使三国的贸易和投资更顺利，并带动整个东北亚区域经济活力的提升。

　　但是，近些年来，日本对此一直缺乏积极心态，主要原因是日本认为中韩两国开放的标准较低，吸引力不足，日本要求在服务行业领域进行更大更多的开放，签署一个高层次、高质量的自由贸易协定。就中韩两国而言，今后大的发展方向，也需要大幅扩大本国开放程度，从长远而言，对中韩两国经济水平的提升也有好处。

第四，促进早日达成"区域全面经济伙伴关系协定"（RCEP），有利于中日经济合作拓展更广的领域。RCEP 是"东盟＋中日韩"，再加上澳大利亚、新西兰、印度共同参加（"10＋3＋3"），通过削减关税及非关税壁垒，建立16国统一市场的自由贸易协定。过去由于各种矛盾因素，RCEP 的谈判进程长期难以取得实质性进展，这对中日两国和其中的其他国家来说，都是一种机会和成本的浪费与损失。

中日两国要看到这种合作对于两国利益和发展的广泛前景，如果该协定得以签署，以东亚为核心的印太地区经济发展将获得巨大的新生动力，中国和日本在为地区国家经济发展提供新动能的同时，两国自身的长处，诸如资金、技术、人才、商品等生产要素，将得到最大限度的发挥，自身的经济也会因此而充满活力。

第五，防止第三方力量的破坏，有利于中日关系行稳致远。以往的经验和教训告诉我们，在中日关系好上加好时，一些势力和第三方力量，害怕自身遭遇边缘化，而想方设法挑拨离间、制造矛盾，中日两国一定要汲取这种教训，保持定力，在推动两国关系日益拓展和深化发展的同时，一定要防止第三方力量的破坏。

众所周知，朱鹮是日本政府指定的"特别天然纪念物"，是中日友好的象征。此次访问期间，中方将向日方新提供1对朱鹮种鸟，体现中国人民对日本人民的友谊。日本媒体也认为，中国时隔11年向日本赠送朱鹮，是希望将其作为关系改善的象征。

    "李克强总理此次对日本正式访问，日中双方达成了许多共识，收获了许多成果。"安倍晋三——列举，"这些合作协定不仅带来更多商机，也将使两国民众相互理解进一步加深。"

    可以说，中日关系的再起航来之不易，希望这次起航是远航。

（2018 年 5 月 10 日）

# 对于"消费降级"，不必渲染，也无需回避

于　平

近来，关于"消费降级"与"消费升级"的争论不绝于耳，"一口榨菜一口二锅头，骑着摩拜遛一遛，购物用'9块9包邮'……"这样的民谚，被认为是"消费降级"的典型场景。

"消费降级"果真发生了吗？从整体上看，这恐怕有些渲染过度。近两年，国内消费的增长确实有所放缓，数据显示，2018年1—6月社会消费品零售总额累计增长9.4%，较1—3月下降0.4个百分点。但是社会消费品零售总额增速放缓，只是硬币的一个面而已，与此同时，最终消费支出对GDP累计同比的拉动却由1—3月的5.3个百分点上升至1—6月的5.34个百分点。

为什么社会消费品零售总额增长乏力，消费对于GDP的拉动反而更大了？这是因为，消费结构正在发生变化，从以往侧重于实物的消费，更多转向于服务性消费，据统计，目前包括旅游、文化、体育、养老、培训、家政等在内的服务消费已经占到了国内居民消费支出比重的40%以上。服务消费取代部分实物消费，这本身就是消费升级的一个表现。

近几十年来，中国的消费一直呈现由低端向中高端、物质向精神、数量向质量的转变，这样的转变远未完成，民众对于优质商品依然有着旺盛的需求，"海淘"热度不减，诸如信息消费、绿色消

费等新兴消费一直在快速增长，服务性消费的扩张还有很大空间。

而且，消费本来就是多元的，不能因为某些低端消费的增长，而否定消费升级大趋势。许多时候，低端消费和高端消费往往是共存的，比如，一个年轻人周末可能会宅在家里吃泡面榨菜，但同时，他花钱买价格高昂的数码商品却同样不手软；一位白领会热衷于共享单车这一廉价出行方式，但这不妨碍他每年花几个月工资去海外旅游。

消费观念在转变，消费结构在优化，消费规模在扩大，这是不可否认的事实，所谓"降级"不过是消费变化的一部分。因此，我们不能以偏概全，对于当下的消费现状，应有一个全面、客观、理性的认识。

当然，对于某些人群、某些领域正在发生的"消费降级"现象，我们也没有必要否认和回避。

对于许多背负沉重房贷负担的家庭而言，可支配收入的减少，生活压力的加大，使得他们的日常消费不得不"降级"。对于许多漂在城市的外来人口而言，房租、物价不断上涨，工资却增长缓慢，使得他们必须省吃俭用，才能在城市站稳脚跟。对于需要养育孩子的家庭而言，抚养孩子的开支，占了家庭收入的绝大部分，他们没有宽裕的钱，来追随消费升级的潮流……

为什么"消费降级"这个概念会成为热门词汇？就是因为它是一种社会焦虑的投射，反映了这些群体的心声。以偏概全，当然是偏颇的，但如果用整体去掩盖局部，同样也不妥。"消费降级"受到热议，背后的民生之痛，需要被正视。如果物价持续上涨，收入增速继续下降，而住房、教育等硬性开支占比依然高居不下，"消费降级"恐怕会在更多人身上上演。

舆论热议"消费降级",其实不是坏事,通过相关的讨论,如何进一步释放居民消费潜力,发挥消费对于拉动经济增长的作用,已成为共识。

在 2018 年夏季达沃斯论坛上,总理表示,消费是中国经济增长的主要拉动力,我们要促进居民多渠道增收,持续增强消费能力。从个人所得税法的修改,到"社保负担总体不增加",再到《关于完善促进消费体制机制,进一步激发居民消费潜力的若干意见》的出台,最近以来,促进消费的政策可谓动作频频。

《意见》指出:顺应居民消费升级趋势,努力增加高品质产品和服务供给,切实满足基本消费,持续提升传统消费,大力培育新兴消费,不断激发潜在消费。增强消费者主体意识,尊重消费者自由选择权,加大消费者合法权益保护力度,实现消费者自由选择、自主消费,提升消费者获得感、幸福感、安全感。

期望未来,能在收入增长、税费减免和遏制房价上涨方面有进一步的实质措施出台,使得更多人走出"消费降级"的焦虑,跟上消费升级的潮流。

（2018 年 10 月 10 日）

# 缓解民企融资困境，关键在于"稳人心"

聂辉华

近期，中国民营企业遭遇了比较普遍的融资困境，政府部门频频出手相助。

2018 年 10 月 22 日晚上，中国人民银行发布公告，设立民营企业债券融资支持工具，稳定和促进民营企业债券融资。具体做法是，由央行通过再贷款和再贴现的方式，提供 1500 亿元额度的初始资金，由商业银行、保险公司以及债券信用增进公司等专业化机构运作，通过出售信用风险缓释工具、担保增信等多种方式，重点支持暂时遇到困难，但有市场前景和技术竞争力的民营企业债券融资。2018 年 6 月，为缓解小微和民营企业的融资困境，央行已增加了 1500 亿元的定向信用投放。因此，2018 年总共将有 3000 亿元基础货币定向投放给小微和民营企业。

从宏观调控的历史上看，由央行对民企进行定向信用投放是非常罕见的政策。因为一般情况下，企业的融资问题属于微观行为。然而，近期大量民营企业陷入流动性危机或融资困境，除了自身原因之外，还有宏观环境原因。特别是，在上一轮相对宽松的货币政策背景下，很多民企进行了顺周期的规模扩张，于是在本轮趋紧货币政策以及去产能、严环保的宏观调控背景下，一些民企在融资方面虽然紧急刹车，但是惯性很大，难以为继，于是出现了流动性危机。反映在股市上，一些过去大规模扩张的民企在股票价格下跌和质押率下降的双重压力下，不得不将大部分股权质押，从而出现了股权质押风险。

面对民企的融资困境，中央政府精准施策。第一，这次信用扩张没有采取简单地降低存款准备金率或降低利息率的传统做法，而是由央行针对专业机构的民企贷款提供再贷款，这是发挥涓滴效应，避免"大水漫灌"。这可以认为是货币政策的创新举措，从一个角度反映了中国货币政策的成熟和专业化。第二，专业机构从央行得到定向信用货币之后，不是通过行政手段向民企续贷或提供信用展期，而是通过出售信用风险缓释工具、担保增信等市场化的方式，向确有市场前景和竞争力的优质民企提供融资支持。第三，在融资手段上，这次央行主要支持对民企的债券融资，而不是由国有金融机构或国企对民企进行股权融资，这避免了"国进民退"的意识形态争论，减少了民企老板担心企业被接管的寒蝉效应。第四，央行通过定向的货币政策调控宏观经济的做法，符合国际惯例。事实上，2008年金融危机之后，美国央行美联储实行了多轮量化宽松政策，其平复危机的过程也受益于新的衍生金融工具 CDS（信用违约互换）。中国央行这次的定向信用扩张本质上也是一次定向量化宽松货币政策，而用于支持民企融资的信用风险缓释工具（CRM）可以看作是中国版的 CDS。

总之，既要缓解大量民企面临的融资困境，又不能采取简单的、"一刀切"的行政手段，还不能落入"国进民退"的意识形态争论，而是在法治框架下采取市场化的精准货币政策，中央政府可谓用心良苦。这良苦用心背后，反映了中央坚持"两个毫不动摇"基本国策的决心，化解民企融资困境的定力，以及保障民企健康发

展的政策诚意。专家认为，1500 亿元的基础货币，通过乘数效应有望转化为数倍乃至十倍的新增贷款，这将有力地缓解一大批优质民企的流动性危机或融资困境。非常时期需要非常政策。央行这一举措的要义是发挥杠杆效应，发射稳定市场的信号。稳就业、稳金融、稳外贸、稳外资、稳投资、稳预期，关键是稳人心。人心齐，泰山移。只要众志成城，相信中国经济没有迈不过去的坎。

必须认识到，央行设立民营企业债券融资支持工具的政策属于应急政策。中国民间有句俗语，叫"救急不救穷"。一方面，作为一种应急政策，它不太可能实现完全理想化的效果。尽管央行公告要求针对有市场前景的优质民企进行纾困，但是现实中并不存在一个简单、统一的标准来甄别企业的"市场前景"。可以预期，放贷过程肯定会遭遇一些道德风险行为，但我们不能因噎废食。毕竟，即便是纯粹市场化的投融资行为，也不能保证百分百精准。

另一方面，中小民营企业融资难是一个世界性现象，并非中国独有。要从根本上缓解民企的融资困境，必须进一步推进改革，实行制度创新。首先，政府要从制度上破除融资过程中的"所有制歧视"或"规模歧视"，确立竞争中性原则；其次，拓宽民企的融资渠道，大力发展直接融资手段；再次，减少政策的不确定性，提供可预期的政策环境，这样才能真正"稳预期"；最后，适度降低民企的税费负担，降低制度性交易成本，使民企有更多的资金盈余用于自身发展。

（2018 年 10 月 25 日）

# 以更宽广视角理解土壤污染与粮食安全

陈能场　　郑煜基

受到一定污染的耕地，上面仍长着庄稼。与雾霾、水污染相比，土壤污染被称作"看不见的污染"，更具隐蔽性，一旦污染更难逆转。"企业污染、政府买单、老百姓受害"，让人顿生"何时才能吃得放心"之慨。

全国人大常委会执法检查组近日做了关于检查《中华人民共和国农产品质量安全法》实施情况的报告。报告指出，我国农产品质量安全的基础依然薄弱，农产品产地环境污染形势仍很严峻。会议专门提到了湖南省花垣县血铅事件、江西省九江市镉米事件和河南省新乡市镉麦等事件。

改革开放让中国的经济发展取得了巨大成就，但快速发展以及环境保护的滞后也带来了一些污染问题。就镉而言，在 2014 年的《全国土壤污染状况调查公报》所公布的耕地土壤点位超标率为 19.4%，重金属镉的点位超标率高达 7.0%。

土壤污染事关国家安全和国民健康，面对不时出现的污染事件，应从更宽广的视野来理性看待。

首先，洁净、健康的土壤是安全粮食生产的基础，而阻断污染物进入土壤是对土壤的最大保护。就土壤污染而言，笔者曾在《农业环境科学学报》指出，我国土壤重金属污染问题不在土壤镉总量

的问题上，而在于数十年大量的外源镉进入土壤之中。认识到这一问题有助于我国对土壤重金属污染修复的方法进行选择。

土壤污染防治，不仅仅需要注意土壤重金属量的减少或者固定，同时也要重视土壤环境质量的概念，以土壤健康为目标，构建土壤污染的防治体系。除了内源性重金属污染，外源性污染问题也应得到关注。例如，由于镉的沸点为673℃，在缺乏回收装置的情况下，冶炼、火电、垃圾焚烧等过程都会将镉释放到大气之中，最终回归到土壤和水体，带来更广域性的污染。

其次，生活方式的改变，人口和粮食的高度流通，使得人们食物结构更加多样化，而饮食结构的改变大大降低了局部粮食不安全的风险。

以日本为例，1970年日本的人均每天食用大米261克，到1994年则下降到182克，男性的镉摄入量从1980年的47.1微克/天降到1990年29.5微克/天，而女性的镉摄入量则从27.7微克/天下降到23.8微克/天。日本大米的镉平均浓度在20世纪80年代和90年代都为0.053毫克/公斤，2008年的调查数据为0.050毫克/公斤，整个国家的大米镉含量变化甚微。这个事实说明，日本人这段时间摄取镉的数量下降并非大米的镉含量下降带来的，而是生活方式和食物结构改变带来的。

除了饮食结构的变化，食物中的营养对于人体重金属镉的吸收也有极大影响。新西兰有以生蚝和牛奶为主食的居民，其镉的摄取量与日本痛痛病患者相当，但并未表现出受害特征，相当健康。这是因为生蚝和牛奶富含的铁、锌、钙保护了他们：食物中更多的营养、体内富足的铁可大大降低镉被吸收进入血液的数量，从而让更高比例的镉直接通过粪便排出体外。

目前我国粮食流通性大，有着"买全国，卖全国"的说法。在日常生活中，可以通过饮食的多样化、均衡化来降低镉摄入人体的风险，通过加强铁、锌、钙等营养，来降低镉的吸收，让多样化的饮食和富足的营养为身体抵御重金属构筑一道强有力的防线。

由于从土壤污染到粮食安全到人体健康是一个复杂的链条，相关部门应当通过阻断污染物进入土壤，构建健康的土壤质量，生产安全和营养丰富的农产品，防止污染物侵害人体。

土壤污染与粮食安全是个全社会关心的问题，期待通过更加完备的制度、先进的技术和良好的生活方式，保障每个人的健康。

（2018 年 10 月 30 日）

# 多地争创国家中心城市，
# 重在优化地方环境

斯　远

2018 年 10 月 29 日召开的辽宁省委全会明确提出，积极推动沈阳创建国家中心城市。

2018 年 10 月 30 日，中央纪委国家监委网站发布的《中共济南市委关于巡视整改进展情况的通报》《中共青岛市委关于巡视整改进展情况的通报》亦披露，山东省济南、青岛两市也公开提出"争创国家中心城市"的目标。

2018 年 7 月，山东就公开表示要抓紧实施创建国家中心城市的行动，全面对接京津冀，打造环渤海地区重要的增长极，将济南建设成为国际化、现代化、特色化的国际大都市。

再早些，2018 年 4 月，网上关于沈阳成功晋级第 10 个国家中心城市的消息满天飞，当地房价将上涨的声音也十分热络。尽管这一传言很快被证伪，但地方政商两界乃至一般民众寻求突围的焦虑，清晰可鉴。

国家中心城市的价值和意义自不待言。根据 2007 年原建设部上报国务院的《全国城镇体系规划（2006—2020 年）》描述，国家中心城市是全国城镇体系的核心城市，在我国的金融、管理、文化和交通等方面都发挥着重要的中心和枢纽作用，在推动国际经济发展和文化交流方面也发挥着重要的门户作用。国家中心城市应当具有全国范围的中心性和一定区域的国际性两大基本特征。

也即，国家中心城市应该同时具备经济体量与中心性、国际性等因素，其很大作用就是要引领区域发展。从目前已有的北京、天津、上海、广州、重庆、成都、武汉、郑州、西安这9个国家中心城市看，确实如此。

从这一点看，沈阳无疑具有一定的先天优势。沈阳多年来一直是东北大区的中心城市，具有无与伦比的首位度，这已成为一种共识。目前固定电话区号三位数开头的城市，就是传统的十大中心城市，沈阳就是东北的中心。

而从山东的情况看，省会城市济南的风头多年来一直被青岛抑制，即便在山东半岛，首位度也不高。此前青岛市委提到的"找准'三个坐标'，在全省坐标中努力当好全省经济发展的龙头，在全国坐标中努力争创国家中心城市，在全球坐标中努力建设国际海洋名城，进一步明确城市发展定位"。

当然，多地积极推动创建国家中心城市，总体而言，仍属于有利于发展的好事，必将对一些城市产生巨大的托举作用。这也意味着，当下，很多地方的城市竞争已经走出以往区域竞争的层面，进入了国家层面的角逐。

只是，"国家中心城市"并不仅仅是一个好听的名号，不是一个推高房价的噱头，而更应该是一份沉甸甸的责任，直接指向对政策、经济、人才等资源的整合与集聚。

以沈阳为例，近年来，沈阳经济持续低迷。这中间，国有经济发展乏力是一个原因，以"铁西区"为代表的老工业基地，经历了一个痛苦的蜕变过程。到现在，沈阳都没有缓过气来。无论是GDP总量还是增速，均不乐观。

此外，长期以来国有经济一枝独大，也严重抑制了民营经济的健康快速发展，而政商关系的不清、政治生态的不靖，则更是极大挫伤了资本的热情，耽搁了宝贵的发展机会。

山东的情况也类似，一方面是经济发展速度放缓，另一方面则是政策环境亟待优化，济南非法经营疫苗系列大案令世人震惊，而"青岛大虾"甚至已经成了一个典故。这些问题均表明，政府治理存在巨大提升空间。此前山东省委明确要求省级新闻单位要进一步加大舆论监督力度，就是一种积极的诊疗手段。

可见，争创国家中心城市是好事，但关键是先做好自己的事情。"国家中心城市"只是一个美好的结果，而抵达这一结果，则需要付出艰辛的努力。比如，营造公平公正的竞争环境，提高政府部门的效率，构建亲清的政商关系，痛下决心优化营商环境，等等。有了这些实实在在的施政努力，必然能够激发社会潜能，释放市场主体和民众的内生动力。

中央多次强调，要"营造稳定公平透明、可预期的营商环境"。实践证明，新常态下区域发展在分化，哪个地方的营商环境好，企业投资就往哪里走，哪个地方发展就会更快更有活力。

说到底，争创国家中心城市，必须自我加压，强力推进简政放权、放管服改革，刀刃向内，真正给市场松绑，给社会信心。如此，才会水到渠成。

（2018 年 11 月 3 日）

# 完善产权保护，缓解民企后顾之忧

刘晓忠

当前经济下行压力加大，决策层密集喊话，为民企民心送定心丸。

"我们要不断为民营经济营造更好发展环境，帮助民营经济解决发展中的困难，支持民营企业改革发展，变压力为动力，让民营经济创新源泉充分涌流，让民营经济创造活力充分迸发。"在民营企业座谈会上，习近平总书记提出大力支持民营企业发展壮大的6个方面政策举措，让民营企业和民营企业家吃下定心丸。

2018年11月8日和9日，国务院总理李克强分别主持召开了一场经济形势专家和企业家座谈会和一场要求加大金融支持缓解民营企业的国务院常务会议。

11月9日的国务院常务会议上，明确了下一步的部署：即要拓宽融资渠道，将中期借贷便利合格担保品范围，从单户授信500万元及以下小微企业贷款扩至1000万；要激发金融机构内生动力，明确授信尽职免责认定标准等；要力争主要商业银行四季度新发放小微企业贷款平均利率比一季度下降一个百分点。同时，明确整治不合理抽贷断贷，以及抓紧开展清理政府部门和国有大企业拖欠民营企业账款的专项清欠行动等。

国务院常务会议制定的具体部署，为民营企业运营实践中出现

的一些问题，提供了具体的解决思路和方向。这为央行行长表示的用三箭齐发的"真金白银"政策措施帮民营企业和小微企业解决实际困难，提供了有利的政策导向。

当前用货真价实的"真金白银"支持和鼓励民营经济，无疑将有助于凝聚人心、善待民意。不过，正如央行行长所说的，前期一些政策制定考虑不周、缺乏协调、执行偏离等是造成信用紧缩和民企融资困难的重要原因。

最近以来中央通过开座谈会，把民营企业家请进来倾听困难、商讨对策的这种开门施政的方式，显然有利于减少甚至杜绝政策制定考虑不周、缺乏协调、执行偏离等问题。为此，必须特别强调，当下最高决策层的重视和高度聚焦民营经济发展问题，及相关部门愿意承认民企受困与前期政策制定考虑不周等有关，无疑值得称赞。不过，用"真金白银"等更多是为民企融资困难等问题解困，尤其是研究开发债券融资支持工具和股权融资支持工具，但不一定解惑。

而且目前民企投资热情度不高，市场活力不够，企业家发挥警觉性的作用有限等，不仅是因为民营企业缺乏金融支持，同时也与民营企业在产权制度、立法等议事规则参与度不够等有着直接的关系，且后者的作用要大于前者，即通过各种政策手段用真金白银可以有效缓解目前受融资渠道不畅、债务过重等因素的受困民营企业，但解决了民营企业眼前的困局是否就可以激励民营企业进行经济扩展，显然是不够的。

其实，当前民营经济最大的疑惑是对产权保护制度稳定性的忧虑。近年来部分地方对民营企业产权保护方面的个案，一定程度上影响着民营企业的信心；毕竟，如果产权保护在立法上尚有待完善，在执法上还存在一些处理不妥等问题，无疑将影响着民营企业的投资积极性。

因此，完善产权保护的立法工作，提高执法层面的公平效率，用一个个鲜活的个案缓解民营企业的后顾之忧，使其由衷感觉到产权保护比以前更加完善，将是必须积极有为的重要举措。

同时，政策制定考虑不周，掰开了说实际上就是当前政策等议事规则制定方面，亟须广泛的代表参与性。

前期政策制定为何考虑不周？其实，一个重要的原因就是当前立法部门向行政部门授权了更多的规则制定权，使执法部门在许多领域既是规则制定者又是规则执行者和仲裁者，而行政执法部门在制定规则和政策的同时，代表性不够，导致许多与民营企业、民营经济直接相关的问题，未能有效反映到新的政策和规则中，这是前期政策制定考虑不周的深层原因。

因此，要让民营经济安心，短期的策略是，在政策和规则制定过程中采取开门立规矩的做法，尽可能提高议事规则制定的广泛代表性，缓解政策制定考虑不周等问题；而中长期的策略则是全国人大和各级人大要适度收回授权行政执法部门的政策制定权和规则设定权，真正实现立法与执法的独立，履行法无禁止即可为、法无授权不可为的原则。

最后，稳定民心的治本之策是加快改革开放，尤其是加快要素资源市场的改革、行政管理体制改革等。

改革开放 40 年来，中国在商品市场的改革开放取得了骄人成就，但在要素资源市场领域的市场化改革尚存在较大的不足，甚至一度出现一碰硬就退缩的问题，这导致了要素资源市场与商品市场存在不同的资源配置方式，妨碍了经济的全产业生态链传导，影响

了货币政策的可传导性。

事实上，当前经济社会出现了信用紧缩等问题，深层原因就是要素资源市场的改革亟须突破问题，唯有加快要素资源的市场化改革，在所有具有竞争性的非公共外部性领域实现无事实上的所有制身份"歧视"，才能有效地激发民营企业的活力，激励企业家处理市场分散知识的警觉性，也才能真正带动中国经济实现质量效益型转型。

改革开放的稳步推进，管理层的积极有为和有所不为，立法与执法层面的不断改进等等，势必将为民营经济提供越来越多切实有效的安心丸。当前中央通过召开座谈会的形式，将民营企业家请进来的开放式政策指导和政策制定方式，若以一种长期化的制度形式稳定下来，这是提高战略和政策制定质量，提高政策和制度敏感适应能力和偏差纠错能力的基本保障，也是避免支持和鼓励民营经济"运动化"必不可缺的基本前提。

总之，民心稳、万物兴，行事就有章法、底线思维和开放思维，就能政通人和。

制度和政策不是任何人心中的油画，而是众生的素描，是政治家精神和政治家的警觉性。立法和政策制定之门打开了，民心就容易注入法律和政策之中，公序良法就在群策群力的试错中找寻到合适中国这只脚的"鞋"。

（2018 年 11 月 12 日）

# 资源型城市转型如何凸显溢出效应

崔向升　滕　晗

"所当乘者势也，不可失者时也"。

2018 年伊始，龙城太原、鹏城深圳、榕城桂林三座城市迎来特别贺礼——国务院正式批复，国家可持续发展议程创新示范区花落三市。

三座城，三个空间，是我国东、中、西不同地域布局的代表；三座城，三个阶段，是可持续发展不同时期的样本。

越是艰难处，越是转型时。

中国目前面临经济转型的形势，城市化发展需要相关的解决方案。但这个答案不是单一的，每个城市的资源禀赋、历史文化、环境条件各异，所以，示范区的建立试图总结出一些可复制的模式，为其他城市和地区，以及其他发展中国家提供借鉴。太原，则力图打造资源型城市转型升级方案。

从 2013 年的"大气十条"、2015 年的"水十条"问世至今，太原的空气和水质重新焕发新鲜、绿色的健康底色，出租车全部电动车化、热力管道输送供水等创新举措，都是在践行"绿水青山就是金山银山"理念，太原人试图在时代转型中找准自己的发展脉搏。

2018 年 9 月 17 日，中国（太原）能源低碳发展论坛的分论坛

之一——"城市能源低碳与可持续发展"，吸引了海内外众多学者、专家集聚一堂，共话转型发展。此次论坛一大亮点是凤凰网政能亮沙龙落地太原，围绕打造新时代可持续发展的"太原样本"，嘉宾们的真知灼见在交融中升华。

"痛则不通，通则不痛"。转型，痛在推进，重在责任。

这种转型，必须是全社会各个环节的深度转型。在供应源头方面，可再生能源逐渐替代煤炭及其他化石能源是低碳可持续发展的优选；在发展动力方面，由资源推动的发展模式转变为技术推动的发展模式，是打破"资源诅咒"、可持续发展的良策；在产业模式方面，绿色供应链将可持续发展理念贯穿整个生产的生命周期中，是企业增加竞争力、社会建设生态文明的途径。

资源型城市面临的问题有很大的共性，不仅限于太原。奠定国家工业基础的"共和国长子"东北三省、"中国石油工业摇篮"甘肃玉门、"华夏金城"陕西潼关等，它们曾经是发展的初级动力，给予社会最高速但也最野蛮的发展。然而，数十年过去，问题暴露得很彻底，产业结构单一，资源依赖性强，经济发展迟缓，水、土地、空气等生存环境遭到破坏，资源型城市可持续发展步履维艰。

因此，资源型城市转型，已是国家责任。

2016 年，联合国《2030 年可持续发展议程》启动，从 17 个方面阐述了可持续发展目标，中国为解决资源型城市转型的世界性问题提供方案，是落实议程、彰显大国责任的体现。

于此，资源型城市转型，亦是国际担当。

他山之石，可以攻玉。英国曼彻斯特，近代工业革命的发源地，世界上第一座工业化城市，20 世纪七八十年代开始转型，城市规划与产业结构调整并行不悖，最终改善城市容貌，摒弃以制造业为主的产业结构，为城市注入服务业的产业发展内核，从"工业之城"华丽转身"创意之城"。

德国鲁尔工业区，在资源红利变为"资源诅咒"后，通过清理改造和产业结构调整，最终走出发展泥潭，形成以煤炭和钢铁生产为基础、电子计算机和信息产业技术为龙头，多种行业协调发展的新型经济区。

美国的钢铁心脏——匹兹堡，在经历"多诺拉烟雾事件"后，通过"三次复兴规划"和多元化经济战略，成功转型重生，今天的她拥有"最受青年欢迎城市之一"头衔，连续10年被《福布斯》杂志评为全美最清洁的城市。

这些案例里，哪些是我们可以借鉴的呢?

首先，为城市转型加入"新"产。要提高资源型城市的产业丰富度、处理好资源产业与非资源产业的配比。城市，是一个生态系统，需要多样化才能相生、稳定。在新型产业、创新产业不断加码城市发展后劲的今天，资源型城市凭借曾经的开创经验，"创新之路"未尝不是今日优选。

其次，为城市转型吸入"财"力。资源型城市转型是系统性工程，其生态环境治理、基础设施建设等，不能靠地方政府一己之力，要多引外力，同时，在资金进入之外，先进的技术和理念也顺应而来。

最后，为城市转型注入"人"气。资源型城市转型要以"人"为导向，尤其需要关注转型过程中"弱势群体"，避免"人口负增长"、"鬼城"等现象。同时，人的培养不可忽视，转型的难点之一就是人的转型。思想上，教育先行;行动上，培训发力，为人员发

展增加竞争力，为城市发展谋求潜力。

　　不破不立，资源型城市转型是一个城市的破茧重生。唯有此，未来才可期。

（2018 年 9 月 26 日）

# 四、促进民生计

# 《我不是药神》引发热议，
# 总理批示直击民生痛点

斯　远

　　李克强总理近日就电影《我不是药神》引发舆论热议作出批示，要求有关部门加快落实抗癌药降价保供等相关措施。"癌症等重病患者关于进口'救命药'买不起、拖不起、买不到等诉求，突出反映了推进解决药品降价保供问题的紧迫性。"批示中指出，"国务院常务会确定的相关措施要抓紧落实，能加快的要尽可能加快。"

　　诸多经验事实告诉我们，在与癌症旷日持久的消耗中，公民的生命、家庭的经济，被一点点拖垮、拖向深渊。总理曾经说过，"现在谁家里一旦有个癌症病人，全家都会倾其所有，甚至整个家族都需施以援手。癌症已经成为威胁人民群众生命健康的'头号杀手'"。可以说，在解决"救命药"问题上，我们已经耽搁了太久，再也不能让那些癌症病人及家人继续无望的等下去了。

　　从这个意义上讲，火遍神州的电影《我不是药神》，不过是艺术化地展示了公众的切身体验而已。人们从电影中看到了一个白血病患者群体的痛，看到了他们为延续生命尝试各种仿制药的铤而走险，也看到自己可能面临的命运播弄。

　　当药价成为横亘在病痛中国人面前的深沟高垒时，一个降价、一个保供，总理对《我不是药神》批示中的两个关键词，直击民生痛点，也赢得了民众的由衷点赞。政府就应该正视民意诉求、回应

社会关切。

事实上，透过《我不是药神》，仍有着诸多追问，这也是公众焦虑的根源所在。比如"救命药"价格为什么那么高？降低关税之后，实惠能否传导到终端用户？在民生诉求与药企利益之间，政府如何体现监管责任？如何体察电影热映背后的社会情绪？

每一个问题都对应着一部分沉甸甸的社会现实，都让人在绝望与希望之间游移。据此前媒体报道，作为白血病靶向药的"格列卫"，原研药价格 2 万多元，一盒只够吃一个月，而印度的低价仿制药只需几千块，在印度团购的价格更是低至 200 元一盒。差价如此"离谱"，人们有理由怀疑这中间可能存在的利益链条。

特别是，2018 年 4 月和 6 月，两次国务院常务会议，决定对进口抗癌药实施零关税并鼓励创新药进口，加快已在境外上市新药审批、落实抗癌药降价措施、强化短缺药供应保障。而自 5 月 1 日起，国家对 28 类进口药关税降至零，其中就包含了治疗癌症的常用药。然而，让人不解的是，进口抗癌药降税之后并没有降价，政策的善意，并没有转化为百姓实惠。

尽管这与药品复杂的价格生成机制有关，但这样的"中梗阻"依然令人愤懑，当政府让出的这部分税变相进入了各级药品经销机构、医疗机构的腰包，可以想见，癌症患者那种绝望、愤怒，以及深深的期望，简直无以言表。

如何打通进口抗癌药惠民的"中梗阻"，让政策落实不再滞后？首先，需要进一步打破来自市场与行政方面的事实垄断，切实推动进口抗癌药降价。进口药不能被利益集团掌控，成为其牟取利益的工具，一头从患者那里赚取高额利润，一头从政府手中获得降税收益。对于这样的行径，就应该像总理说的那样，"必须多措并举打通中间环节，督促推动抗癌药加快降价，让群众有切实获得感。"

这里的"多措并举"，既包括严厉的监管，依法挤压虚高药价，保障民众的生命权，也包括必要的价格谈判。在 2018 年 4 月的一次基层考察中，李克强还专程来到一家外资药企，以将药品纳入医保、实施政府采购等方式，希望该药企生产的抗癌药等重大疾病药品价格能够更加优惠公道。总理此举就是一次有效的价格博弈。

此外，也要加快推动国家层面抗癌药品的研发、创新。2017 年 11 月，总理针对澎湃新闻报道"白血病患儿遭遇廉价国产药短缺，进口药一瓶超千元"作出批示，要求有关部门"切实加大国产廉价药生产供应保障力度"，兹事体大，也是精准"靶向"改革的必由之路。

据披露，国家癌症中心发布的《2017 中国肿瘤登记年报》显示，我国每年新发癌症病例 429 万，癌症死亡 281 万例，相当于平均每天过万人、每分钟约 7 人确诊患癌。这一问题已经是迫在眉睫，必须马上决断。

在"救命药"的问题上，时间就是生命，不能等，也不能拖，要"急群众所急"，"尽最大力量，救治患者并减轻患者家庭负担。"

当前，唯有以彻底的改革精神，以对生命的负责任态度，大刀阔斧，强力推进，才能真正疏解民众焦虑，让好的政策尽快落地。

（2018 年 7 月 19 日）

# 实现应救尽救，让每一位
# 孤残儿童拥有希望

陈　方

在六一儿童节来临之际，一则有关孤残儿童救助的福利政策让人倍感欣慰。

2018年5月30日，国务院总理李克强主持召开国务院常务会议，其中，会议有一项内容，决定建立残疾儿童康复救助制度，从2018年10月1日起，对符合条件的0—6岁视力、听力、言语、肢体、智力等残疾儿童和孤独症儿童，包括经济困难家庭、福利机构收养的残疾儿童和残疾孤儿等，提供手术、辅助器具配置和康复训练等救助。救助经费纳入县级以上地方政府预算，中央财政给予适当补助。到2020年基本实现残疾儿童应救尽救。

对残疾儿童康复救助，这样的政策并不陌生。在此之前，河南、四川、辽宁等省份都出台过类似救助措施。例如，2016年3月，四川省残联、省卫计委和省财政厅联合制定的《四川省0—6岁残疾儿童康复救助项目实施方案》正式出台，从2016年起至2020年，该省每年将为1000名家庭经济困难的0—6岁残疾儿童开展手术、康复训练和辅具适配服务，残疾儿童康复救助标准最高每人不超过3万元，每个残疾儿童不重复享受同一类型的救助。

又比如，2017年通过的《辽宁省实施〈中华人民共和国残疾人保障法〉办法（修正案草案）》中明确规定：省、市、县人民政府应当建立残疾儿童康复救助制度，为六周岁以下视力、听力、言语、肢体、智力等残疾儿童和孤独症儿童免费提供手术、辅助器具配置和康复训练等服务，有条件的地区可以根据本地实际情况，适当放宽残疾儿童和孤独症儿童康复救助范围。

综观这些省份对孤残儿童的救助规定，与 2018 年 5 月 30 日国务院常务会议对孤残儿童救助工作的部署大体吻合。由地方实践到中央定调，这样制度设计路径，无疑更能体现实践性和权威性的结合。这对更多孤残儿童，特别是那些还未制定明确救助规定的地区的儿童而言，无疑是更大的福音。既能以国家之力对残疾儿童康复实施更有效的救助，也更有助于破解孤残儿童救助的底层困境。

在 2018 年两会的"部长通道"上，中国残疾人联合会执行理事会理事长鲁勇表示，我国现有 0—6 岁的残疾儿童大约 168 万，其中家庭比较贫困的是 22 万人左右。不难理解，那些越处于社会底层的家庭，残疾儿童被救助的希望越小，也越依赖于公共救助。近日被舆论热议的"女童小凤雅之死"一事，虽然舆论主要聚焦于民间慈善等议题，但本质上它还是一起有关底层重病儿童未能得到有效救助的问题。当然，小凤雅的遭遇并不是一般性的残疾，有一定的特殊性。但这个案例能够帮助全社会更客观认识到，完善的公共救助对重病、孤残儿童的极端重要性。

建立残疾儿童康复救助制度，关键还是在于落实。这一制度生效后，相信一定能惠及更多的孤残儿童，那些折翼小天使的未来或许因此也将多几分光亮和希望。但该制度的落实，仍不能低估其现实中的难度，一些细节问题仍不可大意。比如最直接的问题，越贫困越落后的地区，需要救助的孤残儿童数量往往越多，但这些地方的公共救助能力也往往越弱，如何能够保障这些地方有足够的能力

承担起公共救助责任，这恐怕不仅仅是表面执行规定这么简单，配套的资源倾斜不可或缺。

救助制度要求，救助经费将纳入县级以上地方政府预算，中央财政给予适当补助，这一点很有必要。比如，对于残疾儿童来说，康复的过程是持续的，不仅需要跟踪式的救助关怀意识，更需要充足经费作保障。根据以往的经验来看，这类救助措施多是为聋儿配备人工耳蜗，为听障儿童配备助听器，相关补助在 1 万—3 万元不等。对于经济贫困的地区而言，且不说这样的救助经费能否保证专款专用，筹备这样的救助经费本身或也是问题。在此除了上级政策和资源的倾斜外，也不妨适当引入社会公益合作，借鉴他们的资源和经验。

再比如，从获取救助的渠道来看，首先能"捕获"到这些救助规定的信息，才有可能争取到被救助的机会。而一些底层家庭获取信息的渠道一般比较落后，如果这些救助规定和政策，不能全方位向基层普及，很多孤残儿童便很可能被排除在救助的辐射范围之外。所以，这项规定在执行过程中，相关部门应该展现出更多的主动性，而不能被动等到求助。在这方面，或可考虑打通与贫困户信息的连接，甚至将救助行动纳入扶贫的配套工作中去。

建立并落实好残疾儿童康复救助制度，是对社会最弱势群体的底线保障。让每一位孤残儿童享受到希望和体面的人生，也是一个文明公正社会的应有之义。确立了对孤残儿童应救尽救的目标，这个六一儿童节因此有了更多亮色和意义。

（2018 年 5 月 31 日）

# 有效的"网上政府"才能真正连通民意

于 平

"内蒙古自治区节能减排网"对于民众的留言不闻不问；宁夏回族自治区"中卫市教育局"网、江西省"九江市工商行政管理局"网，办事指南发布"惜字如金"，让人一头雾水；"浦东新区政府采购中心"网首页面长时间未更新；"西藏自治区外事侨务办公室"网站长期无法访问……

2018年第一季度，国务院办公厅政府信息与政务公开办公室（以下简称国办信息公开办）的抽查通报显示，个别地方政府网站存在网站管理不到位、在线服务不便民、互动渠道不畅通、域名标识不规范等问题，通报列出了一个长长的问题网站清单。本应为办事群众提供便捷通道的政府网站反而成了"拦路虎"，严重影响地方政府形象。

互联网2.0时代，政府网站成为"互联网＋政务服务"的重要载体，承担着改进政府治理、推动职能转变、提升服务质量和效率的重要功能。建好政府网站，打造"网上政府"，才能变"民众办事围着各部门跑"为"各部门围着办事民众转"。

但是，某些地方政府网站依然是"僵尸"，一些部门将"网上政府"沦为作秀，这些信息值得我们警惕。"互联网＋政务服务"本来是利用网络的便利，最大程度方便民众，但一些政府部门的奇

蔽操作背离了初衷，反而将"便利之网"变成"阻碍之网"，拦住了政府与民众沟通的通道。一个地方有这样的政府网站存在，无疑是对政府公信力的巨大伤害。

这些地方政府网站操作乱象，反映出部分管理者的庸政、懒政思维，显然，一些地方官员根本没有明确"政府网站为谁而建"，他们眼里没有民众，他们建设政府网站只是给上级领导看的"面子工程"。正是在这种思维的主导下，才有网站前期建设的轰轰烈烈和后期运行维护的虎头蛇尾。

整治"网上政府"作秀，强化政务服务网站的治理，已是迫在眉睫。这样的治理，需要国办信息公开办继续加大抽查曝光力度，国办信息公开办相关负责人表示，"过去我们是看政府网站'是死是活'，现在我们是看政府网站'活'得怎么样。"这种监管的升级，将有助于互联网与政府公共服务体系的深度融合，让"互联网＋政务服务"实至名归。

当然，对于政府网站的行政监管，不只是国务院的事。各个地方政府，也要拿出积极作为。一方面，要建立起促进政府网站建设的有效激励机制，激发官员建设政府网站的动力；另一方面，严肃问责机制，对于那些"空壳子""花架子"政府网站，要追究政府部门一把手责任，使得相关负责官员不敢懈怠。

在行政监管之外，社会监督也是政府网站治理的重要力量。2015年9月，国务院办公厅牵头在中国政府网开设"我为政府网站找错"监督举报平台，自开通以来，得到全国各地网友的普遍参与，2018年第一季度共收到网民有效留言13542条，总体办结率达99%。作为政府网站的直接用户，民众对于政府网站是否好用、是否管用，无疑有着最大发言权，所以，让民众更多参与政府网站治理，进一步提升他们的话语权，有利于扭转政府网站轻视"用户体验"的现状。

在民众监督之外，对政府网站引入更专业的第三方监督也同样重要。事实上，近年来，包括高校、研究机构、社会组织等力量，对政府网站都展开了监督行动，有的还发布相关报告。相比普通民众，这些机构组织有着更为专业的能力，以及人力、资金的保障，所以对政府网站的监督也就更为深入、持久。对于第三方监督，政府相关部门不妨敞开大门，给予最大的宽容和支持。

建设民众满意的服务型政府，需要对政府网站"动真格"。从源头上治理政府网站乱象背后的懒政思维，用全方位的监督倒逼官员的责任意识、服务意识，政府网站才能彻底摆脱"老大难"，给亿万网民更多获得感。

（2018 年 5 月 18 日）

# 慈善的力量不是"透支"而是全面激发

王振耀

　　一个民族从自身灾难中的学习能力，往往成为判断其发达程度与否的重要标志。2008 年 5 月 12 日发生的汶川地震，激活了中国公益慈善事业。2008 年，也因之被称为"中国公益元年"。

　　十年前，汶川地震震惊世界。人们至今不能忘怀的是，全国人民都是自愿募款捐物。截至 2008 年年底，"5·12"汶川特大地震灾区所收到的抗震救灾各类捐赠总价值已超过 937 亿元。百万志愿者在灾区与政府密切配合，形成了严密、多维度的救灾网络；而一省对一县的救灾与恢复重建体制，更展现了具有中国特色的救灾机制。

　　汶川救灾紧急救援阶段过后，不少慈善界的同仁曾经担忧：汶川救灾的 2008 年，全国捐赠超过 652 亿元，慈善热情是不是"透支"了呢？以后还有款物可以捐赠吗？现在，回顾汶川救灾之后中国慈善事业发展的十年历程，我们发现，中国社会经受住了考验，中国慈善事业在 2008 年不是"透支"而是被全面激发。

　　第一，在捐赠量上，最近几年，年社会捐赠总额超过千亿。2009 年，全国的捐赠总额超过 600 亿元，2010 年由于青海玉树发生地震，是年捐赠额又一次超过千亿元。这以后，每年的社会捐赠总额都不再低于 800 亿元，而在最近几年即使没有发生重大自然灾害，捐赠款物仍然超过千亿元。有的慈善家，已经开始一个人捐赠百亿元来参与慈善。2008 年以来，中国社会所迸发的巨大爱心，仍然如春潮澎湃，汇集为慈善洪流，展现出社会关爱的力量。

第二，判断慈善事业的发展，还要看社会组织的发展。打开《中国民政统计年鉴》可以看到：2008 年，中国共有 413660 家社会组织，其中社会团体 229681 家，基金会 1597 家，民办非企业 182382 家。而据中国社会组织网的统计，到了 2018 年第一季度，全国社会组织达到 808479 家，其中社会团体 376236 家，基金会 6393 家，民办非企业单位 425850 家。

也就是说，社会组织的数量整体上几乎增长了一倍，基金会则增长了 4 倍。社会组织的这种发展态势，有力地表明中国慈善事业正在成为社会服务业的重要组成部分。民间公益组织在救灾过程中与政府和其他社会组织密切配合，成为重要的社会救助力量。

第三，《中华人民共和国慈善法》于 2016 年 3 月由全国人大通过并于同年 9 月正式实施。这部法律的通过，开创了依法治善的新时期。该项法律将传统意义的慈善进行了全面升华，并包括了教科文卫体与环保等多个方面，从而使公益与慈善实现了有机对接并产生了"大慈善"的法律格局。

第四，互联网技术的进步促进了当代中国慈善事业的发展。慈善捐赠行为与互联网建立起了密切联系，使得我国成为全球范围内极少数发达的互联网公益国家。而在公益金融方面，政府与社会密切合作，使得普惠金融、影响力投资、社会企业正在成为一种重要的社会发展趋势。

第五，在公益慈善组织的公信力建设方面，进步尤为突出。最近一些年，公信力建设的支撑体系日益发展。国家不断颁布慈善组

织的公开透明标准，包括建立互联网捐赠平台等。一些高校建立起了公益研究机构，中国甚至出现了世界第一所公益学院——深圳国际公益学院，各类培训与研究咨询和倡导活动日益发展。

当然，在看到中国公益慈善事业巨大进展的同时，也要看到，在我国国民生产总值超过 80 万亿元以后，社会全面迈入"善经济时代"，整个社会需要新的财富观以过好日益富裕的"财富关"。公益慈善事业，是财富向善的重要枢纽。如何使慈善事业的发展能够与经济社会发展有机结合起来，如何使国家《慈善法》和有关政策落实到基层，还需要多方面的努力。

当前，最为重要的，就是要发扬汶川救灾的精神，深入推进平民慈善事业，真正使慈善融入社区和大众的日常生活，使志愿服务成为社会生活的有机构成，不断提升慈善组织的公信力和专业化程度，从而使慈善真正成为巨大的社会事业而蓬勃发展。

（2018 年 5 月 10 日）

# 公共服务是城市最大的魅力指数

马　亮

据报道，现在许多城市都想把自己打造成一块人才资源的"吸铁石"，户口、住房、补贴等方面的层层加码，为的就是增加这块"吸铁石"的磁场。从 2017 年年底以来，武汉、南京、西安、成都等数十个"新一线城市"纷纷卷入"抢人大战"，展开了激烈的人才竞争。

随着人才大战开始进入下半场，"抢人大战"开始转入"留人大战"阶段。如果说"抢人"需要大干快上和高歌猛进的话，那么"留人"则需要涓涓细流和润物无声。

许多城市认识到"留人"的重要性，并开始在城市公共服务、软环境和文化氛围等方面做文章。比如，成都通过青年人才驿站和"蓉城人才绿卡"等举措，让人才享受到配偶就业、子女入园入学、医疗社保、创业扶持等方面的服务保障，使人才有更强烈的归属感。

西安引进诚品、西西弗等文化书店，力推城市品牌营销和文化建设，期望把历史文物资源转变为文化创意产业，并使人才真切感受到古城的厚重历史文化底蕴。

显然，这些城市都是"抢人大战"的赢家，认识到"抢人"之后只有发力公共服务，才能留住来之不易的人才。

　　归根结底，城市竞争的核心是公共服务的竞争，没有优质公共服务依托的城市注定只能是无源之水、无本之木。一线城市之所以能够吸引各路人才，至关重要的是优质的公共服务，如公共交通、文化体育休闲设施、公共教育、医疗卫生、创业工作等方面。因此，"新一线城市"在吸引来人才之后，还需要提供全方位的配套公共服务，真正使人才引得来、留得住、用得好。

　　举凡中国香港、新加坡、东京、纽约、伦敦等国际化大都市，都是在宜居、乐业等方面做得特别出色的城市，其优质的公共服务也的确吸引和留住了许多人才。

　　从公共服务提供的角度来看，至关重要的是使人才能够安居乐业，喜欢并爱上一座城市。人才不是孤身一人，需要考虑到他们身后的家庭和社会关系。除了要让城市更加宜居，我认为"宜家"是更重要的维度。不仅要让人才能够感受到城市的魅力，而且要使人才的配偶、子女、父母等亲友有家的感受。

　　比如，雾霾等环境污染问题，可能使人才请得来但留不住。再如，让人才孤身一人打拼却不考虑其家庭在子女入托入学、看病就医、休闲娱乐、父母养老等诸方面的刚性需要，也无助于人才考虑长久之计并真正扎根下来。

　　与此同时，城市要为人才提供优质的行政服务，使人才得到真正的尊重和重视。人才同政府部门打交道，往往是和基层工作人员接触，他们能否秉公办事并热情周到，会在很大程度上影响人才的去留和印象。

　　因此，要避免只关注于"抢人"，却不注重"扶人""助人"的现象。

　　更为重要的是，城市需要延伸提供更多的共享平台和配套服

务，使人才能够和同龄人有交流的空间，使人才之间能够有共同的
对话语言。让人才汇聚之处，也是人才活力迸发之地，并可能产生
磁铁效应和辐射作用，形成人才汇聚和回流的良性循环。

（2018 年 5 月 9 日）

# "幼有所育",需加快学前教育立法

熊丙奇

没有学龄前儿童的家庭,很难想象到现如今想要上个幼儿园,到底有多难:

在哈尔滨,曾出现过家长提前5天扎帐篷、深夜排队"喂蚊子"的场景;合肥市政务区的一家幼儿园门口,也出现过家长支起简易床、搬来躺椅等情况。即便四五线城市的家长,也饱受"入园难"的折磨:甘肃嘉峪关一位家长沮丧地反映,报名幼儿园需摇号抽签,报了240人只招70人。

近年来,这种"季节性"新闻每年都会不期而至。公办幼儿园"稀缺化"、民办幼儿园"两极化",幼儿园收费"贵族化"……上个幼儿园也得"拼爹",让一些家长顿生"上幼儿园难,难于上大学"的感慨。

不用多花太多的钱,让子女就近上一个幼儿园,是不少家庭的"小目标"。但现实很"骨感","入园难"始终困扰着众多家庭。

2018年5月23日召开的国务院常务会议,确定加大困难地区和薄弱环节教育投入,推进多渠道增加托幼和学前教育资源供给。

为更好满足亿万家庭"幼有所育"需求,会议要求,严格落实城镇小区配建幼儿园政策,引导社会力量按照规范要求举办普惠性幼儿园和托幼机构,鼓励各地因地制宜多渠道增加供给。强化幼儿安全防护，依法加强准入、安全等监管，落实幼师持证上岗制度。防止和纠正学前教育"小学化"倾向。让广大幼儿健康快乐、父母安心放心。

党的十九大报告强调：在幼有所育、学有所教、劳有所得、病有所医、老有所养、住有所居、弱有所扶上不断取得新进展。"幼有所育"排在第一位，意义重大。国务院此次常务会是对"幼有所育"的进一步落实。

从现实看，要解决托幼儿教育存在的难题，实现"幼有所育"，需要加快学前教育立法，明确政府投入责任，建立科学的监管体系。

为不错过给孩子报名机会，许多家长深夜排起长队席地而卧。

要实现"幼有所育"，必须啃硬骨头。教育部负责人在十九大记者招待会上，就把实现学前教育三年毛入园率达到85%，普惠性幼儿园占比达到80%作为"硬骨头"，并表示，即使这两个指标达到了，入园难、入园贵的问题，还不能根本解决。这是以问题为导向，解决民生问题的理性态度。

2017年11月，我国多地接连曝出托幼机构、幼儿园虐童案。接连曝出的虐童案，暴露出我国学前教育存在严重的基础性缺失。具体表现在以下几方面。

首先，0—3岁托幼教育乱象纷呈。目前，我国对0到3岁的托育，没有清晰的认识，也没有明确的监管体系，基本处在谁办谁管，最终大家都不管的状态，参与托幼机构举办、管理的基本都不是地方教育部门，而是妇联、工会、卫计部门，而社会的早教机构多实行工商注册，而工商部门很难对早教机构提供的保育服务进行专业的监管。从全国范围看，有托幼需求的孩子高达3000万。

其次，3 到 6 岁学前教育，一半以上依靠民办园，包括不合格园。根据 2016 年全国教育事业发展统计公报，全国共有幼儿园 23.98 万所，入园儿童 1922.09 万人，在园儿童（包括附设班）4413.86 万人。其中，民办幼儿园 15.42 万所，入园儿童 965.08 万人，在园儿童 2437.66 万人。民办园在园儿童占所有在园儿童的 55%。

最后，合格幼师缺口巨大。由于长期来政府对学前教育的投入不足，缺乏长远规划，我国当前幼师的缺口巨大。根据 2016 年全国教育事业发展统计公报，全国共有在园儿童（包括附设班）4413.86 万人，教职工 381 万人，幼儿园园长和教师共 249.88 万人。如果按照师幼比 1∶7 计算，我国需要幼儿园教职工 630.5 万，缺口将达到 250 万。

另据统计，2015 年，全国幼儿教师中，学前教育专业毕业的比例仅为 65%，高中及以下毕业的为 22.4%。2015 年 11 月，教育部发布了国家《教育规划纲要》实施情况中的学前教育专题评估报告。报告称，从幼师队伍总体看，专科以上学历教师的占比较低，在农村地区不到一半；有幼教资格证的教师数量占比仅为 50% 左右；无证教师占 30% 左右，农村地区更高达 44%。

国家也在加大力度培养学前教育师资，包括免费师范生，可是由于幼儿园教师待遇低，很多就是读学前教育的学生也不去幼儿园，尤其是男生。另外，由于学前教育供给少，市场机制失灵，幼儿园也不重视师资建设。

为缓解这一问题，全国不少地方也在做积极尝试。以浙江为例，近年来，浙江省幼儿园入园率达到 97% 以上，但学前教育仍是各级各类教育中的薄弱环节。

2017 年，浙江省教育厅、省财政厅共同出台的《政府向社会力量购买学前教育服务实施方案》提出，政府可以生均公用经费补助形式来向社会力量购买学前教育服务的办法，解决现阶段学前教育学位资源紧张问题。于 2017 年 9 月 1 日起施行的《浙江省学前教育条例》规定，每个乡（镇）应当至少设置一所公办幼儿园。条例规定，各级政府应当将学前教育事业纳入国民经济和社会发展规划，有条件的地方可以实行免费学前教育。

要全面做到"幼有所育"，针对学前教育的短板问题，需要加快制订学前教育法，明确政府的投入责任，明确幼儿教师的待遇标准，并理顺对托幼机构、幼儿园的监管体系。如此，方能做到"幼有所育"，让幼儿能享有公平而有质量的学前教育，令家长对托幼机构、幼儿园放心、满意。

2017 年 11 月 30 日，教育部领导表示，要积极推进学前教育立法，"我们正在就学前教育立法进行调研，已经启动程序，为学前教育依法办园、规范管理提供法治保障。"2017 年 12 月 27 日闭幕的十二届全国人大常委会第三十一次会议传出消息，我国正在加快推动学前教育立法进程，促进学前教育合理有序发展。

希望这一次学前教育立法进程能顺利推进。因为早在 2000 年，"学前教育立法"就首次作为两会提案出现在公众视野。也许出于种种原因，学前教育法经过近 20 年的调研、讨论一直没能出台，但现在应该时机成熟了。

（2018 年 5 月 24 日）

# 用抗震标准打磨"安全方舟"

张田勘

2008 年 5 月 12 日，四川汶川地动山摇。据《科学时报》报道，汶川地震致使当地学校、医院和其他非住宅用房损失占 20.4%，民房和城市居民住房损失占 27.4%，共计占全部损失的将近一半。全部倒塌损毁的城镇和农村居民住房面积分别为 1887.9 万平方米和 10709.6 万平方米。在全部倒塌的房屋中，城市住房占 20%，农村住房占 80%。

不难理解的是，只有房屋杠杠的，才能让人们活得好好的。2003 年 12 月 26 日，里氏 6.6 级地震降临伊朗古城巴姆，造成约 5 万人死亡。美国加利福尼亚州也于 2003 年 12 月 22 日发生了里氏 6.3 级地震，但死亡人数仅有 2 人。伊朗的地震造成众多人员死亡的主要原因在于房屋建筑结构不抗震。

唐山大地震后，中国着手制定抗震房屋的标准，1978 年公布了 TJ 11—78《工业与民用建筑抗震设计规范》，1989 年公布了 GBJ 11—1989《建筑抗震设计规范》。《中国地震动参数区划图》，作为中国建设工程抗震设防的强制性国家标准，于 2001 年 8 月 1 日正式实施。

汶川地震后的调查发现，凡是按照抗震规范进行正规设计、施工质量有保障的房屋，也即按 1989 版的《建筑抗震设计规范》进行设计施工的建筑，在高烈度地区大部分只是开裂而不倒塌，在低烈度地区受损程度大都较轻。而且，20世纪90年代初建造的希望小学是按"89规范"来做的，倒塌情况并不严重。那些不按规范或更早年代建设的学校毁坏严重。

汶川地震后，住房和城乡建设部对《建筑抗震设计规范》进行了修订，出台了新的GB 50011—2010《建筑抗震设计规范》。在这个规范里，四川的康定、西昌抗震设防烈度不低于9度，设计基本地震加速度值不小于0.40g；茂县、汶川、宝兴等地的抗震设防烈度为8度，设计基本地震加速度值为0.30g。《建筑抗震设计规范》规定，抗震设防烈度在6度及以上地区的建筑，必须进行抗震设防。新建、扩建和改建建设工程必须达到所属抗御地震破坏的准则和技术指标。

地震级别与地震烈度的关系是，5级左右的地震，震中区附近烈度可达6—7度；6级左右的地震，震中区烈度可达7—8度；7级左右的地震，震中区烈度会达到8—9度，甚至更高；8级地震的震中区烈度可达10—11度。也就是说，抗震设防烈度越高，抗震能力越强。

汶川地震后，住房和城乡建设部还下发系列法规和通知，如《汶川地震灾后恢复重建条例》《建设工程质量管理条例》《建设工程安全生产管理条例》，进一步完善了抗御地震方面的建筑标准和规则。

调查认定，灾区破坏较多的是农房，分为两类，一是几乎没有抗震设防或设防水平较低的老旧房屋，二是农民自建但结构形式不合理、建筑材料强度偏低的房屋。但汶川地震灾后重建的公共建筑，在遭遇烈度超过当地设防烈度的情况下并未出现倒塌事件，有效地保护了人的生命安全，达到了震前的设防目标。

"5·12"汶川特大地震发生后，什邡成为北京对口支援的重灾

地区之一。北京市对口支援地震灾区指挥部前线分指挥部指挥栾德成在接受人民网采访时介绍：北京市在援建什邡时即按照国家建设部的相关标准，按照规定什邡地区，平原地带是裂度 8 度设防，在山区裂度 9 度设防。据四川新闻网报道，在 2013 年"7·9"特大暴雨泥石流灾害中，北京援建什邡的 108 个项目经受住了 50 年一遇特大洪水的考验。

而且，由于采用了新技术，如隔震等建筑抗震新技术，具有隔断地震能量向上部结构传递、降低主体结构地震作用的特点，不仅能保证室内人员安全，还能保护室内的设备设施，芦山县人民医院采用了隔震技术，就没有塌倒，震后很快投入使用。

提高房屋的抗震性，也取决于是否有科学设计、科学施工、科学管理和市场合理的价格体系，更重要的是，所有设计建造者对建筑物的质量要有更大的责任心。

一方面，建立和形成市场的合理价格体系，保证建设者的合理利润，能有效杜绝施工企业为达到中标目的，有意压低报价，采用微利标、无利标和亏损标，在中标后又通过工程变更挽回经济损失的做法。另一方面，抗震烈度每增加一度，结构的成本可能要增加 5%—10% 左右，盖一座房子就要多花 20%—30% 的钱。但抗震烈度每增加一度，建筑的荷载却可增加一倍，安全性也相应提升。

为了获取更多利润，不按规范设计和施工，偷工减料，违背施工要求和操作程序等，有可能让人们的房屋成为并非保护人的方舟，而是埋葬人的坟墓。在这些方面，既要有惩戒的法规，还要有制度的追究。

（2018 年 5 月 10 日）

# 善心井喷，慈善公信力行稳致远

姚 遥

汶川地震之后，开启了前所未有的"全民慈善"现象。在汶川地震之后，全国募集了 652 亿捐款，其中不少来自公民个人的捐赠。在此之前，1996 年至 2007 年，全国接收的救灾捐赠款物总和累计共 557 亿元，捐款累计 420 亿元。这一次善心井喷，创造了全新的历史，也将不成熟的慈善行业推至时代的前台。

平心而论，我国无论政府还是大型公司的系统化数据管理也是近年来才有了质的变化，对于组织能力相对薄弱的慈善系统来说，当一年的数据工作量超过前十年总和的时候，对应对能力是一个严峻的考验。

中国真正意义上的有组织大众募资历史很短，慈善组织还不习惯，当资金来源属于大众的时候，他们天然的有权利知道后续的结果，资金是否合规有效地使用。资金使用没有被公开完整发布，大众的困惑没有得到彻底理清，杂音信息会持续放大大众的质疑。

司法的系统介入，严肃有效但成本高，对于规模不够的犯罪还无法介入。对于慈善组织来说，更加依赖于完善的制度建设，提前预防问题的出现。即便遭遇网络质疑，如果及时拿出招标流程及对应原始记录，拿出内部管理制度，能一定程度缓解舆论的压力。

近几年慈善危机的一路走来，也是慈善组织的一路成长。从慈

善危机一旦爆发就不可收拾，到慈善危机能迅速被平息，给社会一个诚恳的交代，也是慈善行业整体内功修炼提升的结果。

对社会大众来说，他们关注弱势群体究竟有没有被尽心关照，他们的善心有没有被善待。

对于慈善组织来说，近年来陆续做到了管理制度建设的完善，捐赠信息的公开，项目信息和财务数据的公开，招投标管理以及大额资金的管理。成长的背后，有政府法规的要求，有慈善组织与行政脱钩的政策，有行业自律的发展，也有自发的成长需要。

今天，中国有6507家基金会，基金会透明指数满分的达162家。这个结果，离不开社会大众的持续监督。同时，基金会的发展之路依然任重道远，从行业整体发展而言，还不足以全面取信社会大众。

汶川地震，不仅仅是激发了中国人的慈善意识与志愿者精神，更是让慈善行业经历了从信任巅峰到危机波谷，再到重新站立起来的过程。这十年，中国本土慈善行业蹒跚学步，在成长和挫折中，努力建设公信力。

这条路，走得很艰辛，走得很快，但还没有走完。未来，会更加美好。

（2018 年 5 月 10 日）

# 灾难报道，在专业主义轨道上进化

熊　志

汶川地震之后，媒体对灾难报道的自我反思，也在逐渐展开。

2009 年，来自《南方都市报》的媒体人南香红推出《巨灾时代的媒体操作》，以全景式的视角，还原了围绕地震的新闻生产，试图寻找中国灾难报道中的媒体方位。

2013 年，首届中国灾难报道研讨会在四川举办，汇聚了多位传媒业界知名学者、媒体人以及亲历灾难报道的记者，对媒体的社会责任和专业素养，进行了全面的爬梳。这也是国内首次针对灾难报道记者举行大规模的专业培训。

其中，十年前许多灾难报道不够规范的现象，也被媒体人重新提出并反思。比如，当时很多记者大量进入震中报道，出现了不少记者影响救援的案例；有些媒体在报道过程中过于煽情，导致在专业判断上产生迷失；一些媒体过多将救援而不是灾情作为报道重点，致使立足于灾情和真相的报道失焦。

十年之间，围绕灾难报道的一些共识，正在形成。比如"灾难不是新闻，救灾才是新闻"的报道原则已经过时。围绕公众的知情权，建立快速准确的信息披露机制，将聚焦点从领导转移到灾民身上，成为有共识性的报道逻辑；尊重受灾者，避免二次伤害，成为基本的报道伦理。同时，灾难报道走向专业化，在信息披露之外，

不定期的回访，以及参与长战线的心理重建，成为不少媒体的常规操作……

在媒体人的自我反思外，互联网技术的发展，也成为推动灾难报道进化的另一力量。社交媒体的崛起将发言权下沉到普通民众，信息流动的速度加快，灾难报道的外延被拓宽，能够更加深入。

比如，"7·23"甬温线特别重大铁路交通事故发生十几分钟之后，微博上发出第一条求救信息，到后来全国网民线上线下微博的救援，微博的寻人，事故的问责等。灾情信息以秒为单位刷新，另外，因为全民围观的属性，报道能够快速覆盖到灾难的各个角落，社交媒体展现出惊人的活力。直播技术让救灾直播常态化；无人机技术，能够全景式地呈现灾情；许多专业媒体依托数据库打造数据新闻，让灾情报道更精确。

以十年为视野宽度来看，媒体人通过灾难报道的历练，以及后续的反思，建立了更加有条理和体系化的报道原则。总体来讲，尽管在专业素养和社会责任感上，不乏负面案例，但今天灾难报道的专业主义精神，与十年前已不可同日而语。

有人将突发性的灾难报道划分了三个阶段，1978年以前，舆论一律，报喜不报忧；1978—2003年，建章立制，严守准确性；2003年SARS后，全面公开，注重时效性。

这种划分有一定的参考性。突发性灾难倒逼政府逐渐开放透明，的确是能见的大势。出于传统的政绩思维，过去的灾难报道，受制于报喜不报忧的行政逻辑，媒体的功能更多体现在宣传上，报道重点在救灾，而非灾情，"上级指示、领导视察"，成为新闻焦点。

2008年5月正式施行的《中华人民共和国政府信息公开条例》，

2017 年正式修订，将"以公开为常态、不公开为例外"的原则正式写入，对政府信息公开的主体和范围，进行了厘清。

这只是信息开放、权力透明化的缩影。灾难报道得益于此，至少在灾情的信息披露上，隐瞒死亡人数或者死者身份，失去了法理上的合规性，所以我们能够看到，公布遇难者名单现在基本上是灾难报道的常规操作。

另一方面，政府自身也建立了立体的发声渠道，传统的政府官网以及时兴的微博微信、短视频平台，都活跃着大量"XX 发布"的身影，为灾难报道提供了更加广阔的信源。政府信息公开的努力，让民众不再处于焦虑和疑惑之中，也进一步提升了政府的公信力。

可以说，是新闻行业的自律和政府政策的开放，共同促进了中国灾难报道的十年进化。

（2018 年 5 月 10 日）

# 放下悲怆，回归庸常生活

胡印斌

回望川西北，忽忽焉，已是十载沧桑。

2008 年 5 月 12 日，一个黑色星期一。14 时 28 分 04 秒，"5·12"汶川特大地震爆发，数万生命被吞噬。创痛之巨，举国震惊。而今，那个暗黑时刻已过去整整十年，渡尽劫波的汶川、北川、都江堰……你们还好吗？

当年 11 岁的地震孤女杨雅舒，如今已亭亭玉立。这个爱笑的姑娘，已渐渐忘记黑暗、无助和绝望，开启新的生活。地震后的几年，她成立了一个互联网公益平台，帮助更多失助者。她说："人，活着就是最好的，钱并不重要，活着才好，要热爱生命，珍惜生命。"

九年前，在汶川地震一周年之际，凤凰网发起了"放飞 512 个心愿"活动，前往地震灾区，聆听了 512 个灾区人的心愿，并成立专门小组帮助他们实现心愿。活动的初心是：去看看灾区的人们在回归平常生活之后，需要的是什么，然后回来告诉大家。初衷很简单：我们相信最笨拙的方式往往也是最有效的方式，尤其是在四川地震这场大灾难面前，不可以取巧，不应该取巧。

是的，地震正在远去，生活仍在继续。

那狰狞、凌厉的大自然怪兽，冲撞、撕扯着国人的心灵与情感，同时，惨烈的灾难也激发出民众修复生活的强大本能。擦干眼泪，走出废墟的四川人，就像燕儿衔泥一般，一点一点筑巢，一天一天补巢。筑容身之巢，也补心灵之巢，既安身，也立命。浴火的凤凰，涅槃重生了。

个体的努力之外，我们也由衷感觉到来自国家层面的积极努力与历史性进步。

我们看到，2008 年 5 月 18 日，灾后的"头七"，国务院发布公告，决定 2008 年 5 月 19 日至 21 日为全国哀悼日。这也是新中国成立以来首次明确设立"全国哀悼日"。国旗首次为平民而降，体现了生命至高无上的尊严，也极大鼓舞了全体人民抗震救灾的士气，具有非凡的历史和现实意义。

地震是不可抗力，人的生命在天崩地裂的这一刻，是那样的无助，如风中飘絮，如雨中浮萍，然而，灾难也会激发出民众与国家的积极反应，从举国动员的救人抢险，到举国哀悼的情绪抚慰，人们发现，中国人，在一起。大家共同努力，恢复生活。

我们也看到，经历最初几天的杂乱之后，公共秩序迅速恢复，紧急救助与长期援助分头进行。而被质疑的信息公开问题，也得到妥善解答。从历史长线思维看，这种变化实际上是一种逐步强化的应急反应体系。

从唐山大地震，到汶川地震、玉树地震，再到其后的雅安地震，政府信息的公开透明，越来越呈现出常态化、精细化、全方位的趋势。这持续提升了政府抗震救灾的行政效率，赢得了社会公众更多的信赖。

当然，十年过去了，很多久拖不决、一再含糊的问题也该有一个切割。尤其是社会普遍关注的重建资金和捐款使用情况，在十周

年这样的节点，除了列举灾后重建的诸般成就、喜人变化，向大众公布资金总额、捐款总数、资金使用情况等，这不仅是给生者一个交代，也是让死难者安息的必要之举。

而今，地震已经过去了十年，在美好生活的道路上，我们已经走了很远，并将继续走向远方。每个人都会有自己的美好生活，每个人的美好生活都让人产生无穷眷恋，而每一种眷恋都值得万分珍惜……

该放下了。放下悲怆，放下伤恸，放下那些沉甸甸的难以放下的心情，继续我们的生活，延续我们的人生。烛光摇曳，心神摇曳，那一簇簇小火苗，就是一双双来自天国的凝视的眼睛。

诗人杨志学日前写下一首诗《十年前的灾难，该怎样向后人诉说》，诗中写道："如果／一次新的诞生／要以灾难为前提／我们宁愿不要这新生／如果／一场巨变要以涅槃来呈现／我们宁可选择不变／我们愿意在不变中延续祥和／我们愿意慢慢地走——慢慢享受，慢慢变老……"

确乎如此，我们所有的努力，最终指向仍在于回归庸常的生活，生活着就是美好的。

（2018 年 5 月 10 日）

# 告别"多龙治灾"，让应急管理成常态

于 平

十年前的"5·12"汶川特大地震发生时，山崩地裂，同胞罹难，举国同悲。灾难面前，政府应急管理机制和能力如何，是衡量整个救援工作成败的关键。经国务院批准，自 2009 年起，每年 5 月 12 日为全国"防灾减灾日"，这也是为了提高各级综合减灾能力的意义所在。

今天回望汶川抗震救灾的过程，那些惊心动魄的场景依然历历在目，相关应急举措可圈可点。当时的一系列救灾行动，最大程度降低了灾害所造成的损失，挽救了更多公民生命，人心得以安定，灾区的社会秩序得以快速恢复。

汶川地震发生在 2008 年 5 月 12 日 14 时 28 分，国家减灾委、民政部 15 时 40 分紧急启动国家应急救灾二级响应，并于 22 时 15 分将响应等级提升为一级响应。此后，全国各地第一时间伸出援助之手，救援队纷纷赶赴灾区。可以说，这样的反应速度前所未有。

在灾后的生死大营救中，不仅有各级行政部门，还有军队、民间救援队、国外救援队伍。尤其是民间救援力量，在这次地震中的诸多出色表现，让灾区同胞在身心上感到宽慰。这些民间救援力量的反应速度不亚于行政部门，地震刚发生，一支由 24 名农民工组成的救援队，就带着 10 多台挖掘机、推土机等设备，于 2008 年 5 月 14 日晚到达救援现场。这些民间救援队伍往往能深入到官方救

援没有抵达的地方，关注到灾民被忽视的需求，成为官方救援的重要补充。

在汶川地震救援期间，政府在信息公开方面表现出了极大的进步，每天向外界公布地震救援信息。媒体对地震救援进行了 24 小时滚动报道，电视直播画面上，灾区的残垣断壁，抢救现场的惊心动魄，种种真实的场景都一一向公众呈现。信息透明之下，没有引发恐慌。恰恰相反，灾区信息的充分传递，使得大家对于灾民的遭遇感同身受，激荡起举国上下高涨的同胞之情、爱国之心。

快速反应、多方参与、信息透明，在汶川地震中，中国政府的应急管理能力获得国内外普遍肯定和赞扬，相较于 2003 年 SARS 事件时的表现，的确改进了很多。不过，这并不意味着，中国应对突发事件管理的机制体制足够成熟，事实上，汶川地震应急也暴露了一些不尽完美之处。

汶川地震的救援投入可以说是不遗余力，但在一些时候，大量的人力和资源投入，并没有发挥出最大效能。因为缺乏专业化的管理，造成了一些资源浪费现象，影响到救灾效率。例如，汶川地震时，多次出现仓库因为捐赠物资太多而出现爆棚的场景，由于调控能力不足，导致物资不能及时送到灾民手中。

此外，在多方力量参与下，如何实现优势互补，协同作战，也是今后我们面临的一大挑战。汶川地震救灾中，中央和省一级的反应很快，但相对而言，基层政府的应急响应则较为迟缓，地震"孤岛"内部自救能力缺乏。部门与部门之间，存在信息隔阂，难以有效配合。民间救援队伍，未能统筹纳入到救灾安排中，以至于出现了一些混乱。

也正因此，汶川地震之后，成立专业的、综合性的危机治理机构被提上日程。就在 2018 年的国务院机构改革方案中，决定成立"应急管理部"。这个整合了国家安监总局的职责和国务院办公厅、公安部、民政部、国土资源部、农业部、中国地震局、国家减灾委员会、国务院抗震救灾指挥部等机构部分职责的新部门，是中国应急管理改革的一项重大顶层设计。

通过整合分散于各部门的应急管理职责，应急管理部打破了"多龙治灾"的困局。"一类事项上由一个部门统筹、一件事情由一个部门负责"更有利于实现优化、协同、高效的运作，有利于调动各方资源开展对各类灾害的预测评估、预案演练和紧急救援等工作，解决灾害风险信息孤岛的问题，提高突发事件的响应速度和管理能力，形成现代化、综合性的危机治理系统。

成立应急管理部后，今后一旦遇到地震灾害，地震局发布信息监测通报，不需要跨部门审批，应急管理部将第一时间启动应急预案，组织救援队伍，统一调配救援物资。与此同时，民间救援力量直接与应急管理部社会力量部门对接，气象信息、地质信息整合起来迅速由应急管理部统一公布，如此一来，救援效能必将大幅度提升。

一个国家的应急管理能力应当与民众日益增长的美好生活需要相平衡，汶川地震虽然已经过去十年了，但各类公共安全风险并不会远去。提高突发公共事件的处理能力，尽可能地规避突发公共事件及其造成的损害，保障民众生命财产安全，给政府施政提出了更高的要求。

应急管理部的成立只是国家治理体系和治理能力升级的一环，如何把这样的体制安排转变为强大的执行力，实现灾难应急的专业化、高效率，还有很长的路要走。

（2018 年 5 月 10 日）

# 最佳的危机管理是预防危机的发生

赵阿兴

"5·12" 汶川特大地震已然过去了十年了。

地震灾害的起因是由于地震现象造成的房倒屋塌、设备损坏，生命线工程失效，以及由此引起的火灾、爆炸、瘟疫、有毒物质泄漏、放射性污染、场地破坏等，造成人员伤亡和财产损失。

因此，从预防地震灾害的角度而言，造结实的房子及建（构）筑物，比什么都重要。

调查报告与研究成果显示，在灾害过程中受损的社会财富中，绝大部分损失是可以避免的，或者通过灾害发生前的风险管理工具能够做到防灾减损。不论是从国家治理的社会学角度还是从投入产出的经济学角度而言，防灾防损是减轻灾害损失的重要组成部分，是提高全民国家安全意识，增强全民国家安全责任感，夯实国家安全的社会基础。因此，有必要认清这些灾害的发生、发展，主动而为，尽可能减小它们所造成的危害。

从风险管理的角度来看，对于灾害风险的防灾减损主要有三个环节：首先是风险识别和评估，其次是在此基础上的风险防范和化解，最后是风险分散和转移。要想科学地实现风险防范与危机处置，从根本上落实防灾减损的社会效果，不仅需要从社会治理的顶层设计上奠定基础，在科学认知和经费投入上予以保障，而且需要在政府主导下多方共同参与灾害防御体制机制的建设，以及促进全社会防灾防损意识的提升。

受制于"九龙治水"的局面，我国在很长一段时间内，重风险的分散和转移，忽视风险控制和损失降低；注重损失补偿，忽视防灾防损；注重"存量"风险的处理，忽视风险"减量"工作；注重灾害过后的社会"可恢复性"问题，忽视社会的风险暴露和灾害"易损性"问题。实际上，灾中的抢险救灾和灾后的恢复重建并不能显著改善社会面对灾害的脆弱性，风险分散和转移也并不能真正降低风险，从根本上也并未真正减少人民生命财产和社会总体经济的损失。

与国际上减轻灾害损失的先进国家相比，最大的差别是我国在防灾领域的努力不足：即把将发生的救援事件关口前移，对于灾害隐患，即灾害萌芽状态的识别、宣教、普及、警告、中止的工作几乎为空白。

政府职能从"减轻灾害损失"向"减轻灾害风险"转变，从单一、被动、应急的危机管理模式向全面、主动、长期的风险管理模式转变，从"处理存量风险"向"促进风险减量"延伸，是当今社会的一个重要趋势。最佳的危机管理就是预防危机的发生。

灾害损失评估理论的测试报告显示，防灾防损的投入产出比是：投入到防灾防损的十元钱，抵得上救灾的一百元钱，更抵得上抗灾的一千元钱，甚至相当于灾后重建的一万元钱。树立起"防灾防损就是增产"和"减灾能力也是生产力"的经济观和价值观。并以此为统领，树立防范胜于救灾的意识，变被动救灾为主动减灾，将有助于彻底改变各级政府和企事业单位"轻事先预防、重事故救援、叹损失无补"的倾向。

安全问题每时每刻都值得高度重视。在本质上，国家安全是一个"公共产品"，它关系民生所望、国家稳定和社会发展。就灾害理论而言，许多灾害事件发生之后，常常会诱发出一连串的次生灾害，这种现象就称为灾害的连发性或灾害链。灾害链中各种灾害相继发生，从外表看是一种客观存在的现象，而其内在原因还值得进一步研究和探讨。

在国务院机构改革和职能转变方案中，之所以设立应急管理部，就是为防范化解重特大安全风险，健全公共安全体系，整合优化应急力量和资源，推动形成统一指挥、专常兼备、反应灵敏、上下联动、平战结合的中国特色应急管理体制，提高防灾减灾救灾能力，确保人民群众生命财产安全和社会稳定。

期盼尽快建立和完善政府主导、法制保障、社会参与的防灾减灾救灾体制机制，编织一张横向到边、纵向到底的公众安全预防和防御网，一旦灾害发生，能够将受灾损失降到最低，最大可能地保护生命与财产安全，以告慰在过往各类灾害中罹难的生灵。

（2018 年 5 月 10 日）

# 用"法律责任"撑起生命的"保护伞"

杨立新

转眼间，汶川地震已过去十年了。回顾十年前发生的那次大地震中的各种教训，最为惨痛的，就是建筑工程质量及质量监督失察留下的教训。

震级反映的是地震的严重程度，而烈度反映的是地震损害的程度，烈度的计算除了跟震中距离相关，与建筑物的质量好坏也密不可分。震区的绝大部分建筑的损害，是裂了、斜了或者一部分墙体倒了，在这样的地震破坏中，人是完全可以跑出去的，而不至于压死在里面。但是那些完全坍塌的建筑物，造成的伤亡惨重，基本上是建筑物质量的原因。

因此，保护人民安全中的一个重要问题，就是加强建筑物的质量监督，不准许有任何建筑物的质量不符合抗震、防震的要求。只要建筑物在建设中、管理中出现问题，必须进行整改，将问题消灭在萌芽之中。这样的要求，符合党的十九大报告提出的保护人民的人格权的要求，是保障民生、促进社会发展的重要任务。

加强建筑物的质量监督，是政府的职责，是质量监督部门的职责。这样的任务十分重要，也十分艰巨。总有不法经营者，逃避监督，以次代好，蒙混过关，但是留给人民的却是生命丧失、健康受损。

　　保障人民的生命权、健康权不受侵害，是所有不动产建造者必须坚守的信条，必须用自己的信誉把好建筑物的质量关，保障人民的生命和财产的安全。但是，仅有这样的要求还不够，政府职能部门还必须依法履行质量监督职责，纠正违法行为，才能够真正保障人民的安全。

　　正是由于汶川地震中建筑物质量监督失察引发的后果十分严重，在制定《侵权责任法》的时候，专门制定了第86条："建筑物、构筑物或者其他设施倒塌造成他人损害的，由建设单位与施工单位承担连带责任。建设单位、施工单位赔偿后，有其他责任人的，有权向其他责任人追偿。""因其他责任人的原因，建筑物、构筑物或者其他设施倒塌造成他人损害的，由其他责任人承担侵权责任。"

　　确定建筑物等的建设单位和施工单位对建筑物等的质量承担连带责任，对于那些设计单位、勘察单位以及质量监督单位未尽职责，因建筑物等的质量不符合要求而造成损害的，在建设单位和施工单位承担了责任之后，有权向他们追偿。《侵权责任法》第86条规定，既着眼于建筑物建造者的责任，也着眼于建筑物质量监督者的责任，还着眼于建筑物质量不合格造成损害的责任，对于提高建筑物质量，保障人民的安全，具有重要的意义。

　　从法律上明确建筑质量的相关责任，就是为灾害中的生命撑起坚实的"保护伞"。也唯其如此，才能说是真正吸取了十年前的经验和教训。

（2018 年 5 月 10 日）

# 落脚民生，中日合作持续而长远

梁亚滨

"目前需要解决的最大问题应该是如何提高效率、降低成本，以便在更大范围内进行推广吧？""这也是我想提出的问题！"

2018 年 5 月 11 日，在丰田汽车北海道厂区的展厅里，李克强总理和日本首相安倍晋三在参观考察时进行了这样一则对话。

丰田社长丰田章男事后在接受媒体采访时称："李总理似乎很关心未来的新技术，用肢体和语言表现出了高度的关心。"

技术发展的重要宗旨，就是惠民以及改善民生。两国政府首脑朴实而简短的对话，体现出他们对新技术应用的高度关心以及如何造福民众的热切期望。

2018 年是中国改革开放四十周年。总理对日本的访问，不由得让人想起四十年前的一桩旧事。

四十年前，中央做出了改革开放的重大决策，从此开启了中国经济腾飞的奇迹。回过头来看，中国改革开放之初，对于什么是现代化以及如何发展现代化并没有现成的答案。

作为中国的近邻，彼时已经稳步推进现代化的日本，就成为我国进行改革开放的一个重要参考对象。1978 年，邓小平前往日本访问，他先后参观了三个大企业，并乘坐新干线从东京前往关西。他告诉采访记者："快，真快！就像后边有鞭子赶着似的！

这就是现在我们需要的速度。""这次访日，我明白什么叫现代化了。"

访问期间，邓小平明确指出："要有正确的政策，就是要善于学习，要以现在国际先进的技术、先进的管理方法作为我们发展的起点。……这次到日本来，就是要向日本请教。我们向一切发达国家请教。"

正是凭借这样的虚心与信心，中国经济才不断发展，也更有底气增进民生福祉。

也正是我们这样一贯的虚心和信心，四十年后总理的访日之行同样具有进一步加强中日合作的重要意义。

作为亚洲发达国家，日本在诸多领域拥有先进的技术优势和丰富的管理经验，是帮助中国实现从"制造"到"智造"的产业升级的重要助力。

对日本来讲，中国经济的规模效应、发展活力和巨大市场是实现日本经济发展不可或缺的动力来源。而此次中日两国政府达成的诸多合作协议，将为两国地方和企业深化合作创造条件和空间。丰田汽车特意把该公司最尖端的高科技产品运到展厅展示，也正是这个产品引发了文章开头两国政府首脑的对话。

民之所望，施政所向。2018年政府工作报告提出，提高保障和改善民生水平，不断提升人民群众的获得感、幸福感、安全感。

日本之行，中日在民生领域的合作是一大亮点。双方同意开展创新发展合作，建立创新对话机制，逐步推进两国在高技术以及在应对人口老龄化、医疗卫生等适应经济社会发展和民生需要的领域开展技术合作。

民惟邦本，本固邦宁。毋庸置疑，中日两国在这些领域的合作，能够进一步发挥彼此的优势，增进两国人民的福祉。

（2018 年 5 月 16 日）

# 取消省界收费站是取消物流路上的滞碍

刘晓忠

国务院总理李克强 2018 年 5 月 16 日主持召开国务院常务会议，在深化"放管服"改革方面再进一步，除明确运用"互联网 + 政务服务"推进政府服务一网通等外，确定采取三大措施进一步降低实体经济物流成本。具体为：明确从 2018 年 5 月 1 日至 2019 年 12 月 31 日，对物流企业承租的大宗商品仓储设施用地减半征收城镇土地使用税；2018 年年底前实现货车年审、年检和尾气排放检验"三检合一"；推动取消高速公路省界收费站；等等。

取消高速公路省界收费站等促进物流降本增效的系列改革举措，将有助于推动高速公路全国一网通，极大地节约了客货流等的省界通关时间，进而有助于优化包括仓储等在内的物流成本，减轻企业负担和整体经济的运行成本。

目前高速公路收费已在绝大多数省内实现"一卡通"，但由于目前实行分省收费的管理体制，且省界收费站均设在主干线上，不仅严重影响了交通网的无缝对接，也降低了公路网络的运力和客户的通行效率，如：由于省界收费站因素，车辆往往在其附近形成连绵数公里的拥堵现象，造成了极大的人力、物力和运力等的浪费。

随着数字技术的快速发展，省界公路收费结算可以通过网络实现后台结算处理，无须在省界设立实体收费站，同时不会对原有的利益格局产生影响，反而可以在运营管理上真正实现全国一网。

当前，以公路通行费为主的物流成本已显著增加了国内经济的运行负担。以 2013 年之前的数字为例，官方数据显示，2012 年我国物流费用总额达 9.4 万亿元，占当年 GDP 的 18%，比世界当年水平高 6.8 个百分点。而公路通行费是物流成本的重要来源，早在 2012 年有媒体报道，我国公路车辆通行费占人均 GDP 比重已超 2%，位居全球前列，为美国和日本等的 2 倍以上。

此次推进取消省界收费站，虽不直接降低公路通行收费，但可极大降低公路省界通关的时间成本，提高公路运力和效率，促进仓储物流高效运行，进而降低国内物流成本。

取消省界收费站，拉开了推进物流领域降本增效的攻坚战，更确切地说，是通过改革国内物流行业的粗放运营模式，从相对微观的运营管理层面降本增效。

当前国内物流成本高企的一个根本原因是近年来交运领域的超前布局，曾经，出行不便一度是人们的切肤之痛和集体记忆，加之"要想富，先修路"的思想，客观上成为交运领域超前布局的主体认知，但是过犹则不及，交运等基建领域的投资布局可以适度超前，但不能过度偏离经济社会的可承载能力，地区经济发展若无法支撑超前的交运网络设施，过高的物流成本就会成为妨碍当地经济发展的重要因素。

"贷款修路，收费还贷"，意味着享受超越当地经济实力的交运网络是有成本的，不仅是初期的投资成本，还有持续的护养和管理成本，这些成本只能通过经济增长来吸收，且难以转移，因为转移只是支付方式和支付主体的替换。如早在 2010 年交运部的预测数据显示，未来十年我国公路的建养资金年均缺口达 2380 亿元，这

种刚性支出使很多收费公路到期后，不得不再次通过"低费率、长年限""以路养路"等方式继续收费，进而也牵制了物流领域降本增效的空间。

为此，需明确，超越经济社会可承载能力的交运布局应慎思，应当以可承载的交运建设来指导实践，而非单纯强调物理性的出行便利；同时任何对物流领域降本增效的举措，一定要慎用费用转移，即在养建资金缺口下，在一个环节降低费用必然需要通过其他手段弥补缺口。

总之，取消省界收费站旨在通过降低建养成本来降低物流成本，相比简单的费用转移更标本兼治。笔者认为，如果进一步在税费改革的层面推进物流领域改革，如通过燃油税、车船税等税种吸收合并高速公路收费，筹集公路信托基金，逐步取消包括高速公路在内的所有公路收费，不仅极大节省建设高速公路收费系统的成本，还能降低居民的通行物流成本，进一步便民、利民、惠民。

（2018 年 5 月 18 日）

# 教师收入不低于公务员，
# 岂能说一套做一套

胡欣红

"国将兴，必贵师而重傅"。尊师重教是中华民族的传统美德，然而如今教师收入水平总体不高已是不争的事实，尤其是基层教师工资长期缺乏保障，生活待遇低下，以至于基层教育人才流失严重，"读书无用论"的论调又重新在乡村蔓延。

为切实保障教师的工资待遇，纾解社会阶层流动之困，国务院总理李克强2018年5月23日主持召开国务院常务会议，确定加大困难地区和薄弱环节教育投入，促进教育公平和基本公共服务均等化。会议要求逐步全面实现义务教育教师平均工资水平不低于当地公务员平均工资水平，落实乡村教师生活补助政策，加强艰苦边远贫困地区乡村教师培训。

"家有三斗粮，不当孩子王"。长期以来，由于教师待遇偏低以及职业前景局限，不仅导致很多优秀人才不愿从教，还滋生众多畸形问题：教师不安心从教；中小学违规补课、乱收费层出不穷；教师队伍"阴盛阳衰"……

以教师队伍"阴盛阳衰"为例，其影响不容小觑。由于农村教师社会认同感低、待遇低、工作生活条件差，难以吸引家庭"顶梁柱"的男性，很多乡村小学成了"娘子军"的天下。成长过程中缺乏坚毅、勇敢、阳刚等男性气质影响，无论对男孩还是女孩来说，

其性格养成都容易出现错位。尤其是男生，性格通常会在 14 岁以前基本定型，如果期间一直都处在女性包围中，容易女性化、阴柔化。

毫不夸张地说，农村教师队伍男女比例严重失衡，已成为影响学生身心全面发展、制约教育发展的重大问题。这样的局面倘若长期得不到有效改变，将对学生健全人格的形成产生严重负面影响，进而对整体国民性格带来不利影响。

关于教师待遇问题，我们立法上并不缺位。《中华人民共和国教师法》第二十五条规定"教师的平均工资水平应当不低于或者高于国家公务员的平均工资水平，并逐步提高"。《中华人民共和国义务教育法》第三十一条规定"各级人民政府保障教师工资福利和社会保险待遇，改善教师工作和生活条件；完善农村教师工资经费保障机制。教师的平均工资水平应当不低于当地公务员的平均工资水平"。

基于对教育问题的深刻认识，党和政府一直致力于提高教师的工资待遇，近年来更是频频出台相关法规政策，大力倡导推进教师收入不低于公务员。

2015 年 6 月，国务院办公厅印发《乡村教师支持计划（2015—2020 年）》，其中提出，提高乡村教师生活待遇，拓宽乡村教师来源，畅通高校毕业生、城镇教师到乡村学校任教的通道，逐步形成"越往基层、越是艰苦，地位待遇越高"的激励机制。

2018 年年初，中共中央、国务院印发了《关于全面深化新时代教师队伍建设改革的意见》，重申"健全中小学教师工资长效联动机制，核定绩效工资总量时统筹考虑当地公务员实际收入水平，确保中小学教师平均工资收入水平不低于或高于当地公务员平均工资收入水平"。这一精神，在 5 月 23 日的国务院常务会议上，再一次被着重提出。

在党和政府的大力推进下，教师待遇在很大程度上获得了改善，但有些基层地区依然存在罔顾法律、政策规定的境况，从而引发教师罢课请愿之类的群体性事件。最近，湖南武冈和安徽六安就先后传出教师讨薪维权的新闻，引发了舆论的强烈关注。

明明有法规和政策作为依据，为何有些地方的教师工资待遇依然难以有效落实？这首先说明一些基层政府所谓的尊师重教还只停留在口头上。教育是百年大计，但正因为不能"建功"一时，所以在以 GDP"论英雄"的政绩观下，往往是说起来无比重要，执行起来却是另一套。这种做法不仅寒了教师的心，更让当地教育生态蒙上阴影，最终对当地发展造成严重制约。

其次，这个问题也与教师工资发放机制密切相关。当下，教师工资的发放基本上由地方财政（主要是县级）统筹安排，而地方财政（尤其是偏远落后地区）捉襟见肘，由此出现挤占挪用现象。相对而言，教师在县级财政支付体系中，人数最多地位较低，容易成为克扣拖欠的首选对象。有些地方官员故意曲解法规，把"工资"解读为"基本工资"，将地方津补贴和各种奖金等大头排除在外。于是乎，在依法保证教师"基本工资"不低于公务员之后，在占收入大头的地方津补贴和奖金发放等问题上，实施双重标准。

换言之，要想完全实现教师收入不低于公务员，除了地方政府切实提高对教育的认识和严肃追责之外，还需要适当改变教师工资发放机制。比如，偏远落后地区的教师工资发放，可以考虑由省级乃至中央财政统筹安排，确保专款专用。

教育不仅造就孩子的未来，也成就一个国家的明天。一个真正关心教育的社会，应该让教师过上体面生活，确保义务教育教师平均工资水平不低于当地公务员平均工资水平，这只是"尊师重教"的第一步。

(2018 年 5 月 28 日)

# 日用品关税降幅过半惠及民生

匡贤明

近年来国内民众出境旅游持续升温，在海外疯狂"买买买"的场景已是屡见不鲜，从电饭煲、高压锅小家电，到美容护肤化妆品，再到名牌服装、鞋帽，等等。2015 年年初，吴晓波撰写的《去日本买只马桶盖》一文，更是掀起舆论对"中国制造"和"进口关税"方面的深思和热议。

民有所呼，我有所应。2015 年 4 月 28 日国务院常务会议决定，自 2015 年 6 月 1 日起降低部分服装、鞋靴、护肤品、纸尿裤等日用消费品的进口关税税率，14 种商品关税平均降幅超过 50%。

三年过去了，2018 年 5 月 30 日的国务院常务会议对相关商品的进口关税再次做出了下调的决定，这是我国进一步主动扩大进口惠及民生的重要举措。此次降低日用消费品进口关税有两个特点：一是范围比较大，涉及的商品涵盖服装鞋帽、厨房和体育健身用品，洗衣机、冰箱等家用电器，养殖类、捕捞类水产品和矿泉水等加工食品，洗涤用品和护肤、美发等化妆品及部分医药健康类产品；二是进口税率下降幅度比较大，用简单算术平均估算，下调幅度超过 50%。比如，洗涤用品和护肤、美发等化妆品及部分医药健康类产品的进口关税平均税率从 8.4% 降至 2.9%，下降幅度超过 65%。

较大幅度下调日用消费品进口关税，是我国进入消费新时代后满足人民群众新消费需求的重大措施。在温饱问题解决之后，我国进入到以服务型消费为重点的消费新时代，城乡居民的信息、医疗健康、教育、文化、旅游等消费需求明显增加，个性化、特色化消费升级的趋势明显。

然而，从供给方面看，我国医疗、健康等产品和服务供给还面临短缺，"有需求、缺供给"在某些领域还比较突出，由此导致相当一部分消费外流。解决这个问题，一方面需要大力推进国内市场开放，加大相关产品和服务供给；另一方面也需要主动扩大进口，充分利用国际市场和国际资源满足城乡居民消费需求。在消费升级的大趋势下，国务院最近陆续推出了下调进口关税的举措。比如，2017年年底，我国以暂定税率方式降低部分消费品进口关税，包括跟消费者息息相关的海鲜、化妆品、奶粉、尿布等，共涉及187个8位税号，平均税率由17.3%降至7.7%。上周，我国宣布下调整车及汽车零部件进口关税，为各方所关注。这次下调关税的决定，是这个重大举措的一部分。

这一举措将对我国经济社会发展带来多方面的正向效应。其一，最直接的受益者就是广大消费者。从下调商品的范围可以看到，本次下调的种类集中在居民消费品领域，也就是说，城乡居民享受这些国外产品，付出的成本将会明显降低，由此给国内的企业和老百姓带来实实在在的好处。仅以体育健身用品中的运动器材为例，2016年我国包括训练健身器材和球类在内的运动器材进口规模为2.1亿美元。这一商品关税由15.9%降至7.1%，初步估计将节约消费者近亿元人民币的成本支出。再例如，下调关税后，外国药品进入中国市场变得更加顺畅，为国内医院和患者提供更多选择空间。

其二，下调关税的直接效应之一，是对国内相关厂商带来了竞争压力，有助于提高供给效率。在一些领域，国外企业生产的产品品质较好，下调关税后在国内市场销售成本更低。这无疑会具有更大的竞争力，并对国内厂商在短时期内带来竞争压力。这就需要国内相关企业主动变革，积极应对竞争。

其三，下调关税有利于全球分享我国发展红利。我国消费市场已经成为全球重要的亮点之一。习近平主席在世界经济论坛2017年年会开幕式上的主旨演讲中提出，"预计未来5年，中国将进口8万亿美元的商品"。这8万亿美元的商品，对一些经济体来说，将是重要的增长动力源。我国进一步下降关税，主动扩大进口，有助于推动这8万亿的潜在进口转变成为现实的进口。当然，哪个经济体能够分享我国扩大进口的红利，根本上还是依据各国商品品质和价格，依据其竞争力。

进一步扩大进口，是我国转向高质量发展的一个重要举措。预期我国在这方面还会有相关的举措出台，由此不仅能够释放我国巨大的内需潜力，也能够满足城乡居民的消费需求，同时在积极扩大进口中促进经常项目的收支平衡。一举数得的举措，多多益善，需要尽快形成制度性的安排。比如，加快推进海南自由贸易港建设，在局部地区实现绝大多数商品免征关税；再比如，支持国内企业转型升级，把下调关税的压力转化成为企业自身变革的动力。

（2018年5月31日）

# "互联网＋民生"，让民众可点评和选择

郑　慧

在宁夏银川市永宁县闽宁中学的"智慧教室"，学生们人手一个平板电脑，展示上面集成的优质教育课件和彼此分享的学习心得。

原本只能跑北京看病的患者在银川就能就诊，原本跑银川看病的患者在县乡也能就诊。

小小的键盘，迸发出"互联网＋"的惊人力量。

近年来，通过"互联网＋"解决看病就医、交通出行、公共缴费等民生领域许多老大难问题，已成为我们身边触手可及的现实生活。便捷与智慧的生活模式，不仅为民众带来了便利，也提升了公共服务的效率和水平。

李克强总理2018年6月4日在宁夏考察"互联网＋医疗健康"以及"互联网＋教育"时指出，要让那些目前难以直接配置更多优质资源的基层和贫困地区的群众，也能更方便获得好的公共服务，这有利于促进公平。

"互联网＋民生"的本质就是公平的、普及的、便利的公共服务。"互联网＋"能在多大程度上改变我们的生活，又是如何一步步融入了我们的日常生活，这要从人类最早的分工说起。

历史长河中，有多重因素影响分工深化，比如：市场、文化、

制度和技术。早期的经济发展，市场起到了较为重要的作用。有了自由流动的市场和进一步的分工深化，技术的作用逐渐增强。这里的技术包括交通技术、信息技术、科学技术等。发达的交通技术扩大了市场和分工的范围，而互联网云计算技术的突破和运用使分工体系跃上新高度。

工业时代的分工，是基于一种分工的协作，信息科技时代的分工，是协作前提下的合作。这时的分工，消费者和生产者的角色变得模糊，比如某些平台的用户，既是信用体系的消费者（购物参考），又是它的建设者（参与打分）。

"互联网+"在日益渗透各个行业的同时，也在不断向终端消费者(C端)靠近，只有越接近C端的需求，越能解决C端的问题，"互联网+"的生命力就越强。模块化、智能化、个性化成为"互联网+"的代名词，其基本特征就是解放人的双手，便利人的生活，丰富人们的体验感等。

分工不断向时间和空间多个维度扩展，"互联网+民生"的不断深入发展，那些之前受时间和空间限制而不能享受到的服务，人们现在可以很方便地触及。比如，在遥远的乡村，也能通过"互联网+医疗"问诊一流专业医生，也能通过"互联网+教育"学习来自全世界的先进知识。

2015年的政府工作报告中首次提出制定"互联网+"行动计划，"互联网+"也随之成为年度热词。在有着"政策风向标"之称的国务院常务会议上，"互联网+"是最具想象空间的议题之一。加号的后面，是广阔的天地，以及亿万民众。

从"互联网+民生"的本质上看，民众的参与深度和广度，将会对"互联网+民生"的效率和效果产生决定性的影响。政府在

推进"互联网+民生"的过程中，要以增进人民福祉为中心，也就是说，要真正做到感知民心、以民为本、为民服务，了解民众所需，了解民众所盼，找到政府服务中的痛点，依托云计算、大数据等，构筑起"互联网+民生"的良好生态。

在这个生态链中，要把民众参与和选择放在核心位置。政府要进一步提高开放度，让公众参与行政决策的前、中、后三个阶段。进一步提高公众参与的有效性，把"公众参与""专家论证"纳入重大行政决策法定程序，从体制机制上充分保障公众的"知情权、参与权、表达权、监督权"。否则，"互联网+"只会沦为盆景。

只有把政府、企业、民众连接在一起，才能真正实现民生服务的线上线下联动，将高效、便捷、智慧的全新生活方式带给每一个人。

（2018 年 6 月 7 日）

# 复婚不准办酒，地方雷人规定
# 为何屡禁不绝

熊　志

近期，国务院办公厅印发了《关于加强行政规范性文件制定和监督管理工作的通知》，直指乱发文、出台奇葩规定的权力乱象。

然而，这依然抑制不住一些地方乱发文件和规定的冲动，日前贵州天柱县精神文明建设指导委员会发布一则关于操办酒席行为的指导意见，意见明确，民间办酒，除婚嫁酒、丧事酒以外的酒席视为违规酒席。同时，婚嫁酒席操办须是本人或其子女初婚，不能以任何借口或理由为他人操办婚嫁酒席；复婚不准操办酒席；再婚除初婚方可操办酒席外，另一方不得操办。

贵州天柱县的指导意见，不仅对哪种情形能摆酒做出了规定，对操办的规模，也提出了明确要求，比如婚嫁酒一般不能超过 20 桌（10 人为一桌），双方合办的不能超过 30 桌；操办丧事不乱搭灵堂灵棚、不高声播放哀乐、不聘请哭丧队；等等。

这些指向民风的具体细微的规定，甫一曝光便引发"管太宽"的质疑。事实上如果留意新闻，便不会感到太过惊奇，类似的规定早有先河。

比如 2016 年 1 月，贵州遵义凤冈县发布红头文件，禁止复婚、再婚操办酒席；2017 年 6 月，浙江乐清出台《关于在全市范围内开展丧葬礼俗整治工作的通告》，要求摆放花圈花篮数量不超过 4 个、

出殡乐队人数不超过 13 人；2017 年 8 月，河南潢川县出台《关于推动移风易俗树立文明乡风工作意见》，规定婚丧事流水席每户不超过 10 桌，每桌餐费不超过 300 元……

婚丧嫁娶的雷人规定，顶着被质疑和吐槽的风险接二连三问世，说明基层治理逻辑的越位不只是个案，已成为共性问题。权力之手渗透到本该靠引导自净的民风领域，一方面面临着侵犯民权的危险；另一方面现实执行也成问题，如果全部从严，需要巨大的人力成本挨家挨户核查；如果只是抽查，难逃选择性执法嫌疑。

这些规定所涉及的问题，的确存在。动用红头文件，恰恰说明基层大操大办、攀比风气蔓延，已经到了相当严重的地步。网上关于份子钱、彩礼的讨论，也能证实类似观感。2018 年年初出台的 1 号文件，也即《中共中央国务院关于实施乡村振兴战略的意见》，第五条第四款正是"开展移风易俗行动"，遏制大操大办、厚葬薄养、人情攀比等陈规陋习。

但初衷良好掩盖不了手段的不当。即便是"1 号文件"，在谈及移风易俗时，手段也是开展星级文明户、文明家庭的创建，强调的是激励手段，而非行政强制的方式。基层在移风易俗上迷恋靠权力干预矫治，这种治理思路从上到下传达过程中的扭曲，也值得警惕。

对民众而言，操办酒席只要没有触犯法律，它就是被默许的合法权利。这类旨在移风易俗的规定，如果局限在党政机关内部，未尝不可，这些公职群体也有义务以身作则。一旦扩大化到所有民众，徒增执法成本不说，还助长了基层权力扩张的欲望。

相对于私权领域的"法无禁止即可为"，一个基本常识是，公权力"法无授权即禁止"。类似遏制大操大办的规定，通常是被写入地方红头文件，民俗治理看上去有据可依，但事实上《立法法》明确规定，制定地方政府规章，没有法律、行政法规、地方性法规依据，不得设定减损公民、法人和其他组织权利或者增加其义务的规范。

如果以此来衡量，以天柱县为代表的指导意见，在合法性上都难逃质疑。这些规定虽然草拟得很用心，覆盖到了婚丧嫁娶攀比之风的方方面面，但任何规定的出台，都不能是闭门造车的结果，它不仅要面向地方民众征集意见，还得接受社会舆论的监督。在保证民众参与权和知情权的同时，也避免了单方面立规，对民众利益所可能的减损。

至少目前来看，这些红头文件的出台，缺少基本的程序正义。所以有些地方的奇葩规定，在引发汹涌质疑后，便以作废收场。然而，匪夷所思的地方在于，随着个案的冷却，类似将权力之手伸向风俗伦理领域的雷人规定，并没有因为此前的风波而终止，反而一个接一个。这说明面对攀比风气，基层权力在治理上缺少耐心，迷恋靠红头文件强力介入，成为一种惯性。

对天柱县操办酒席规定的批评，不能止步于个案，作为一种风俗治理现象，它本质上是权力缺少边界意识的产物。值得警惕的地方在于，这种边界意识的匮乏，可以体现为对婚丧嫁娶酒席操办的干预，也能在某些时候滑向失控的边缘，为扩权后的权力寻租埋下伏笔。

（2018 年 7 月 3 日）

# 构建泄洪赔偿机制，农民利益不能白白牺牲

斯　远

"天灾"还是"人祸"？这两天，山东寿光水灾迅速引发强烈舆情。灾情显然是严重的。当人们跟着老乡为家园沦陷、大棚没顶落泪时，官方的统计数字也令人惊讶，13 人死，3 人失踪，直接经济损失达 92 亿元。这些，还只是"直接损失"，至于更多人的生活因此受到惊扰，甚至一夜返贫的，自不待言；而从更长远看，"菜都"被淹，整个北方民众，也注定将为之支付更高的菜价。

只是，在主流话语体系中，这些巨大的"代价"，都被轻描淡写。在 2018 年 8 月 23 日下午潍坊召开的防汛救灾新闻发布会上，相关负责人的表述还算克制。即便如此，"转移过程中无一人死亡，无一人失踪""各项工作正在有序进行"等，也显得格外刺眼。给人的印象似乎就是，这边还算"岁月静好"。

然而，公众关心的，以及老乡焦虑的，恰恰是这个"代价"问题。水库一泄洪，老乡就遭殃，这样的机制显然是有问题的。如何厘清水库泄洪的责任，谁的孩子谁抱走，而不是让下游老百姓总是成为最后兜底的那一个倒霉蛋，值得深思。

这个问题由来已久。寿光水灾，不过是再一次拉近镜头、唤起公众的记忆而已。2017 年 7 月 1 日，湖南宁乡市黄材水库泄洪，导致众多商户货物受损；2016 年 7 月 19 日，河北邢台因暴雨叠加

水库泄洪，更是造成 16 人死亡的惨剧。

一般而言，每一次类似事件发生后，当地政府总会提供一些资助，受损民众会得到一些补偿。但这些资金总是以救灾或慈善资金的名义下拨的，并不会触及泄洪责任这个焦点。以寿光而言，据寿光市市长赵绪春此前披露，目前拨付救灾资金 1970 万元。理论上讲，这些钱仍属于政府的钱，更多用在路、电、水、气以及民众基本生存的保障上。附着其上的，更多是一种道义色彩，而非法定责任。

据《南方农村报》报道，2013 年 8 月，受台风"尤特"影响，广东省惠东县白盆珠水库紧急泄洪，导致下游多祝、大岭等镇农作物被淹没。在善后问题上，惠东县农业局副局长张爱均明确表示，农业局为农户提供了"送种、送肥下乡"等帮助，但不会有专门的泄洪救灾款项；而惠州市农业局种植业科科长黄观桥则表示，主要还是政府引导，农民自救。

事实上，目前，我国大型水库依照的管理办法为 1991 年 3 月 22 日颁布的国务院第 77 号令，即《中华人民共和国水库大坝安全管理条例》。其中第二十一条有如下规定："在汛期，综合利用的水库，其调度运用必须服从防汛指挥机构的统一指挥"。管理条例并无关于泄洪补偿方面的内容。

这样，在水库泄洪这一行动上，就出现两个方向的背离。一方面，下游民众承担着顾全大局的无限责任，保大城市、铁路、大企业，农村成了泄洪区，农民成了一片汪洋中那艘晃晃悠悠说翻就翻的小船；另一方面，如何合理泄洪、如何及时预警、如何合理补偿等问题，均无进一步说明。在水库泄洪已成常态、民众频频遭灾的语境下，这样的做法当然会遭到质疑。

两害相较取其轻，顾全大局的正当性与必要性毋庸置疑。此次寿光水灾，黑虎山水库负责人袁立民就对当地媒体表示，水库下游不足 7 公里即是临朐县城，地面高程比水库死水位还低 30 多米；另外，保护区内有胶济、益羊、青临三条铁路，济青高速公路、荣乌高速公路、东青高速公路、309 国道、胶王路、羊临路等公路干线；有东黄输油管道，引黄济青输水工程和一大批大中型骨干企业……名单一长串，尽管也提到青州、寿光、临朐所辖的十几处乡镇近百万人口，但最终被淹的，还是农户。

尤其是，很多时候，管理者把"水库安全"与大城市、交通干线安全等"画上等号"，只要保证水库不垮坝，就可以理直气壮地牺牲零散农户的利益，且在目前框架下，没有任何法定的补偿要求与补偿标准。

目前还不好说，究竟是因为缺乏赔偿标准而导致水库每每泄洪害农，还是因为习以为常的价值排序与权力等差，导致农民每每成了最终的"背锅侠"。但至少可以肯定，这种状态并不正常，无论是从政治伦理，还是从经济发展考量，都需要尽快调整。

一者，在作出泄洪决策时，有必要细化流程、严肃纪律。要对洪水有一个科学的评估，是不是泄洪、何时泄洪等，要有精密的监测与判断。在这个过程中，既不能拖延迟缓，也不能随意放大水情，甚至以想象的结果绑架领导决策。动不动就是"如果不泄洪，就会怎样怎样"，依然是一种粗疏的想象决策，有欠精准。当然，这里边也涉及一个问题，既然目前已经有了长时间段的天气预测，水库为什么还保持高水位运行？这些都要有所交代，不能含糊。

而一旦决定泄洪，如何让指挥部的疏散指令迅速抵达千家万户，全覆盖预警，无一遗漏，则是另一个问题。很多灾难，是在民众全无察觉，或者来不及反应的情况下发生的，人命关天，岂能轻忽？这未免让人质疑地方政府的治理能力。

再者，即便有宏大的合理性背景，但一再发生因水库泄洪导致下游成灾的事情，终究不是什么好事情，由此产生的负面效应，也必然会损耗政府的权威与公信力。而在农民每每遭殃的现实暗示下，无论怎样强调"溃坝"的可怕后果，都很难让人真正信服。

当务之急，必须尽快制定水库泄洪管理办法以及下游农民赔偿相关细则。这个问题，做比不做好，早做比晚做好，让政府的行为均在法定范围内运行，让民众的权利获得法律保障，这本来就是建设法治政府的题中应有之义。

总是强调让农民牺牲，总是要求顾全大局，结果保来保去，农民总是最后、最没有保障的那一个，并不符合现代社会的政治伦理，也必然会引发质疑。

说到底，唯有统筹协调好上游与下游的利益、城市与乡村的利益、水库与地方的利益、切近的与长远的利益，才有可能扭转"水库一泄洪，老乡就遭殃"的局面。毕竟，所有问题的症结，到最后其实都会指向权利缺失，而通过法律赋权才是根本之道。

（2018 年 8 月 24 日）

# "人在外漂，医保留守"该结束了

罗志华

有人这么形容我们当前的医改状态，"好改的都改了，剩下的都是伤筋动骨的"。全国"医保漫游"，仍是困扰百姓就医报销的老大难问题。由于一些地方过多地考虑自己的小算盘，在异地就医报销过程中，常常遭遇不合理的条件限制，尤其是对于进城的务工人员而言，还会陷于两地来回奔波的境地。

在 2018 年 8 月 22 日的国务院常务会议上，李克强明确要求，将外出农民工和外来就业创业人员全部纳入基本医保跨省异地就医住院费用直接结算范围，他进一步强调："异地就医住院费用直接结算不仅是民生改善的重大举措，也是促进经济发展的重要条件之一，千万别小看了这件事。"会议明确决定，跨省异地就医直接结算定点医疗机构重点放在基层，2018 年年底前确保每个县级行政区至少有 1 家。加快将所有定点医疗机构接入国家统一结算平台，推动网上直接结算。

自从 2017 年 6 月人社部开通异地就医查询系统后，信息难以联通这个制约异地就医即时结算的难题得以基本化解，异地就医从此进入发展的快车道。根据制度设计，异地安置的退休人员、异地长期居住人员、常驻异地工作和异地转诊人员等群体，成为首批政策惠及对象，他们只需完成在原参保地备案、在异地选定点、持卡就医等流程，就可以优先获得这一政策带来的利好。

尽管异地就医已取得阶段性成效，但在实际操作当中，也发现惠及面不够大等问题。许多外出农民工和外来就业人员并没有达到在工作地常驻这一基本要求，且他们的病情往往达不到需要人参保地转诊到居住地的程度，他们就无法享受异地就医即时结算带来的好处，即使参保地愿意为他们按比例报销在外地的看病费用，他们也只能像过去那样，先垫钱治病，再拿着票据回去报销。

更重要的是，当前异地就医即时结算实行定点制，且定点医院的规模通常较大，诊疗水平也较高，基层医疗机构很少能够获得这一资格。这对于因病情危重需要转院的患者比较有利，但对于外出农民工和外来就业人员却十分不利，因为这部分人大多时候需要的仅是基本的医疗服务，但他们居住地周边的社区医院或乡镇卫生院或许因不在定点之列，无法为他们提供异地就医即时结算服务。

《中国流动人口发展报告2017》的数据显示，我国流动人口规模已达2.45亿人，其中多数为跨省流动务工人员，假如这个庞大的群体无法实行异地就医即时结算，那么，这项政策的实际效果就很有限。进一步而言，假如实现异地就医即时结算的都是一些大医院，那么，这项优惠政策也无法打通最后一公里。将外出农民工和外来就业创业人员纳入异地就医直接结算范围，将定点医疗机构重点放在基层，这两点看似不大相干，其实具有十分紧密的内在联系。

广大外出务工人员早就对此期盼已久，因为在外工作，没有人不担心患病之后，却无法获得基本医疗保障这一难题。就在几天前，广州市推出一项医改举措，取消省内异地就医备案限制，规定在广州市就医的省内异地患者，不再限定选择医院。这项政策尽管

只是惠及广东省本省的患者，但仍被广大外出务工人员广泛看好和点赞，原因就在于它触及外出务工人员看病难这个最大的民生痛点。

人务工在外，医保却"留守"在家，外出农民工和外来就业创业人员在异地看病，要么需要支付高昂的看病成本，要么来回折腾很不方便，很多人因此害怕外出务工，这当然会加剧一些地方本来就比较突出的"用工荒"。通过异地医保解决外出务工人员的看病难，不仅是一个医疗方面的问题，更关系到就业等其他民生问题，具有多重利好。

当然，将异地医保即时结算的定点医疗机构重点放在基层，基层医疗机构的软硬件设施也同时进行大力提升。如此，外出务工人员生病时不仅可以及时就医，还能够获得高质量的医疗保障。

解决了民众异地医保就医的痛点难题，才能让劳动力市场更自由流动，进而推动经济迈向一个新台阶。正如总理所言，"人是生产力的第一要素，中国改革开放 40 年之所以取得巨大成就，一个很重要的因素就是放开了人口流动限制，让人力资源自由流动，而要实现人力资源自由流动，能够就近就医是重要保障之一。"

（2018 年 8 月 25 日）

# 营养餐被克扣，是谁从学生口中"夺食"？

胡欣红

日前，江西刚通报了万安县学生营养餐事件处理结果，县教育体育局副局长被撤职，对履职不力的分管副县长给予记过处分。2018 年 9 月 12 日，河南又曝出某小学营养餐仅半碗素面条的惊人消息。对于正在长身体的农村孩子们，半碗素面连吃饱都很难保障，又怎能提供足够的营养？这样的"营养餐"简直就是一个笑话。

从微博网友曝光的视频中，我们可以看到食堂的工作人员面前摆着盆无配菜的素面条，给排队取餐的孩子每人抓了一把，不少孩子还选择将面条泡水后才吃下。而墙上的公示栏标注了教育局规定的当天菜品：鸡丁炒西葫芦、炒蒜薹及大米粥，还明确了每个配菜的克数。

学生营养改善计划是我国自 2011 年实施农村义务教育学生就餐问题的一项健康计划。为贯彻落实《国家中长期教育改革和发展规划纲要（2010—2020 年）》，进一步改善农村学生营养状况，提高农村学生健康水平，多年来，国家为此拨付了巨额财政资金。

百年大计，树人为本。饱含制度善意和人文关怀的"营养餐"，有助于让学生们吃得更有品质。毫不夸张地说，营养餐关系到数千万农村学生的身心健康和学业状况。然而，一项好端端的民生工程，在执行过程中却遭遇种种问题，或者是采购环节存在偷工减料

的现象，或者是营养餐费被克扣而落入个人腰包，甚至连最基本的安全和吃饱都不能确保，令人有揪心之痛。

几年前，媒体曝光了国家级贫困县河南省周口市太康县某小学校长连续两年克扣全校 100 多名学生的营养膳食补助物资，累计克扣的物资金额达 10 万元之多。贵州省贞丰县纪委也曾通报该县鲁容中学挤占学生营养餐用于"陪餐教师"加餐的事情。还有网友举报陕西省安康市汉滨区大同初级中学老师"蹭吃"学生营养餐。

发霉变质、半碗素面、克扣物资、教师加餐……学生的一份营养餐，竟然如此花样百出，真是触目惊心。层出不穷的营养餐问题，既拷问相关人员的道德良知，更折射制度设计存在缺陷。从招标到具体操作，存在诸多环节，只要一关失守，就难以避免有人会从学生的口中"夺食"。

从万安营养餐事件的调查结果来看，是因为学校营养餐配送中心冷链运输不规范，导致了当地的 7 个学校 25 名学生餐后出现不同程度腹痛、腹胀等急性胃肠炎症状。然而，一句"冷链运输不规范"，并不能完全解释食材霉变问题。既然已经发现明显霉变，何以还能堂而皇之地登上学生的餐桌？还有，涉事的万安珍百味餐饮服务有限公司之前曾有"未及时清理超过保质期食品"的"前科"，何以能"经过多轮招投标中选"？此外，最近江西上饶县还拿"工业机床国家标准"要求给学生提供鸭腿的荒唐事，不得不让人怀疑招标的过程可能存在猫腻。

相比于营养餐中毒，半碗素面问题虽然形式不同，但性质同样严重。在媒体和网民共同发掘出了这起事件的具体发生地点后，9月 13 日晚间，商水县委宣传部称，针对网传"素面"事件，经查，9 月 12 日谭庄镇大曹小学供餐点供应蒸面条和米粥，用鸡架、豆角、豆芽配菜，其中鸡架和蔬菜量少，与当地教体局要求的食谱不符，并对相关责任人进行了问责处罚。

原因虽然查明了，半碗素面之说有失偏颇，但营养餐被"偷工减料"却是一个不争的事实。这里面究竟是谁在瞒天过海、中饱私囊，还有待相关部门进一步的深入调查。

令人担忧的是，教育领域的不正之风绝不止于营养餐，一些利欲熏心的人把学生当成"唐僧肉"，甚至出现一张试卷、一本作业本都要吃干榨尽的"蚁贪"式腐败现象。教育是国之大计，孩子是民族的未来，教育领域内的任何腐败问题，都不容等闲视之。

（2018 年 9 月 14 日）

# "血拼"人才，莫若推进职业技能培训

熊丙奇

中国芯片制造水平与国际巨头还有很大差距，"中国芯"何时崛起？年产圆珠笔400多亿支，但圆珠笔笔头的"球珠"却需进口，中国"球珠"何时出头？

质量之魂，存于匠心。匠心何来？"国将兴，必贵师而重傅"。

2018年4月18日召开的国务院常务会议，确定推行终身职业技能培训制度的政策措施，提高劳动者素质、促进高质量发展。

会议指出，推动经济转型升级和高质量发展，既要有先进装备作基础，又要有劳动者素质和技能提升作支撑。按照党的十九大精神，建立并推行终身职业技能培训制度，以促进就业创业为目标，面向城乡全体劳动者提供普惠性、均等化、贯穿学习和职业生涯全过程的终身职业技能培训，并将工匠精神、质量意识融入其中，有利于缓解技能人才短缺的结构性矛盾、提高全要素生产率、推动经济迈上中高端。

建立终身职业技能培训制度，关键在于用人单位要重视人才的培养，而不只是"使用"，这一方面可以提高每个劳动者的终身就业能力（市场经济时代，每个单位不必为职工提供终身就业岗位），另一方面，则可通过提高人才的职业技能，提高单位的服务水平和市场竞争能力，实现个体、单位和社会"多赢"局面。

但是，这一"多赢"的事，却由于部分地方政府、用人单位打自己的"小算盘"，而变为了一种"零和博弈"，比较典型的是，不少地区、用人单位"重引进、轻培养"，都希望直接从其他地区、单位引进优秀人才，"为己所用"，这导致有的用人单位不愿意在人才培养、培训上投入精力和经费，担心投入之后人才被别人挖走"打水漂"。只有改变"只重引进，不重培养"的人才观，才能切实建立终身职业技能培训制度。事实上，离开对人才培养的重视，引进人才也难以发挥作用。

最近，我国多地上演"抢人大战"，表面上看，"抢人大战"反映各地高度重视人才，"求贤如渴"。然而分析这"抢人政策"，却存在诸多令人忧虑的地方。

据报道，郑州 2017 年 11 月发布"智汇郑州"人才工程"1+N"政策体系，提出从 2018 年 1 月 1 日起，对符合条件的博士、硕士和"双一流"建设高校的本科毕业生，予以在郑州首次购房补贴，补贴金额分别为 10 万元、5 万元、2 万元。安徽合肥对新落户的博士、35 岁以下的硕士、毕业 3 年内的全日制普通高校本科和大专及职业院校毕业生，在合肥创业就业，三年内按每人每月 1500 元、1000 元、500 元和 300 元的标准发放租房补贴（不含党政机关、国有企事业单位人员）。河北石家庄市印发 2018 年《关于实施现代产业人才集聚工程的若干措施》，推出 16 条政策措施，其中，毕业于"双一流"高校成为石家庄引才聚才的新标准之一。

分析这些政策，不难发现，存在两大问题。一是各地把建设人才高地、高原的精力用在引进人才上，却对本地已有人才重视不够，"招来女婿，气走儿"，把精力用在引进人才上，虽利于出人才政绩，但这不该是人才建设的重点，而人才建设的重点，应是用好

现有人才，重视对现有人才的培养，在此基础上，再引进有必要引进的人才。二是各地在引进人才时，普遍重视人才的"帽子""头衔""身份"，这涉嫌长期被人诟病的学历歧视不说，还引导人才追逐学历，轻视能力。如果在人才的使用、管理、评价中，一直把学历身份作为重要指标，在单位内部就难以形成重视能力提升的氛围。

不重视人才培养，热衷于挖人才，而且挖人才重"头衔""身份"，这不利于形成良性的人才竞争和健康的人才观。从国家和社会的发展看，这样的人才竞争，并没有带来人才的增量，而是各用人单位的此消彼长，今天我挖走你的人才，明天自己的人才被别人挖走。而在这样的人才战中，有的人才也不安心工作，而是变为"跳槽专业户"，以不断跳槽来提高自己的身价。

为推行终身职业技能培训制度，国务院会议提出：对高校毕业生、新生代农民工等重点群体广泛开展就业创业技能培训。促进职业技能培训与学历教育相互衔接。健全以职业能力为导向的人才评价、技能等级等制度，制定企业技术工人按技能要素和创新成果贡献参与分配的办法，鼓励凭技能创造财富、增加收入。

落实以上措施，都需扭转目前我国社会存在的人才评价"唯学历论"，建立基于能力的科学人才评价体系。因为，如果以学历论人才，人才就不会重视职业技能培训，转而想提升自己的学历，于是提升学历层次的教育才会吸引人才参与，比如，在职硕士、博士中，有人就仅仅为了提高学历，反之，如果不能获得学历的教育培训，就有部门沦为形式、走过场。

建立基于能力的科学人才评价体系，不仅关系到终身职业技能培训制度的成功推进，更是我国打破"学历社会"，形成重视技能的社会氛围，促进职业教育和普通教育平等发展，消除社会的教育焦虑，为人才提供多元成才选择的要害所在。

（2018 年 4 月 19 日）

附

# 本书作者名单

| | |
|---|---|
| 白　明 | 商务部研究院国际市场研究所副所长 |
| 陈　方 | 媒体评论员 |
| 陈能场 | 广东省生态环境技术研究所研究员 |
| 陈　升 | 重庆大学公共管理学院教授 |
| 崔向升 | 凤凰网评论员 |
| 邓淑莲 | 上海财经大学教授 |
| 贺桂珍 | 中国科学院生态环境研究中心副研究员 |
| 胡欣红 | 媒体评论员 |
| 胡印斌 | 资深媒体人 |
| 姜跃春 | 中国国际问题研究院研究员 |
| 匡贤明 | 中国（海南）改革发展研究院经济所所长 |
| 李　靖 | 中国人民大学博士生 |
| 梁亚滨 | 中央党校国际战略研究院副教授、<br>盘古智库高级研究员 |
| 刘晓忠 | 经济学者、财经评论员 |
| 刘　英 | 中国人民大学重阳金融研究院研究员 |
| 刘远举 | 财经评论员、专栏作者 |
| 罗志华 | 医生 |

| | |
|---|---|
| 马　亮 | 中国人民大学国家发展与战略研究院研究员、公共管理学院副教授 |
| 缪一知 | 法律学者 |
| 聂辉华 | 中国人民大学经济学院教授 |
| 聂日明 | 上海金融与法律研究院研究员 |
| 任冠青 | 凤凰网评论员 |
| 沈　彬 | 媒体评论员 |
| 舒　锐 | 法律工作者 |
| 谭智心 | 农业农村部农村经济研究中心副研究员 |
| 王敬波 | 中国政法大学法治政府研究院院长 |
| 王　琳 | 法律学者、资深评论员 |
| 王　伟 | 中央财经大学政府管理学院城市管理系主任、副教授 |
| 王振耀 | 国际公益学院院长，曾任民政部救灾救济司司长 |
| 吴　越 | 浙江大学中国新型城镇化研究院院长长三角地区一体化决策咨询专家 |
| 西　坡 | 媒体评论员 |
| 熊丙奇 | 教育学者，21 世纪教育研究院副院长 |
| 熊　志 | 媒体评论员 |
| 杨立新 | 中国人民大学民商事法律科学研究中心主任 |
| 杨于泽 | 媒体评论员 |
| 姚　遥 | 公益人士 |
| 叶　青 | 湖北省统计局副局长、中南财经政法大学教授 |
| 于　平 | 媒体评论员 |
| 张田勘 | 科普专栏作者 |

张雨潇　　中国人民大学国家发展与战略研究院研究员

赵阿兴　　国际资深风险防范和危机管理专家

赵纪周　　中国社科院欧洲研究所助理研究员

郑　慧　　中国国际经济交流中心博士后

郑煜基　　广东省生态环境技术研究所高级工程师

周俊生　　财经评论员

周庆安　　清华大学新闻与传播学院副院长

周永生　　外交学院国际关系研究所教授、博导

朱昌俊　　媒体评论员

邹振东　　厦门大学新闻传播学院教授、博士生导师